高职高专"十三五"规划教材

服装市场营销

第三版

崔现海　杨　敏◎主编

化学工业出版社

北京

本书根据高职高专教育特点，突出了实用性、实践性和创新性。全书共十章，主要包括了市场营销学的一般原理和相关概念综述、服装市场营销环境、服装消费者行为分析、服装市场调研与预测、服装目标市场营销、服装市场营销组合策略、服装品牌营销、服装企业文化、服装企业营销人员的职业素养、服装营销运作案例分析等内容。为方便教学，书中设有"学习目标"、"思考题"和"案例分析"栏目。

本书为高职高专服装类专业教材，也可供从事服装营销的人员学习参考。

图书在版编目（CIP）数据

服装市场营销／崔现海，杨敏主编．—3 版．—北京：化学工业出版社，2019.8（2023.1重印）
ISBN 978-7-122-34570-7

Ⅰ.①服⋯ Ⅱ.①崔⋯②杨⋯ Ⅲ.①服装-市场营销学-高等职业教育-教材 Ⅳ.①F768.3

中国版本图书馆 CIP 数据核字（2019）第 101736 号

责任编辑：蔡洪伟　　　　　　　　　文字编辑：李　曦
责任校对：王　静　　　　　　　　　装帧设计：史利平

出版发行：化学工业出版社（北京市东城区青年湖南街 13 号　邮政编码 100011）
印　　装：大厂聚鑫印刷有限责任公司
787mm×1092mm　1/16　印张 12½　字数 300 千字　2023 年 1 月北京第 3 版第 5 次印刷

购书咨询：010-64518888　　　　　　　售后服务：010-64518899
网　　址：http://www.cip.com.cn

凡购买本书，如有缺损质量问题，本社销售中心负责调换。

定　价：38.00 元　　　　　　　　　　　　　　　　　　　　版权所有　违者必究

前言

服装营销学是一门应用科学,也是一门艺术科学。它是在市场营销学的理论基础上,结合服装市场营销活动的成功案例和众多专家学者的理性思考而迅速发展成长起来的一门新兴学科。当今世界经济一体化的进程加快,使得服装市场的竞争日益加剧,中国的服装产业近年来增长迅速,发展繁荣。但服装市场的营销和管理等仍缺少核心竞争力,这与行业缺少懂管理、懂营销、懂服装的专业实践人才是有一定关系的。因此,适时地修订再版《服装市场营销》教材,无疑具有重要的现实意义及社会价值。

市场营销的每一个环节和步骤,都离不开一定的理论支撑和方法技巧的创新。本次修订从继承传统营销理论、分析透视市场、研究竞争对手、制定对策、培育市场、创造需求、借天时、用地利、排障碍、防未然等诸多方面,比较全面而系统地阐述了服装营销的相关理论和基本的方法技巧,同时注重吸纳市场营销方面国内外主要著作和教材的精华,参考学术界最新研究成果,更加突出了营销实务方面的内容和实用价值。同时,针对目前国内服装市场运营的一些情况,结合服装企业管理和相关院校服装专业学生的需求,对前版教材中的一些服装营销学的概念等知识点进行修正并对其进行了补充,添加了小知识阅读资料,以拓宽学生的知识面。因此,本书既是大专院校培养服装营销人才的专业教材,也是广大服装业人士在市场竞争的大潮中搏击风浪的助手和参谋。本教材以增强学生的职业能力和学习目标为重点,力求激发学生创新观念,注重培养学生创新思维及服装市场意识,理论与实践相互结合,重点突出。为了方便教与学,每章均编有"学习目标""思考题",有利于教师在课堂中组织教学。本课程以本教材为依托,适应高职高专信息化教学要求,已立项为山东省精品资源共享课程。

本教材由崔现海、杨敏主编。第一章、第二章、第五章由崔现海负责收集整理资料编写;第三章、第四章、第六章、第八章、第九章由常新、周鹏、周健、李松燦收集整理资料编写;第七章、第十章由杨敏收集整理资料编写。全书由崔现海统稿。

本书在修订编写过程中得到了化学工业出版社和有关院校领导、专家的关心与支持,在此谨表谢意。

由于水平有限,书中难免有一些疏漏与不足,加之时间仓促,书中不妥之处在所难免,恳请广大从事服装营销理论研究、经营实践的专家、学者、企业家给予批评指正。

编者
2019 年 4 月

第一版前言

服装营销学是一门应用科学。它是在市场营销学的理论基础上，结合服装市场营销活动的成功案例和众多专家学者的理性思考而迅速发展成长起来的一门新兴学科。当今世界经济一体化的进程加快，使得服装市场的竞争日益加剧，适时地推出《服装市场营销》教材，无疑具有重要的现实意义及社会价值。

营销既是一门科学，也是一门艺术。服装营销亦不例外。可以说，市场营销的每一个环节和步骤，都离不开一定的理论支撑和方法技巧的创新。本书从继承传统营销理论、分析透视市场、研究竞争对手、制定对策，培育市场、创造需求、借天时、用地利、排障碍、防未然等诸多方面，比较全面而系统地阐述了服装营销的相关理论和基本的方法技巧。同时注重吸纳市场营销方面国内外主要著作和教材的精华以及学术界最新研究成果，突出了营销实务方面的内容和实用价值。因此，本书既是大专院校培养服装营销人才的专业教材，也是广大服装业人士在市场竞争的大潮中搏击风浪的助手和参谋。

本书的编写努力体现高职高专教育特点，突出实用性和实践性。为了方便教与学，每章均编有"学习目标"、"思考题"和"案例分析"。

本书由尚丽、张富云主编。张富云编写第一章、第二章、第五章；尚丽、周健、李松燦编写第三章、第六章、第八章、第九章；张巧玲编写第四章、第七章、第十章。全书由尚丽统稿。

本书由冯道常教授主审。在编写过程中得到了化学工业出版社和有关院校领导、专家的关心与支持，在此谨表谢意。

由于编者水平有限，加之时间仓促，书中不妥之处在所难免，恳请广大读者批评指正。

编者
2007 年 4 月

第二版前言

随着服装行业的迅猛发展,服装教育的积极推进,服装营销技术也有了长足的进步。为了适应教学改革、人才培养的需求,我们对《服装市场营销》教材进行修订。

本教材自2007年出版以来,受到高职高专服装类专业师生的好评,对服装营销爱好者起了重要的指导作用,在服装专业人才培养中产生了深远的影响。随着教育教学改革的逐步深入,服装营销理论的日渐成熟,营销方法、手段、策略日益完善和不断实践,本次修订工作本着"立足实用、强化能力、注重实践"的职教特点,对部分内容进行了适当的调整和更新,力争使教材内容新颖活泼,知识涵盖面广,更有利于服装专业学生营销能力的培养。

担任此次修订工作的有尚丽、张富云、周健、张巧玲、李松燐。其中,第一章、第二章、第五章由张富云完成;第三章、第六章、第八章、第九章由尚丽、周健、李松燐完成;第四章、第七章、第十章由张巧玲完成。全书由尚丽统稿。

希望本书修订后更能受到广大师生、读者的欢迎。由于编者的水平有限,不足之处在所难免,恳请从事服装营销理论研究、经营实践的专家、学者、企业家们给予批评指正。

编者
2011年5月

目 录

第一章 服装市场营销综述 1

第一节 服装市场营销的含义与作用…………… 2
　一、市场……………………………………… 2
　二、市场营销………………………………… 4
　三、服装市场营销…………………………… 5
第二节 服装市场的类型与特点………………… 6
　一、服装市场的类型………………………… 6
　二、服装市场的特点………………………… 7
第三节 服装市场营销观念……………………… 8
　一、市场营销观念及其演变………………… 8
　二、现代营销观念与服装营销……………… 12
思考题…………………………………………… 16

第二章 服装市场营销环境 17

第一节 服装市场营销环境概述………………… 18
　一、市场营销环境的含义与分类…………… 18
　二、服装市场营销环境的含义与特点……… 18
　三、服装市场营销环境的构成……………… 20
第二节 服装市场营销环境分析………………… 22
　一、影响服装企业营销的环境因素类别…… 22
　二、服装市场营销宏观环境分析…………… 22
　三、服装市场营销环境分析方法…………… 25
第三节 服装企业适应营销环境的对策………… 27
　一、建立快速信息系统……………………… 27
　二、建立强大的设计师队伍………………… 28
　三、健全的物流配送系统…………………… 29
　四、完善的售后服务体系…………………… 31
思考题…………………………………………… 32

第三章 服装消费者行为分析 33

第一节 服装消费者市场与消费者行为………… 34
　一、消费者市场与组织市场………………… 34

二、服装消费者需求的动机 …………………… 34
　　三、服装消费者市场的特点 …………………… 35
　　四、服装消费者的类型 ………………………… 36
　第二节　影响服装消费者购买行为的因素 …… 38
　　一、经济因素 …………………………………… 38
　　二、心理因素 …………………………………… 38
　　三、社会文化因素 ……………………………… 40
　　四、个人因素 …………………………………… 42
　第三节　服装消费者购买决策过程 …………… 43
　　一、消费者购买决策过程的参与者 …………… 43
　　二、消费者购买决策过程的主要步骤 ………… 43
　思考题 ……………………………………………… 45
　案例分析 …………………………………………… 45

第四章　服装市场调研与预测　　47

　第一节　服装市场调研 …………………………… 48
　　一、服装市场调研的重要性 …………………… 48
　　二、服装市场调研的内容 ……………………… 49
　　三、服装市场调研的步骤与方法 ……………… 54
　　四、服装市场调研的对象 ……………………… 58
　第二节　服装市场的预测 ………………………… 59
　　一、服装市场预测的概念及作用 ……………… 59
　　二、服装市场预测的内容 ……………………… 61
　　三、服装市场预测的程序 ……………………… 63
　　四、服装市场预测的方法 ……………………… 63
　思考题 ……………………………………………… 64
　案例分析 …………………………………………… 64

第五章　服装目标市场营销　　66

　第一节　服装市场细分 …………………………… 67
　　一、市场细分与服装市场细分 ………………… 67
　　二、市场细分的依据 …………………………… 68
　　三、服装市场细分的步骤 ……………………… 69
　　四、服装市场细分的作用 ……………………… 71
　第二节　服装目标市场选择 ……………………… 71
　　一、服装市场细分的价值评估 ………………… 71
　　二、目标市场选择的类型 ……………………… 74
　　三、目标市场策略 ……………………………… 75

第三节　服装市场定位与拓展 …………………… 77
　　　一、服装市场定位及其作用 ………………… 78
　　　二、服装市场定位策略 ……………………… 78
　　　三、服装市场拓展策略 ……………………… 79
　　第四节　服装市场竞争战略 ………………………… 80
　　　一、服装市场竞争的内容与形式 …………… 80
　　　二、服装市场竞争策略的含义与类型 ……… 81
　思考题 ……………………………………………………… 82
　案例分析Ⅰ ………………………………………………… 82
　案例分析Ⅱ ………………………………………………… 83

第六章　服装市场营销组合策略　　85

　　第一节　服装产品策略 ……………………………… 86
　　　一、服装产品的整体概念及组合 …………… 86
　　　二、产品生命周期 …………………………… 87
　　　三、服装产品组合策略 ……………………… 91
　　　四、服装产品组合的调整策略 ……………… 97
　　第二节　服装价格策略 ……………………………… 98
　　　一、定价目标与影响定价的因素 …………… 98
　　　二、定价方法 ………………………………… 99
　　　三、定价策略 ………………………………… 100
　　　四、价格调整 ………………………………… 102
　　第三节　服装分销渠道策略 ………………………… 104
　　　一、分销渠道概述 …………………………… 104
　　　二、分销渠道中的中间商 …………………… 107
　　　三、分销渠道的设计与管理 ………………… 110
　　　四、新型分销渠道 …………………………… 112
　　第四节　服装促销策略 ……………………………… 114
　　　一、促销概况 ………………………………… 114
　　　二、人员推销策略 …………………………… 116
　　　三、广告策略 ………………………………… 118
　　　四、营业推广策略 …………………………… 122
　　　五、公共关系策略 …………………………… 123
　思考题 ……………………………………………………… 124
　案例分析Ⅰ ………………………………………………… 124
　案例分析Ⅱ ………………………………………………… 126

第七章　服装品牌营销　　128

　　第一节　服装品牌营销简述 ………………………… 129

一、服装品牌的意义…………………… 129
　　二、服装品牌的构成…………………… 131
　　三、服装品牌的分类…………………… 132
　　四、服装品牌营销的含义……………… 133
　　五、服装品牌营销的特征……………… 133
　第二节　服装品牌策划…………………… 134
　　一、品牌命名…………………………… 134
　　二、目标市场的设定…………………… 134
　　三、环境分析与流行预测……………… 134
　　四、品牌理念风格设定………………… 135
　　五、服装总体设计……………………… 135
　　六、服装品类组成……………………… 135
　　七、服装销售策略……………………… 135
　第三节　服装品牌营销战略……………… 135
　　一、品牌战略与品牌营销战略………… 135
　　二、品牌生命周期战略………………… 137
　　三、品牌扩张战略……………………… 139
　第四节　服装品牌的视觉形象…………… 142
　　一、品牌形象的内容…………………… 142
　　二、品牌形象设计……………………… 143
　　三、品牌形象实施……………………… 144
　思考题……………………………………… 145
　案例分析…………………………………… 145

第八章　服装企业文化　　147

　第一节　服装企业文化建设概述………… 148
　　一、企业文化的含义…………………… 148
　　二、企业文化的特征…………………… 149
　　三、企业文化的功能…………………… 150
　　四、企业文化的内容…………………… 152
　第二节　服装企业文化的创新…………… 153
　　一、企业文化的发展趋势……………… 153
　　二、企业文化创新的主要内容………… 155
　第三节　企业形象识别系统（CIS）……… 156
　　一、企业形象识别系统（CIS）的概述… 156
　　二、CIS的功能………………………… 162
　　三、CIS设计的基本原则……………… 163
　　四、CIS设计开发……………………… 165
　思考题……………………………………… 166
　案例分析…………………………………… 166

第九章 服装企业营销人员的职业素养　　168

第一节　良好的职业道德素质……… 169
一、具有高尚的品德……… 169
二、具有较强的事业心和责任感……… 169
三、诚实守信……… 170
四、具有较强的服务精神……… 170
五、具有良好的自身修养……… 171

第二节　过硬的专业素质……… 172
一、企业知识……… 172
二、产品知识……… 172
三、市场知识……… 173
四、心理学知识……… 173

第三节　健康的心理素质……… 174
一、保持乐观向上的情绪……… 174
二、和谐的人际关系……… 175
三、健全的人格……… 175

第四节　较强的应变与沟通能力……… 176
一、应变能力……… 176
二、沟通能力……… 177

思考题……… 178
案例分析……… 178

第十章　服装营销运作案例分析　　180

案例一　新式策略的玩家——ZARA……… 180
一、背景介绍……… 180
二、ZARA的定位……… 181
三、ZARA的行销策略……… 182
案例二　Kitterick不同风格、定位明晰的
　　　　多品牌营销战略……… 184
一、背景介绍……… 184
二、Kitterick的成功经验及分析……… 184

参考文献　　187

第一章　服装市场营销综述

- 第一节　服装市场营销的含义与作用
- 第二节　服装市场的类型与特点
- 第三节　服装市场营销观念

学习目标

1. 理解并掌握市场、市场营销与服装市场营销的含义。
2. 重点掌握服装市场的类型与特点。
3. 了解掌握服装市场营销观念及其演变过程。
4. 掌握服装企业市场营销的新趋势。

随着世界经济一体化进程的加快，国内外服装市场的竞争也日趋激烈，消费者对服装产品的需求正逐步呈现出高档化、个性化、品牌化的诸多特征。服装企业要在这种激烈的竞争中生存和发展，就必须拥有一支会管理、擅经营的高素质的服装市场营销管理与策划的队伍。实践证明，一个服装企业，一个服装品牌要想在市场竞争中立于不败之地，服装营销必不可少。

第一节　服装市场营销的含义与作用

一、市场

1. 市场的产生与发展

当人类社会还处于原始社会时，社会生产力十分低下，人们共同劳动所得的产品只能够维持最低的生活所需，没有剩余产品，所以没有商品交换，也就不存在市场。

随着社会生产力水平的提高，形成了社会分工，当人们有了一定的剩余产品时，不同产品所有者之间就开始进行产品交换，这时原始的市场就出现了。

后来，由于私有制的产生和货币的出现，社会分工越来越细，市场的范围日益扩大，人们对市场的信赖程度也越来越强。

最初的市场主要是商品交换的场所，货物有限，日中为市，交易而退，交换的手续和形式都很简单。随着生产力的发展，商品交换和市场经历了奴隶社会、封建社会、资本主义社会几种社会形态。在奴隶社会和封建社会中，主要是自给自足的自然经济，市场的范围和用于交换的商品都十分有限。到了资本主义社会，市场经济高速发展，市场的范围从一城一地的地区市场发展到全国范围的国内市场，以至于全球的国际市场。

生产经营者的商品能否得到社会的认可，市场是最后的检验者。一方面市场给经营者带来鼓舞和欢乐，带来发财致富的机会；另一方面当商品在市场上没有销路时，生产者就面临着关门倒闭。

2. 市场的含义

市场是社会生产力发展到一定阶段的产物，它属于商品经济的范畴。一般来说，"市场"的含义有以下三种。

① 商品或劳务的交易场所，如集市、商场等。

② 商品交换关系的总和。在商品生产条件下，由于社会分工的存在，商品生产者之间相互交换商品的活动场所就是市场，即由商品的买方和卖方构成市场。

③ 现代市场学中的市场。现代市场学将市场主要看作买方的活动，认为市场就是实现现实和潜在交换的一切活动，是"一种商品或劳务的所有潜在购买者的需求的总和"。

现实中的市场是一个由商品生产者（供应者）、市场中介（营销媒体）和消费者（顾客）三者相互作用、互相联系、相互影响而组成的运行系统，具体见图1-1。

由图1-1可以看出，商品生产者是向市场提供商品或劳务的生产者，是市场机体机制运转的物质基础。商品生产者向市场投放的商品的数量与质量，决定着市场的状况与规模。市场中介所起的作用就是把商品生产者与消费者连接起来，促进交易进行，市场中介主要包括商业、运输及为交易服务的媒体与中介组织。消费者是企业在市场中的最终服务对象，能否有效地为广大消费者提供所需要的各种服务，是决定企业市场营销活动成败的关键所在。

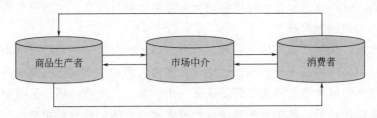

图 1-1　市场运行系统

3. 市场的功能

市场的功能就是市场运行系统所具有的一些客观职能，也是正确运用市场机制所具有的功能，主要体现在以下几个方面。

（1）交换功能　交换功能又称商流功能，也就是市场所承担的商品收购和商品销售的职能。商品收购是指借助市场集中或控制商品，为市场营销活动准备物质基础。商品销售是帮助或说服消费者购买商品，并提供相应的售后服务。市场上反复多次进行的商品购销活动，就是使商品的所有权在买卖双方之间进行有偿转移，从而实现商品的价值。

（2）供给功能　供给功能又称物流功能，是指市场上的商品运输、储存活动。商品运输是指商品实体借助运载工具从生产场所输送到销售场所，商品储存是指进入流通领域的商品交易的暂时性停滞。通过市场组织商品的运输和储存，实现了商品实体在空间上和时间上的转移，保证了市场上商品的供应。

（3）辅助功能　辅助功能又称服务功能，是指随着市场结构的不断完善和市场机制的不断发展，为了能够保证市场交换功能和供给功能的顺利实现而衍生出来的一些辅助手段或服务功能。例如，市场信息服务、风险承担、商品标准化服务等。

（4）优胜劣汰功能　商场如战场，企业要想在市场中赢利，就必须扩展市场，改善经营，提高商品的市场占有率，否则产品在市场中没有一席之地，销路不畅，就会被淘汰。

当前，随着社会化大生产的不断推进，市场的服务功能逐步发展成为企业有效组织好商流和物流的重要保证。

4. 市场的类型

按照不同的标准，市场可以分为不同的类型，到目前为止，市场的类型主要有以下几种。

（1）卖方市场和买方市场

卖方市场，是指卖方在交易关系中居支配地位，即在卖方市场力量的控制下运行的市场。

市场上缺少商品，物资匮乏，供不应求，远不能满足消费者的购买需求；市场有利于卖方利益，容易在市场中形成垄断，消费者利益难以得到保障。

买方市场，是指买方在交易中居主导地位，在买方力量控制下运行的市场。

市场上商品相对丰富，供求稳定，买方有较大的选择商品的空间；市场以买方为主导地位，卖方成为从属，不容易形成垄断。

（2）消费者市场和组织机构市场

消费者市场，是产业乃至整个经济活动为之服务的最终市场，由满足个人生活需要而购买商品的所有个人和家庭组成。

组织机构市场，又称组织市场，包括生产者市场、转卖者市场和政府机构市场。生产者市场，又称产业用品市场或企业市场，是指企业团体为满足生产需要而购买产品或劳务的市场，产业用品市场的服装产品主要有劳动服装、防护服。转卖者市场，是指把货物卖给别人以取得利润的商品购买者，是由各种批发商和零售商组成的。政府机构市场，是指各级政府和事业团体的各级职能单位和公共事业单位，为执行其职能，体现其组织形象而形成的产品采购市场。政府机构市场的服装产品主要有团体服、职业服（军服、警服等）。

消费者市场消费人数多，差异大，购买产品数量少，频率高；组织机构市场消费者人数少，但购买力大，需求弹性较小。

二、市场营销

1. 市场营销的由来与发展

市场营销学于20世纪创建于美国，后来流传到欧洲国家，还有日本和其他国家，并在实践中不断完善和发展。它的形成阶段为1900—1930年。

其实，人类的市场营销活动，随着市场的出现就开始了，但直到20世纪之前，市场营销尚未形成一门独立的学科。进入19世纪，随着资本主义经济的发展，资本主义矛盾日趋尖锐，频频爆发经济危机，迫使企业日益关心产品销售，千方百计地应付竞争，并在实践中不断探索市场营销的规律；同时，科学技术的发展，也使企业的内部计划与组织变得更为严整，从而有可能运用现代化的调整研究方法，预测市场变化趋势，制订有效的生产计划和销售计划，控制和调节市场销售量。在这种客观需要与可能条件下，市场营销学作为一门独立的经营管理学科诞生了。

2. 市场营销的含义及研究范畴

(1) 含义

① 市场营销学的英文名称为Marketing，其原意是指市场上的一切买卖活动，作为一门学科的名称，Marketing可译为市场营销学、市场学或市场经营学等。

② 市场营销，作为一门学科，是指企业按照市场需求，运用一定的方法和手段，引导商品或劳务有效地从生产者转移到消费者（或使用者）手中，是实现企业目标的一个商务活动过程。

(2) 市场营销学的研究内容

① 现代市场营销学着重研究企业在激烈的竞争和不断变化的市场营销环境中，如何识别、分析评价、选择和利用市场机会，并围绕消费者的需求、谋取利润而开展的总体营销活动、营销策略和营销运行规律。

② 总体营销活动包括市场营销环境研究、市场调查与预测、消费者行为分析、目标市场确定、新产品开发、产品定价、销售渠道选择及促销等。

③ 营销策略包括产品策略、价格策略、分销渠道策略等。

3. 市场营销的特点

(1) 以目标市场的需求为中心而展开　市场营销活动从研究、分析不同消费者的各种需求开始，并将满足消费者需求作为经营宗旨，贯穿于产品的开发、设计、生产、促销、销售渠道及售后服务等整个营销活动的始终。同时及时调整企业的市场营销手段，提供适宜的产品与服务，来满足消费者不断变化的现实与潜在的需求，实现企业利润最大化。

(2) 以整体市场营销活动为手段　现代市场营销的范畴包括企业整个业务经营活动，市场营销并不能简单地等同于推销或促销。推销或者促销只是整个市场营销活动中的一个环节或组成部分，并不是全部，也不是最重要的，重要的是能生产出适销对路、受消费者欢迎的产品。

企业必须通过有计划的市场营销管理使企业的全部市场营销活动成为一体。现代市场营销理念强调市场营销的整体性。即从企业业务经营的全过程出发，一方面要求企业的各职能部门和供应、设计、生产等各个环节，以及产品、价格、销售渠道各因素之间要协调配合；另一方面要求综合运用企业的各种市场营销手段，使市场营销的总体效果大于各个局部因素所产生的效果之和。

(3) 实现双赢——消费者的利益与企业的利益具有互利性　企业利用生产经营活动将生产与需求的种种矛盾实现统一，市场营销活动成为连接消费者需求和企业经营目标的桥梁。企业以满足消费者的需求作为营销活动的中心，并在满足消费者需求的过程中实现企业的利润。因此，满足消费者的利益与企业实现目标利润不是对立的，而是互利的。通过交换，消费者得到了商品、服务和其他需求的满足，同时企业付出的劳动也得到了合理的回报并获得利润。

三、服装市场营销

1. 服装市场营销的含义

服装市场营销作为市场营销的一个分支，是运用现代市场营销学的理论和方法，吸取服装领域先进的知识和成果，结合服装企业及服装市场的运作特点，对服装企业的市场营销活动进行指导的应用型学科。

服装市场营销是服装企业的一种市场经营活动的综合体现过程，即企业从满足消费者需求出发，运用各种科学的市场经营手段，把商品和服务整体地销售给消费者。企业在市场营销中，无论从事市场调研、产品开发，还是确定价格、广告宣传，都强调以消费者的需求为导向，不仅满足消费者已有的现实需求，还要激发、转化各种潜在需求，进而引导和创造新的需求；不仅满足消费者的近期、个别需要，还要顾及消费的长远需要，维护社会公众的整体利益。

2. 服装市场营销的作用

(1) 指导服装企业发现和评价市场机会　服装作为一种时尚的产物，具有鲜明的时代性，并且随着商品经济的不断发展，服装消费者对服装产品的需求呈现多样化、个性化的趋势,倘若服装企业始终依靠现有产品、现有市场、现有方法营销,是很难在竞争激烈的环境中立于不败之地的。为了求得生存和发展,每个企业都必须经常寻找、发现或识别新的与本企业的任务、目标、资源条件等相一致的市场机会,进而选择哪些是最适合本企业的市场机会,同时通过一系列的调研来估计每种企业机会的销售潜量,以解决营销什么、为谁营销、如何营销三个根本性问题。

(2) 帮助服装企业研究和选择目标市场　服装市场包括许多顾客群,他们由于性别、年龄、职业、收入水平、价值观和审美观等许多方面的差异,形成了不同的服装需求。因此,任何服装企业都不可能满足所有顾客群的需要,为了提高企业的经济效益,争取更多的市场份额,企业必须对市场进行细分,并且根据自己的资源、特长和营销目标等,权衡利弊,决定具体进入哪个目标市场,为哪部分消费者服务。

(3) 整合服装企业的市场营销组合　市场营销组合是现代市场营销管理理论中的一个核心概念,是企业的市场营销管理者根据其目标市场的需要,全面考虑企业的任务、目标、资源以及外部环境,对企业可控制的产品、价格、分销、促销因素加以最佳组合和应用,以满足目标市场的需要,实现企业的任务和目标。现代服装市场营销是以研究和满足服装消费者需求为中心的整体营销活动。它不仅在服装市场调查、服装设计、选择面料和辅料时就已开始,而且在服装产品到达使用者身上时仍未终止,包括服装产品售出后的保养、清洗、整烫、咨询等售后服务,以及了解使用者对服装产品的满意度和回头率,并及时将这些信息反馈给设计生产部门。

(4) 执行和控制服装企业的市场营销计划　执行和控制市场营销计划,是整个服装市场营销管理过程的一个极其重要的步骤。企业要想在激烈的市场竞争中立于不败之地,就必须要贯彻执行市场营销计划,有效地进行市场营销工作,建立和健全市场营销组织,以协调各部门的工作,集中一切力量与资源,千方百计满足顾客的需要,实现企业的战略任务和目标。

(5) 积极开拓国际服装市场　随着经济全球化进程的加快和我国改革开放的深化,参与国际竞争和国际技术经济合作,创建自己的品牌服装已成为众多服装企业的战略方针。随着我国市场经济的发展和加入 WTO(世界贸易组织),积极开拓国际服装市场更是迫在眉睫。服装市场营销学在系统研究开拓国内市场的原理、方法和策略之后,研究了开拓国际市场的必要性和重要性,分析国际市场的类型和特点,掌握国际营销规律以及调查和开拓国际市场的策略等,为国内服装企业开拓国际服装市场指明了道路。

第二节　服装市场的类型与特点

一、服装市场的类型

服装市场按不同的标准可以划分为以下几种类型。

1. 按服装商品的销售区域

按服装商品的销售区域可以分为国内市场和国际市场。国内市场又可以分为农村市场、本地市场、外埠市场、南方市场和北方市场等。国际市场是指国境以外的一切允许我国服装企业进行营销活动的场所，如北美市场、东南亚市场和欧盟市场等。

2. 按服装商品的经营范围

按服装商品的经营范围可以分为综合性市场和专业性市场。综合性市场销售的服装产品具有多品种、多档次的特点，以迎合不同类型消费者的需求，如大型百货商场的服装部。专业性市场则是指销售针对性较强的服装产品，满足消费者对某一特定服装品牌的需求，如内衣专卖、专营运动服装等。

3. 按服装购买方式（市场组织形式）

按服装购买方式可以分为服装自选市场、邮购市场和网购市场等。

4. 按服装交易方式

按服装交易方式可以分为服装零售市场和批发市场等。

5. 按消费者性别和年龄层次

按消费者性别划分有男装市场和女装市场，按消费者年龄层次分为童装市场、青少年市场、中年市场和老年市场等。不同的年龄层次，具有不同的形体特征和审美倾向，对服装的风格和功能等方面要求不尽相同。

6. 按服装购买者的目的

按服装购买者的目的可以分为服装消费者市场和服装组织市场。服装消费者市场是指以满足个人生活需要购买服装产品而形成的商品交易关系的总和。服装消费者市场人数众多，市场广阔，需求差异大。服装组织市场是为满足中间商经营的需要和社会集团消费的需要而提供产品和劳务的市场，包括中间商市场和社会集团消费市场两大类。

中间商市场是企业生产的服装产品转移到消费者手中中间要经过的流通环节。也就是说，产品要先到达中间商市场，之后才进入消费者市场与消费者见面。社会集团消费市场包括企业集团市场和政府机构市场，它们所消费的服装产品有劳动保护服、团体服和学生服等。

二、服装市场的特点

1. 服装市场的流行性与时尚性

服装市场的流行性与时尚性是服装市场首要特点，服装是时代的产物，反映了一个时期政治、经济、文化的发展和审美倾向。随着知识经济时代的到来，服装市场的流行性与时尚性愈发显著。流行的产生基于消费者寻求变化的心理和追求"新"的表达，人们希望对传统的突破，期待对新生的肯定。这一点在服装上主要表现为款式、面料、色彩的三个方面的变化上。因此，服装企业要把握住人们的"善变"心理，重视流行趋势在服装中的应用与体现，以迎合消费者追求流行与时尚的需要。

2. 服装市场的多样性与差异性

市场由消费者组成，消费者由于性别、年龄、受教育程度和经济水平等诸多方面的差异，对服装的需求和偏好也是多种多样的，这就决定了服装市场的多样性与差异性。即便是同一年龄层次、同一职业的消费者，需求也有差异，个性张扬越来越明显。

服装市场的多样性与差异性主要体现在服装的风格、价位和销售渠道等方面。这就要求服装企业深入研究目标市场的需求，以不同层次的产品、价格、渠道来对应不同层次的市场。

3. 服装市场的地域性与季节性

大多数种类的服装具有明显的季节性，夏季服装与冬季服装在材质、款式和功能要求上截然不同。季节性对服装企业安排产品开发、设计、生产和销售至关重要，要把握市场的季节气候的变化，调整企业生产思路，及时应对季节的变化要求。另外，我国地域辽阔，各个不同地理环境的市场消费者有不同的穿衣习惯，所以服装企业要针对当地市场的特点制定恰当、有效的服装营销方案。例如，信仰不同宗教的人对服装色彩的喜好就不一样。

4. 服装市场的开放性与竞争性

经过四十多年的发展，我国服装市场已经趋于成熟，无论是从服装企业经营模式、经营理念上，还是从服装产品的更新换代上，都呈现出自由性与竞争性。尤其是中国加入 WTO 后，开放性和竞争性更加明显，目前我国市场上所提供的服装商品已发生了质与量的全新变化，表现为：服装质量显著提高，数量迅速增加，服装设计和材料款式丰富多样，大大增加了消费者对服装商品选择的可能性，出现了着装个性化趋势，带来了服装消费需求的不断变化。人们着装品位不断变换，服装产品上市快、更新快，导致了服装买方市场的进一步强化，因此，顾客的品牌忠诚度在现代服装营销市场上已成为最难赢得的一份宝贵财产。为此服装企业应有强烈的创新意识，加强研究发展工作，狠抓产品的设计开发和质量水平，力求产品以新取胜、以质取胜。同时还应重视产品的包装设计，提高商品的附加值，增强其核心竞争力。

第三节　服装市场营销观念

一、市场营销观念及其演变

1. 市场营销观念的含义

市场营销观念，就是企业在开展市场营销活动的过程中，在处理企业、顾客和社会三者利益方面所持的态度和思想，是企业进行市场营销的指导思想和行为准则。

市场营销观念的一大特点就是在利益的驱动下，推动新的观念和科技为其服务，从而达到共赢并进，不断开辟新天地，迈上新台阶。

2. 市场营销观念的演变

市场营销观念是社会经济发展到一定阶段的产物，它不是一成不变的，随着商品经济的发展和市场营销的变化，市场营销观念也会相应地发生变化，其大致经历了以下六个阶段。

(1) 生产观念

时间：19世纪末20世纪初，是一种最古老的营销管理观念。

背景：由于当时社会生产力水平低下，生产发展迟缓，物资短缺，需求旺盛，市场总的情况是商品供不应求。

特点：

① 生产观念是一种重生产、轻市场，以生产为中心的市场观念。这种观念是在卖方市场形态下产生的，在这种观念的指导下，企业所关心的是生产产品，即通过扩大生产、提高质量和降低成本来取得更多的利润。

② 企业不考虑消费者的需求差异，也不重视开展市场分析与研究工作，不重视产品的质量，更不重视产品品种的开发和推销。实行了我能干什么，就生产什么、销售什么的经营策略。

生产观念一般只适用于物资短缺，产品供不应求的市场状态。在物资短缺、产品供不应求的年代也许能创造奇迹，但随着生产的发展、消费者需求的变化，生产观念就会成为企业经营的严重障碍。

20世纪60年代美国福特汽车公司生产的"T型车"是畅销货，亨利·福特曾傲慢地宣称"福特车的唯一缺点是我们造得不够快"，这就是生产观念的典型表现。日本等国家的许多企业在第二次世界大战后数年内，都曾经奉行过生产观念。我国很多企业在改革开放初期很长一段时间内也奉行这种观念。

(2) 产品观念

时间：与生产观念大体相同。

背景：产生于市场产品短缺的卖方市场状态下。

特点：

① 产品观念是一种以产品为中心的营销观念。这种观念认为消费者欢迎那些质量精良、性能独特、价格合理的产品。企业最重要的工作是提高产品质量，降低生产成本，认为只要物美价廉的产品，必然会吸引消费者的购买。

② 考虑到了消费者对产品质量、性能、特色和价格等方面的愿望，比生产观念多了一层竞争的色彩，但它过分迷恋自己产品的质量，而轻视顾客的实际需求，在市场调研、产品开发和营销策略等方面依然十分欠缺。

(3) 推销观念

时间：1920—1945年，西方国家由卖方市场向买方市场的过渡阶段。

背景：1920—1945年，由于科技进步，科学管理和大规模生产的推广，产品产量迅速增加，逐步出现了市场商品供过于求，卖主之间竞争激烈的新形式。许多企业感到，即使有物美价廉的产品也未必能卖得出去。企业要在激烈的市场竞争中求得生存和发展，就必须重视推销策略。

特点：

① 推销观念是生产观念的发展和延伸。它认为，销路是企业生存、发展的关键。如果不经过销售努力，消费者就不会大量购买本企业的产品。因此，企业的中心任务是把已生产出来的产品充分运用推销术和广告术向买主大肆兜售，以期压倒竞争者，提高市场占有率，取得短期利润。

② 局限于将现有产品千方百计地推销出去，至于售出后顾客是否满意，以及如何满足顾客的需要，达到顾客完全满意，则没有给予足够的重视。

在产品供给稍微宽裕并向买方市场转化的过程中，许多企业往往奉行推销观念。但是，在商品经济进一步发展、产品更加丰富、买方市场形成的条件下，它就不能适应了。推销观念与销售活动显然不是同义语，不应混为一谈。

以上三种营销观念都是以生产者为中心，以卖方市场为主导的观念，属于旧式经营思想范畴。

(4) 市场营销观念——以消费者为中心的观念

时间：二次世界大战后，尤其是20世纪50年代以后。

背景：

① 由于买方市场态势的出现，许多产品出现供过于求的现象。消费者需求层次的多样化使市场竞争日益激烈，迫使企业不得不改变经营思路。

② 资本主义企业经营管理的实践经验的不断积累，使企业经营理念日趋成熟。

特点：

① 市场营销观念是企业经营思想上的一次根本性的变革。是一种以顾客的需要和欲望为导向的经营思想，它以整体营销为手段来取得顾客的满意，从而实现企业的长远利益。

② 其次在将产品售出后，企业还要了解顾客对产品有什么意见和要求，据此改进产品的生产和经营，同时还要为顾客提供各种售后服务，力求比竞争对手更有效、更充分地满足顾客的一切需要，通过满足需要来获取顾客的信任和自己的长远利益。

它是企业经营思想发展上的一次质的飞跃。企业营销活动由以生产者为中心转变为以消费者为中心，显现了顾客至上的思想，使消费者的主导地位得以体现。

(5) 社会营销观念——以社会长远利益为中心的观念

时间：20世纪70年代中后期。

背景：

① 许多公司并没有真正奉行市场营销观念，而是打着顾客至上的幌子，以次充好、以假充真，欺骗顾客，损害消费者的利益。为此，许多国家成立了消费者协会，兴起消费者运动。

② 能源短缺、通货膨胀、环境恶化等一系列社会问题的出现，使人们对单纯的市场营销观念产生了怀疑。

特点：

① 社会营销观念提倡企业营销不仅要满足消费者的需求和欲望，使企业获得利润，而且要符合消费者自身和社会的长远利益。社会营销的任务在于：把上面几方面利益协调起来，做到统筹兼顾，促进社会的全面发展。

②需要考虑因素：一个是消费者的潜在需要，即不仅要考虑消费者已存在的欲望，同时要兼顾他们的需求和利益。另一个是社会和个人的长远利益。不仅能满足眼前的、一时的生理上或心理上的某种需要，还必须考虑到个人和社会的长期福利，如是否有利于消费者的身心健康，是否有利于社会的发展和进步，是否可防止资源浪费和环境污染等。

如"人性观念""明智的消费观念""生态强制的观念""绿色营销观念"都属于社会营销观念的范畴。

（6）大市场整体营销观念

时间：1984年至今。

背景：20世纪80年代，国际市场上竞争日益激烈，许多国家的政府为保护本国产业，大大加强了对进出口贸易的干预，致使国际间贸易保护主义抬头。美国菲利普·科特勒提出了强营销（大市场营销）、整体营销理论，强调营销的可持续发展性，指出它是生态的、社会的、大市场的、整体营销观念的综合体现，与传统观念相比在营销目的、出发点、着重点以及组织、策略与手段上更加完善。

特点：

① 注重营销的目的性。优先考虑社会发展和长期福利，主动实现目标顾客需求和利益的持续满足，从而达到企业长期利润的最大化。营销的目的升华到国家与社会、消费者与公众、企业与职工利益的三位一体。

② 注重营销的均衡性。遵循由目标、环境、条件和策略构成生态模型的均衡理论，不少企业已逐步摒弃片面的生产中心论和被动的市场中心论，以"适应外部生态环境求生存，发挥企业内在优势谋发展"的思路，通过营销战略、营销策略的制定和优化，最终达成营销目标、内部条件与市场环境的动态平衡。

③ 注重营销的主动性。冲破企业外部环境不可控的界限，面对目标市场积极去影响、主动去适应，借助社会的、文化的、心理的、传媒的等手段转变消费观念、创造新的需求、开发潜在市场。

④ 注重营销的共生性。共生营销由美国市场学家艾德勒提出，指由两个及两个以上企业联合建立利益共同体开发一个市场机会，充分发挥各盟员的优势开发规模效应的营销方略。其宗旨在于解决相关企业之间的矛盾，通过企业、供应商、经销商等成员之间的联合结盟，借助产、供、销的整个价值让渡系统的合力，减少无益竞争，谋求利益"双赢"甚至"群赢"，增强适应能力，巩固市场地位，实施多角化经营以减弱市场风险，开拓有利的市场。

⑤ 注重营销的整合性。当代世界最著名的管理大师彼得·德鲁克指出："市场营销是如此地基本，以致不能把它看成一个单独的功能，从它的最终结果，也就是从顾客的观点看，市场营销是整个企业的活动。"因此，营销是企业的首要职能，将各层面、各环节、各部门的职能纳入统一营销管理系统形成一种合力，同时从过程和手段体系上优化营销战略和策略组合进行整体营销。

3. 新旧营销观念的区别

（1）经营活动的顺序不同　旧的营销观念生产经营活动的过程是将既有的产品逐步推销给消费者，具体来说，其经营过程如图1-2所示。

```
产品 → 市场 → 推销 → 消费者
```

图 1-2　旧营销观念的经营活动顺序

而实行新营销观念的企业的营销活动顺序恰好与之相反,依次为:消费者、推销、市场、产品。

(2) 营销活动的侧重点不同　旧营销观念是以生产为中心,重点放在商品货源上,而新营销观念则是以顾客需求为中心,重点放在满足顾客需求上。

(3) 营销活动的方法不同　旧营销观念主张提高企业生产效率,积极地销售产品,而新营销观念则是要求企业面对市场、诱导消费。

(4) 营销活动的目标不同　旧营销观念的目标是通过提高产品销量而取得利润,而新营销观念则是通过强调战略管理,追求长期利益最大化。

(5) 营销管理的模式不同　企业的营销机构主要包括生产、销售、人事、财务等职能部门。随着企业营销观念的变换,这些职能部门的权限和职责、地位和作用也都有所区别,相互间的关系也不断调整。

具体来说,新旧营销观念的主要区别见表 1-1。

表 1-1　新旧营销观念的主要区别

营销观念	活动程序	重点	营销方法	营销目标	营销手段
旧观念	产品—市场	产品	提高企业生产效率	销量创造利润	推销
新观念	市场—产品	消费者需求	面对市场,诱导消费	满足需求,创造长远利润	整体营销

二、现代营销观念与服装营销

1. 现代市场营销观念对服装营销的作用

(1) 有利于服装企业开拓市场　我国目前的服装市场,已经逐步从卖方市场过渡到了买方市场。人们的衣着品位发生了重大变化,逐步开始注重服装产品的内在品质,以体现自身的内涵。

从当前服装行业来看,我国服装行业已经出现了阶段性的产品过剩,服装企业面临着从加工贸易型向品牌效益型的战略转变。为了适应服装产业升级的要求,服装企业必须改变效仿跟随的生产经营策略,变被动为主动来不断开拓市场。在立足国内市场的同时也要瞄准国际市场,争取打入国际市场,不断增强参与国际市场竞争的实力。

(2) 有利于促进服装企业经营创新　当前,我国服装市场面临着服装产品水平普遍较低,伪劣服饰产品充斥市场,名优服装产品遭受冲击的现状,尽管如此,我国的服装业仍呈现出快速发展的态势。由于服装业的快速发展,带动了服装流通领域和服装市场的繁荣,服装业的扩张则又进一步促进了服装企业的经营创新。

例如,20 世纪 90 年代以前,我国服装业主要以加工贸易型为主,主要营销方式是批发和代销。90 年代中期,开始实施品牌战略,国产品牌在国内市场有了相当大的占有率,打破了高档服装产品市场被进口品牌长期垄断的局面。服装企业由产品经营转向品牌经营,营销方式也由产品经营阶段的批发、代销转向连锁销售、代理销售、特许经营和专卖等新的营销方式。与此相适应,服装企业的管理方法和管理制度、产品的品种结构、营销服务的方式等方面也有了调整、改进和创新。

(3) 有利于引导服装企业提高经济效益　在现代市场营销观念的指导下,服装企业能够立足于对消费者需求及其他相关市场因素的调查和预测,在研究市场需求的基础上,根据市场规律决定产品开发和相应的服务方式,并有效地传递给消费者。这就使企业能够在现代市场营销观念的引导下,避免盲目生产的弊端,进行资源优化配置,从而获得经济效益的最大化,达到预期的生产经营目标。

(4) 有利于促进服装企业履行社会职责　由于企业实现经营目标的过程是建立在满足消费者需求的基础上,并且在市场调研和资源配置中渗透了社会市场营销观念,兼顾消费者与社会的长远利益,这就保证了企业、社会和消费者三者利益的一致性,使得企业在富有成效的生产经营中能更好地履行社会责任。

2. 现代营销观念对服装营销的要求

(1) 转变服装企业经营态度　现代市场营销观念的最大特点就是以消费者为中心。在这种观念的支配下,企业奉行的经营原则主要有:把争取顾客作为公司的最高目标、爱自己的顾客而非产品、制造能销售的产品,而非企业容易生产的产品等。

(2) 调整服装企业的经营方式　随着我国服装市场的不断完善,服装企业的经营方式发生了根本性的变革,企业逐步根据市场需求来组织生产,使产品、价格、销售渠道和促销等各种营销策略得到合理的组合与协调运用。

服装企业经营方式的调整,是现代市场营销观念的具体表现,它使企业真正成为市场的参与者和竞争者,企业的经营决策更加切合实际,企业的经营手段更加灵活和多样化。

(3) 建构新的服装市场营销控制系统　现代服装企业的营销观念要求服装企业的一切活动都要以市场营销为出发点,企业的机构设置和组织管理要突出营销职能部门的作用,从而形成了以营销部门为核心的新的企业管理系统。只有这样,才能使企业及时接近市场、了解市场,进一步适应市场。

(4) 制定新的评价标准　现代市场营销观念要求企业不仅要有短期的利润目标,而且更要有长远的经营目标,评价企业经营效果的标准应体现企业短期利润和长远利益、整体利益和局部利益的有机结合。

按现代市场营销观念的要求,制定新的评价企业经营效果的标准,是服装企业真正落实现代市场营销观念的标志。

3. 服装企业市场营销的创新

随着我国社会主义市场经济的不断完善,我国企业参与全球范围内的市场活动已成为不可逆转的必然趋势。这便要求我国服装企业在适应复杂营销环境的同时,既要接受和吸收国际服装市场流行的营销观念,不断开拓市场,又要结合自身实际推进营销创新,有效地把握和运用市场营销战略,减少市场营销活动的决策失误和经济损失。

(1) 市场营销发展的新趋势

① 网络营销。网络营销是基于电子商务背景下的新型营销方式,利用现代网络媒体和数字化信息的交互性来实现营销目标,它是指企业在计算机网络上建立自己的主页,开设

"虚拟商店"，用于陈列、宣传其商品。顾客通过任何一台联网计算机都可以进入虚拟商店完成一系列的消费活动。现代网络营销的主要方法有网络视频营销、微商营销、网上商店、网络广告、网络信息发布等。2017年8月4日发布的《中国互联网络发展状况统计报告》显示，中国网民规模达到7.51亿，手机网民达到7.24亿。

【小知识】

微信在服装市场营销中的应用

1. 充分发挥微信营销的吸粉作用

当前，微信用户的总人数已经超过了7.5亿，并且这个数据呈现出不断上涨的趋势。在这种情况下，服装企业或者商家借助微信公众号这一平台，通过一系列的营销推广活动，可以轻松地实现微信关注量的快速上涨。比如，常见的微信优惠券活动、大转盘抽奖活动、刮卡活动、线上有奖问答活动以及微信集赞活动，等等。微信营销推广活动不仅具有操作方便的优势，同时由于微信软件是免费的，即使在没有无线网络的情况下使用，由此产生的流量费用也非常少，所以极大地节约了商家与客户之间沟通互动的投入成本。一般情况下，传统的服装品牌推广大多需要付出大量的宣传费用，而且最终取得的宣传效果也无法得到很好的保证。而借助微信平台来推广品牌和商品可以进一步提高客户接收信息的主动性，从而使得服装企业以及商家宣传信息的有效率达到100%，充分发挥微信营销的吸粉作用。

2. 促进微信线上与线下的结合

促进微信线上与线下的结合，是当前微信在服装市场营销中的重要策略之一，具体可以从以下两个方面着手：第一，线上推广线下活动。利用微信公众平台让顾客了解到服装实体店的相关线下活动，这样可以有效提升服装实体店线下活动的影响力以及增加线下活动的人流量。在传统的服装营销活动中，大多需要借助报纸、电视、传单等宣传载体，实现对活动信息的大范围宣传，但是这种宣传方式往往需要投入大量的宣传成本。而当前借助微信公众号推广的方式，可以通过公众号或者朋友圈免费推送信息，打破了时间、空间以及推广成本等方面的限制，为商家开办线下活动提供了极大的便利。第二，线上看款式、线下发货。这种营销方式主要是针对外地市场的顾客源，通过线上看款式、线下发货的营销模式，可以有效节约顾客看款式的时间，进一步优化了服装市场营销中信息获取以及订单订购等环节。

3. 强化微信营销中人工客服服务的优势

微信作为商家与顾客之间进行沟通和交流的重要工具之一，微信本身具有的人工客户服务功能可以促进商家与顾客之间的实时互动，当客户需要进行咨询时，专业的人工客服可以为其提供高效、高质量的服务，针对客户的咨询作出及时、满意的回复，这种服务方式有利于提升客户对于商家以及服装品牌的认同感和信赖感。但是在这一过程中，需要额外注意尽可能减少使用客服服务中的自动回复功能，如果客户在咨询时，总是接收到商家提前设置好的自动回复信息，很容易影响客户对于商家和服装品牌的好感度，甚至会直接导致客户取消对商家公众平台的关注。除此之外，商家还应该注意合理地向客户推送营销信息，因为过多地向客户发送商品信息，会引发客户的厌烦心理。对于这种情况，商家应该增强与客户沟通的互动性和人性化，实时关注客户的反馈，最大限度地保证客户体验的满意度。在服装市场营销过程中，使用微信推广渠道以及打造微信人工客服服务的过程中，一定要严格遵循"以客户为先"的基本原则，这样才可以充分发挥出微信在服装市场营销中的优势。

[资料来源：刘艳．微信在服装市场营销中的运用探讨［J］．艺术科技，2018，31（04）：135，156．]

② 全面质量营销。随着新技术、新材料、新工艺在生产中的广泛运用，各个服装企业在生产技术上的差距日渐缩小。消费者对产品质量和服务的认知更加严格，整个营销过程以消费者的需求为起点，以他们对产品质量的认同为终点。在这种营销实践中，全面质量管理已成为企业营销战略设计的主角，也成为决定企业营销活动成败的关键所在。

③ 使用价值营销。现代市场营销观念的主导思想是以顾客需求为导向，即顾客需求什么，企业就生产什么。但是，不同消费者对产品的认知水平与科技水平并不同步，顾客的消费水平与科技发展的水平也不一致。在这种情形下，完全奉行"顾客需求为导向"的营销指导思想无疑是片面的。因此，就需要依据不同顾客的不同支付能力和科技的发展水平设计制造不同类别的产品，再通过营销推广使消费者了解产品的优越性，从而诱导消费者购买，最终使企业和顾客双方受益。

综上所述，使用价值营销的指导思想是"使用价值导向"，中心是"诱发市场需求"。

例如，20世纪90年代末，我国家电市场上出现的VCD取代家用录像机，以及后来的DVD取代VCD的营销现象，到现在的智能化家电取代传统家电，实际上就是"使用价值营销"观的成功运用。

（2）服装企业市场营销活动的创新　市场营销观念和市场营销方式的变化，一方面要求服装企业进行营销创新以适应其新的发展趋势，另一方面也推动了服装企业营销活动自身的创新。

① 营销手段的创新。知识经济和科学技术的发展，使得企业的经营理念和经营行为必须与最新的知识、科技相衔接，并将新科技、新知识融入产业之中。对于服装企业来说，网络环境下的营销使得工业批量生产与顾客量身订制结合了起来，企业采用机器大工业的方式批量生产那些消费者共同需要的产品，采用柔性化生产方式生产由单一顾客需要的"订制"部分产品，这就使得企业一方面可以用更低的成本提供符合顾客个性化需求的产品，另一方面企业的营销目标真正实现以顾客需求为导向，从而在不定型的市场营销环境中维持相对稳定的消费群。

② 营销关系的创新。在新的营销环境中，企业充分利用新型的营销媒体、营销技术和传播方式，及时、准确、动态地收集和传递消费者信息，分析消费者需求及其变化趋势，开发相应产品并在投放市场前利用网络测试调整产品性能，缩小企业产品与顾客需求的差距，企业与顾客的双向互动关系得到强化，顾客在接受服务的过程中更加趋于主动。

与企业和顾客新型关系的建立相协调，企业营销组织的作业方式会发生变化，营销管理的层级会减少，沟通的渠道会拓宽，业务人员开展营销及时获取、分析、运用市场信息，制定具有竞争优势的营销策略。

③ 营销渠道的创新。随着互联网在人类社会生活各个领域的广泛使用，企业的营销活动也逐步走进了网络时代，实现了营销渠道的创新。

互联网与消费者相连，一方面使得企业可以将商品展示给顾客，直接回答顾客的疑问并接受顾客的订单；另一方面，企业根据消费者发出的订单及要求，决定企业的生产和服务，并以最快的方式传递给消费者。

营销渠道的创新，给不同群体带来了不同的便利，具体如下。

对于大众消费者——通过网上交易完成购买活动更灵活、更方便；

对于中间商来说——网上渠道采购具有较大的选择空间，而且采购成本较低；

对于生产商来说——网络渠道将各种营销活动进行整合，达到了营销组合所追求的综合效益。

④ 营销传播方式的创新。利用网络进行营销活动，一方面推进了电子商务的普遍应用，另一方面使营销传播方式有了创新。

从企业市场营销的发展趋势来看，利用新型的营销手段、营销关系、营销渠道和营销传播方式，结合现有营销活动的优点，实现企业营销活动的创新，是企业未来的制胜之道。

思考题

1. 市场、市场营销、服装市场营销的含义是什么？
2. 服装市场营销的作用是什么？
3. 服装市场有哪些类型？
4. 服装市场有哪些特点？
5. 新旧市场营销观念的区别与联系是什么？
6. 市场营销观念演变的几个阶段是什么？

第二章 服装市场营销环境

- 第一节 服装市场营销环境概述
- 第二节 服装市场营销环境分析
- 第三节 服装企业适应营销环境的对策

学习目标

1. 掌握服装市场营销环境的相关概念。
2. 了解服装市场营销环境中宏观环境的构成因素和微观环境的构成因素，以及它们对服装企业产生的积极或消极的影响。
3. 明确服装企业面对不同的市场营销环境所能够采取的应变策略，以提高企业的市场竞争力。

任何事物的存在和发展都离不开特定环境的影响，市场营销活动也不例外。企业的市场营销环境是由复杂多变的各种因素构成的，所有企业的市场营销活动都要在这不断变化的市场营销环境中进行。因而，服装企业必须全面、正确地认识市场营销环境，监视和预测各种环境力量的变化，分析和鉴别各种环境变化给企业带来的机遇和挑战，并且及时对变化的环境做出积极的反应，采取有效的对策，趋利避害，才能保障企业的营销活动得以顺利进行。

第一节　服装市场营销环境概述

一、市场营销环境的含义与分类

1. 市场营销环境的含义

环境，一般是指影响某一活动主体生存和发展的客观条件与外在力量的总和。

市场营销环境，是指与企业生产经营有关、直接或间接影响企业产品的供应与需求的各种客观因素的总称。从企业营销活动本身来看，市场营销环境实质上是以产品为中心而形成的特定的体系。

2. 市场营销环境的分类

市场营销环境按照不同的标准，可以分为不同的类别，具体如下。

（1）按照对企业营销活动影响因素的范围　按照对企业营销活动影响因素的范围可以分为微观环境和宏观环境。

① 微观环境　微观环境，即直接营销环境，是指与企业紧密相连，直接影响企业营销能力的各种参与者，主要包括：企业本身、市场营销渠道、企业、顾客、竞争者及社会公众。

② 宏观环境　宏观环境，即间接营销环境，是指影响企业营销活动的一系列巨大的社会力量和因素，主要包括：人口、经济、政治、法律、科学技术、社会文化及自然生态。

（2）按照对企业营销活动发生作用的性质　按照对企业营销活动发生作用的性质可以分为企业的机会环境和威胁环境。

① 机会环境，是指由环境变化造成的对企业营销活动富有吸引力和利益空间的领域。

② 威胁环境，是指环境中不利于企业营销的因素及其发展趋势，对企业形成挑战，对企业的市场地位构成威胁。

（3）按照对企业营销活动影响时间的长短　按照对企业营销活动影响时间的长短可以分为长期环境和短期环境。这其中，应主要区分以下三点。

① 流行是不可预见的，短期的，没有社会、经济和政治意义的。

② 趋势是能预见的且持续时间较长，趋势能揭示未来。

③ 大趋势是社会、经济、政治和技术的大变化。其不会在短期内形成，且一旦形成则会对我们的生活产生较长时间的影响。

二、服装市场营销环境的含义与特点

1. 服装市场营销环境的含义

服装市场营销环境，是指与服装企业生产经营有关的，一切影响、制约服装企业营销活动的各种外在及内在因素的总和。它直接或间接影响服装企业产品的供应与需求及企业生存和发展。

作为一个开放的系统,企业的所有活动都发生在一定环境中,并不断地与外界环境发生着这样或那样的交流;从外界吸纳各种物质和信息资源的同时,也通过企业自身的活动,输出产品、劳务和信息,对外界施加影响。企业的营销活动也是这样一种促使企业内外资源发生交流的活动。因此,认识与分析营销环境成为营销管理的基础和重要内容,而对环境的认识和分析过程也就是不断地发现机会和识别威胁,以选择达到企业营销目标最佳途径的过程。

2. 服装市场营销环境的特点

(1) 客观性　客观性是市场营销环境的首要特征。构成营销环境的因素多种多样,它们不以人们的意志为转移而客观存在着,有着自己的运行规律和发展趋势。比如,国家宏观经济政策的调整,人口数量与结构的变化,科技的发展都必然地对服装企业的营销活动产生影响。因此,企业的营销活动要能够主动适应和利用客观环境,不断地调整营销策略,以顺应环境的变化。如果主观臆断营销环境及发展趋势,必然会导致营销决策的盲目与失误,造成营销活动的失败。

(2) 动态性　动态性是营销环境的基本特征。任何环境因素都不是静止的、一成不变的。相反,它们始终处于变化之中。例如,顾客对服装产品的消费需求、偏好和行为特点时刻在变,国家宏观产业结构在调整等。企业必须密切关注营销环境的变化趋势,以便随时发现市场机会和监视可能受到的威胁,不断地调整和修正自己的营销策略,否则将会丧失市场机会。

(3) 复杂性　营销环境包括影响企业市场营销能力的一切宏观和微观因素,这些因素涉及多方面、多层次,而且彼此相互作用和联系,既蕴含着机会,也潜伏着威胁,共同作用于企业的营销决策。如我国加入WTO后,一方面没有了贸易壁垒使我国的纺织产品出口更加顺畅,但同时国外服装品牌的长驱直入,又使我国的服装市场竞争更加激烈,服装企业面临更大的挑战。

(4) 不可控性　相对于企业内部的管理机能,如企业对自身的人、财、物等资源的分配使用来说,营销环境是企业无法控制的外部影响力量,如无论是营销环境中的消费者需求特点,还是人口数量,都不可能由企业来决定。所以影响市场营销环境的因素是多方面的,也是复杂的。

(5) 关联性　关联性是指市场营销环境各因素都不是孤立的,而是相互联系、相互渗透、相互作用的。如服装产品价格的高低,不仅受市场供求关系的影响,而且受科技进步和财税政策的制约。服装的流行受到时代的各种因素的影响。因此,要综合考虑环境因素对企业营销活动的作用。

(6) 差异性　市场营销环境的差异性不仅表现在不同的企业受不同环境的影响,而且表现在相同环境因素的变化对不同企业的影响也不相同。由于外界环境因素的差异性,就要求企业必须从实际出发,认真分析自身所处的环境特点,制定切合实际的营销策略,以取得经营上的成功。

(7) 可影响性　企业可以通过对内部环境要素的调整与控制,来对外部环境施加一定的影响,最终促使某些环境要素向预期的方向转化。现代营销学认为,企业经营成败的关键就在于企业能否适应不断变化的市场营销环境。"适者生存"既是自然界演化的法则，也是企业营销活动的法则。如果企业不能很好地适应外界环境的变化，则很可能在竞争中失败，从而被市场淘汰。强调企业对所处环境的反应和适应，并不意味着企业对环境无能为力，只能消极被动地改变自己以适应环境，而是应积极主动地去适应营销环境，或者说运用自己的经营资源去影响和改变营销环境，为企业创造一个更有利的活动空间，然后再使营销活动与营销环境取得有效的适应。

三、服装市场营销环境的构成

从环境构成的角度来分析企业市场营销环境因素，服装市场营销环境通常包括微观环境和宏观环境。

1. 服装市场营销的宏观环境

宏观环境主要包括人口、经济、自然、科学技术、政治法律和社会文化六大因素。一般来说，宏观环境是不可控因素，企业及其直接环境都受到这些社会力量的制约和影响，但是企业可以调整市场营销策略来适应环境的发展。

(1) 人口　人口是构成市场营销的基本要素，也是构成服装市场的第一要素，市场是由有购买欲望和购买能力的人组合而成的。人口的数量是市场规模的重要标志，人口数量越多，市场需求规模就越大。而通过对人口的地理分布、年龄结构、家庭状况、民族构成、经济收入、受教育程度及变动趋势等方面的分析，则能够刻画出市场需求的特点和发展趋势。服装作为人们的生活必需品，人口环境的变化对服装产品的需求结构、消费方式等方面所产生的影响更为深远，所以，对人口环境的考察，是服装企业把握市场需求动态的关键。

(2) 经济环境　市场营销的经济环境主要是指企业市场营销活动所面临的外部社会经济条件，具体来说，主要是指社会购买力。影响购买力水平的因素主要是消费者收入、消费者支出、消费信贷及居民储蓄、币值等，而消费者的收入水平是影响服装企业市场营销最重要的因素。所以，企业必须密切注意其经济环境的动向，尤其要着重分析社会购买力及其支出结构的变化，敏感于促成其变化的各种因素。

(3) 自然环境　自然环境的差异是服装多样化的原因之一，自然环境的变化与人类活动休戚相关，服装企业在营销过程中需要重视自然环境方面变化的趋势，正确把握它给企业带来的威胁与机会。它对服装营销的影响体现在：第一，自然环境的差异，使各地区对服装的功能要求不同；第二，自然环境面临的危机——自然资源逐渐枯竭和自然环境受到的严重污染也影响着服装企业的营销活动。

(4) 科学技术环境　科学技术是第一生产力，它会影响服装企业各方面的经营和管理等，科学技术是推动社会生产力发展的主导力量，有人称科学技术是"历史发展总过程的精华"，是"最高意义的革命力量"。每一种科学技术的新成果都会给社会生产和社会生活带来影响甚至是深刻的变化。21世纪是高科技继续发展的新世纪，高科技将会更广泛地应用于服装业中，服装营销者应准确地把握科技革命的发展趋势，密切注意技术环境的变化对市场营销活动的影响，并及时采取适当的对策。

(5) 政治法律环境　政治环境包括国内的政治环境与国际的政治环境。在国内主要指党和政府的路线、方针、政策的制定和调整。国际政治环境是指两国关系、和平环境等。法律环境则包括国际和本国主管部门及各地区颁布的各项法律法规、法令、条例等。政治法律环境由法律、政府机构和在社会上对各种组织及个人有影响和制约的压力集团构成。企业的市场营销决策在很大程度上受政治法律环境的影响。法律是充分体现政治统治的强有力形式，政府部门利用立法及各种法规表现自己的意志，对企业的行为予以控制。

(6) 社会文化环境　社会文化环境包括社会阶层、相关群体、教育水平、风俗习惯、审美观念、宗教态度和价值观念等。这些因素直接影响消费者的购买行为，企业营销工作必须重视社会文化环境。

2. 服装市场营销的微观环境

构成企业微观环境的主要力量，包括企业内部各部门的关系，各类资源的供应者，各类市场营销合作企业、目标顾客、竞争者和社会公众，它们与企业是协作、竞争、服务、监督的关系，在适应宏观环境的基础上，企业必须结合内部条件优势，协调和控制微观环境的变化，寻求并发现经营的机会，开展市场营销活动，实现企业的经营目标。

(1) 企业本身　微观环境中的第一种力量是企业内部的环境力量。良好的企业内部环境是企业营销工作得以顺利开展的重要条件。内部环境由企业高层管理（董事会、厂长、经理）和企业内部各种组织（财务、科研开发、采购、生产等）构成。营销部门工作的成败与企业领导及其各部门的支持有很大关系。企业所有部门都同营销部门的计划和活动发生着密切的关系。各管理层之间的分工是否科学，协作是否和谐，能否精神振奋、目标一致、配合默契，都会影响企业的营销管理决策和营销方案的实施。

微观环境中的第二、第三种力量是各类资源供应者和各类中介机构，它们同企业达成协作关系。

(2) 供应者　供应者是指向企业提供生产产品所需要的资源的企业或个人。包括提供原材料、设备、能源、劳务、资金等。这种力量对企业的营销影响是很大的，所提供的资源质量、价格和供应量，直接影响着企业产品的质量、价格和销售利润。企业应从多方面获得供应，而不可依赖单一供应者。

(3) 营销中介　营销中介是指企业把产品送到最终购买者手中给予帮助的有关机构，包括营销实销实体分配机构（批发零售环节）、营销服务机构（广告公司等）和金融中介（银行、保险公司等）。这些都是市场营销中不可缺少的中间环节。企业在产品营销过程中，必须处理好同行业内外部各种营销中介机构的关系。

(4) 顾客　微观环境的第四种力量就是顾客，即目标市场。顾客是企业服务的对象，是企业的"上帝"。企业需要仔细了解自己的顾客市场，应按照顾客及其购买目的的不同来细分目标市场。市场上顾客不断变化和不断进步的消费需求，要求企业将不断更新的产品提供给消费者。

(5) 竞争者　企业微观环境中的第五种力量是企业面对的一系列竞争者。每个企业的产品在市场上都存在数量不等的业内产品竞争者。企业的营销活动时刻处于业内竞争者的干扰和影响的环境之下。因此，任何企业在市场竞争中，主要是研究如何加强对竞争对手的辨认与抗争，采取适当而高明的战略与策略谋取胜利，以不断巩固和扩大市场。

(6) 公众　公众是对企业的营销活动具有实际影响和潜在利益的群体，如政府机构、宣传媒介、群众团体、社区居民等。搞好公众关系是企业树立和保持良好形象的重要保证。

现代企业是一个开放的系统,这些公众都与企业的营销活动有着直接或间接的关系。企业的营销活动必然与各方面发生联系,必须处理好与各方面公众的关系。上述六种力量既构成了企业营销的微观环境,也是一个企业的市场经营系统。疏通、理顺这个系统,是企业非常重要的经常性的任务。

第二节 服装市场营销环境分析

服装企业的营销活动是在一定的环境中进行的,适应市场营销环境是企业获得营销成功的基本前提。在现代市场营销中,服装企业更要善于分析和预测市场营销环境的变化趋势及影响作用,才能始终在服装市场营销中处于有利地位。

一、影响服装企业营销的环境因素类别

影响服装企业市场营销的环境因素,按其对企业营销活动产生影响的方向和发挥作用的途径,可以概括为两大类,即内部经营因素和外部环境因素。

1. 服装企业的内部经营因素

服装企业的内部经营因素,是指服装企业在制订经营计划或实施营销方案时,可以随意调整、自由控制的各种因素,包括产品、价格、分销、促销四大因素。企业在确定目标市场后,充分利用企业可以控制的经营因素,实施产品决策和价格决策,选择适当的分销渠道,采取积极的促销方式,以实现企业特定的营销目标。因此,企业的"内部经营因素"又称"经营决策因素",其最显著的特点是具有可控性。

2. 服装企业的外部环境因素

服装企业的外部环境因素,是服装企业的不可控制因素,主要是指市场因素或企业的宏观环境。虽然企业无法按自己的意愿对外部环境因素加以控制,但通过对它分析后,可采用一定的营销策略及其组合与之相适应,以有效地开展各种营销活动。

二、服装市场营销宏观环境分析

根据服装企业生产经营的特点,服装企业市场营销应重点分析人口环境、经济环境、技术环境、社会文化环境、自然环境、政治法律环境等的影响作用。

1. 人口环境因素的特点及其影响

人口环境是构成企业外部宏观环境的首要因素。一定规模的市场是由具有一定购买欲望和购买能力的人构成的,人口的多少决定着某类市场需求容量的大小及市场拓展的前景。因此,任何企业都必须对人口环境的状况及动向进行深入研究,以便制定和实施有效的营销策略。

对人口环境的分析主要包括以下几方面。

(1) 人口数量　人口数量是指一个国家或地区的人口总数。在不考虑其他因素的前提下，人口总数越大，市场需求的绝对量就越大，潜在的市场规模也就越大。就服装产品而言，它是人们日常生活的必需品，服装消费在很大程度上并不完全依赖个人的收入状况，而主要是由人口数量决定的。不同的人口总数、不同国民收入的国家，其服装市场的规模也具备一定的规律，具体见表2-1。

表2-1　人口、收入与服装市场规模的关系

人口数量	多	少	多	少
国民收入状况	低	高	高	低
服装市场规模	小	小	大	更小

(2) 人口构成　人口的构成包括两部分，一是自然构成，二是社会构成。自然构成主要包括人口年龄结构、性别比例等。就性别比例来看，女性比男性更在意服饰的消费，消费频率也远高于男性。社会构成主要包括民族、家庭、职业和受教育程度等。我国是多民族国家，因此，研究人口构成也应重视人口的民族结构，民族服装市场也是我国服装市场的重要组成部分，如旗袍、蒙古族的长袍等。家庭是社会构成的"细胞"，也是服装消费的主要采购单位。

(3) 人口地理分布　居住在不同地理环境、气候条件等中的人，其消费要求是不相同的。例如，南方人多喜欢穿多彩靓丽的偏冷色调的服饰，而北方人多选用厚重稳定的暖色调服饰。随着经济的发展，我国人口流动加速，尤其是人们伴随城镇化进程涌入城市，迁徙到经济发达的沿海地区等，通过学习、旅游、出差去外地，都一定程度上改变着我国的人口结构和地理分布，进而影响服装企业的营销环境。

(4) 人口的职业背景　消费者所从事的职业或扮演的社会角色不同，对其消费方向、消费习惯的影响力极大。例如，从事教师或公务员职业的人，穿衣风格就会和演艺界艺术性很强的人们穿衣风格有较大区别。

2. 经济环境因素的特点及其影响

经济环境因素是所有环境中对企业市场营销影响最大的环境因素。对于服装企业营销来说，需要重点分析的经济环境因素如下。

(1) 消费者收入及其变化　消费者收入决定着消费者的购买力水平和支付能力，消费者收入的变化直接影响着消费需求的层次和结构，通常有三个层次即"个人总收入""个人可支配收入""个人可任意支配收入"。

个人总收入指的是个人从各种来源得到的所有收入，比如工资、津贴、分红、收租金等；个人可支配收入是指收入中扣除了税款等所得的余额，这也是实际购买力的一个支配；个人可任意支配收入是指除去个人生活中所必须开支后剩余的部分，必须开支如水、电、气费用，交通费用等。

(2) 消费结构及其变化　消费结构也称为消费者支出结构，主要的评价指标是恩格尔系数。消费者个人收入发生变化时，其消费支出结构必然会发生一定变化进而导致需求结构和需求层次的调整，它也会对企业的营销产生深刻影响。

【小资料】

恩格尔系数

  恩格尔系数（Engel Coefficient）是食品支出总额占个人消费支出总额的比重。19世纪德国统计学家和经济学家恩格尔根据统计资料，得出一个消费结构的变化规律：一个家庭收入越少，家庭收入中（或总支出中）用来购买食物的支出所占的比例就越大，随着家庭收入的增加，家庭收入中（或总支出中）用来购买食物的支出比例则会下降。推而广之，一个国家越穷，每个国民的平均收入中（或平均支出中）用于购买食物的支出所占比例就越大，随着国家的不断富裕，这个比例呈下降趋势。

  恩格尔系数是根据恩格尔定律而得出的比例数。19世纪中期，恩格尔对比利时不同收入家庭的消费情况进行了调查，研究出收入增加对消费需求的支出构成的影响，提出了带有规律性的原理，由此被命名为恩格尔定律。其是指一个家庭或个人收入越少，用于购买生存性的食物的支出在家庭或个人收入中所占的比重就越大。对一个国家而言，一个国家越穷，每个国民的平均支出中用来购买食物的费用所占比例就越大。恩格尔系数则由食物支出金额在总支出金额中所占的比重来最后决定。恩格尔系数达59%以上为贫困，50%～59%为温饱，40%～50%为小康，30%～40%为富裕，低于30%为最富裕。

（资料来源：https://baike.so.com/doc/2769900-2923623.html.）

  （3）价格水平及其变化 价格水平常用于描述一个经济体中所有的商品和劳务价格的总体平均数，一般用物价指数来衡量。国家一定时期内的价格总水平会影响消费者的需求量，从而影响企业的产品销售量。

3. 技术环境因素的特点及其影响

  技术环境主要是指某类市场所在的地区的科技水平，它包括科技发展水平，新发明、新发现的获得，新材料、新技术、新工艺的应用，新产品的开发深度与广度等。对服装业的发展所产生的影响表现在以下几个方面。

  第一，科技进步整体推动了服装业的技术更新和产业升级。

  计算机技术的应用，使得现代企业普遍使用电脑缝纫机；计算机辅助设计服装CAD（Computer Aided Design，计算机辅助设计）的使用，使得工作效率大大提高；计算机辅助生产等集成的使用，使得企业自动化程度越来越高，机械手臂机器人逐渐替代人工，大大节省了成本。伴随21世纪科技的发展，服装新材料面料层出不穷，耐污布料、抗皱布料、保温布料及杀菌布料等的发明，都给服装产业带来了更多变化。

  第二，传统的生产方式、经营模式发生了根本的变革。

  科技的发展，对传统服装行业中的生产经营带来了一定改变，如电脑的使用、网络营销等使得服装的流行更快，设计生产的周期更短，企业自动化程度更高，这就要求企业管理营销人员要掌握更高的管理水平，掌握现代化的管理方法。

  第三，现代信息传播手段为经营活动创造了有利条件。

  现代信息传播日新月异，使得产品生命周期缩短；互联网的使用，使得企业可以选择多种营销方式，量身定制、网络销售、直播等要求服装企业迅速做出反应，迅速准确地为消费者做出满意的服饰，同时促销方式也要灵活多样。

科学技术的进步对服装企业的市场营销所产生的影响作用集中表现为：密切注意科技变迁的速度和新技术、新工艺、新材料的应用程度，有利于服装企业预测产品市场寿命周期，增强新产品的市场适应性；运用新型的信息传播技术和手段进行市场调研，能提高市场信息的时效性及利用率；借助新的宣传媒介有利于扩大促销活动的效果，发掘新的销售方式，拓展营销渠道等。

4. 社会文化环境的特点及其影响

社会文化环境是在一定的社会形态中形成的宗教信仰、风俗习惯、审美情趣、价值观念、道德规范等因素的总和。社会文化环境对营销活动的影响具有以下三个特点。

（1）文化对营销影响的广泛性　社会文化环境涉及面广，它对营销活动的影响是全方位的，而不像其他环境因素那样，其影响仅仅涉及营销的某一个方面或某几个方面。

（2）文化对营销影响的持久性　文化是人们在现实生活中长期积淀下来的，它会在相当长的时间内对人们的生活产生影响。

（3）文化对营销影响的渗透性　文化通过改变人的观念来影响人们对服装的选择，这个过程需要一点点地逐步完成。

5. 自然环境的特点及其影响

服装企业在营销过程中需要重视自然生态环境方面的特点，正确把握它带来的威胁和机会。

（1）对服装的选择不同　自然环境的差异造成地理环境不同，各地的气候就不同，从而影响人们对服装款式的选择，例如，因纽特人对服装的要求和沙漠里人们对服装的要求就不同。

（2）服装原材料供应不同　自然环境面临的危机越来越严重，自然资源逐渐枯竭，自然环境受到严重污染，也会影响企业的市场营销活动。所以习近平总书记提出"绿水青山就是金山银山"，把环境保护列入社会发展的重要内容中。服装企业用天然纤维材料制造服饰，不同地区的自然环境，企业获取原材料的成本高低也有不同，从而影响服装企业的经营。例如，企业致力于生态型安全产品，使用可回收或降解包装材料，达到控制污染、节约能源的目的。

6. 政治法律环境的特点及其影响

任何服装企业的发展都会受到国家特定政治与法律制度的制约和影响，因而政治法律环境也是影响服装企业营销发展的宏观因素之一。政治环境主要是指服装企业营销活动的外部形势及国家的方针政策。国家和政府的方针政策如货币政策、物价政策等，都会给服装企业的营销活动带来一定的影响。法律环境主要指国家或地方政府颁布的法律法规、条例等，它是国家对企业进行规范和约束的规则，企业也可以凭借这些法律和法规来维护自己的权益。

三、服装市场营销环境分析方法

1. 机会矩阵图法

任何企业都面临着若干环境威胁和市场机会。然而，并不是所有的环境威胁都一样大，也不是所有的市场机会都有同样的吸引力。企业的最高管理层可以用"环境威胁矩阵图"和"市场机会矩阵图"来加以分析与评价。

环境威胁矩阵图的横排代表"出现威胁的可能性",纵列代表"潜在的严重性",表示盈利减少程度。营销窗口(见图2-1)中的某服装企业在环境威胁矩阵图上有三个"环境威胁",即动向1~3。其中威胁2和威胁3都是严重的,出现威胁的可能性也大。所以,这两个环境威胁都是主要的威胁,企业对这两个主要威胁都应十分重视;威胁1的潜在严重性大,但出现威胁的可能性小,所以这个威胁不是主要威胁。

市场机会矩阵图(见图2-2)的纵列代表"潜在的吸引力",横排代表"成功的可能性",表示潜在赢利能力。营销窗口中服装企业在市场机会矩阵图上有两个"市场机会",即动向4和动向5。其中最好的市场机会是5,其潜在吸引力和成功的可能性都大;市场机会4的潜在吸引力虽然大,但其成功的可能性小。

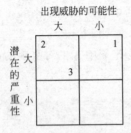
图2-1 环境威胁矩阵

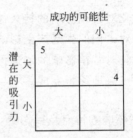
图2-2 市场机会矩阵

用上述方法来分析和评价企业所经营的业务,可能会出现四种不同的结果。

① 理想业务,即高机会和低威胁的业务。
② 冒险业务,即高机会和高威胁的业务。
③ 成熟业务,即低机会和低威胁的业务。
④ 困难业务,即低机会和高威胁的业务。

2. PEST分析法

PEST分析法是一个常用的分析工具,它通过四个方面的因素分析从总体上把握宏观环境,并评价这些因素对企业战略目标和战略制定的影响。

① P即Politics,政治要素,是指对组织经营活动具有实际与潜在影响的政治力量和有关的法律、法规等因素。当政治制度与体制、政府对组织所经营业务的态度发生变化时,当政府发布了对企业经营具有约束力的法律、法规时,企业的经营战略必须随之做出调整。

② E即Economic,经济要素,是指一个国家的经济制度、经济结构、产业布局、资源状况、经济发展水平以及未来的经济走势等。构成经济环境的关键要素包括GDP的变化发展趋势、利率水平、通货膨胀程度及趋势、失业率、居民可支配收入水平、汇率水平等。

③ S即Society,社会要素,是指所在社会中成员的民族特征、文化传统、价值观念、宗教信仰、教育水平以及风俗习惯等因素。构成社会环境的要素包括人口规模、年龄结构、种族结构、收入分布、消费结构和水平、人口流动性等。其中人口规模直接影响一个国家或地区市场的容量,年龄结构则决定消费产品的种类及推广方式。

④ T即Technology,技术要素,技术要素不仅仅包括那些引起革命性变化的发明,还包括与企业生产有关的新技术、新工艺、新材料的出现和发展趋势以及应用前景。

3. 企业对付环境威胁的对策

面对环境对企业可能造成的威胁，企业常用的方法有三种。

（1）对抗策略　对抗策略就是试图限制或扭转不利因素的发展，如通过各种方式促使（或阻止）政府通过某种法令或达成某种协议，或制定某项策略来抵制不利因素的影响。

（2）减轻策略　减轻策略就是企业通过改变营销策略，以减轻环境威胁的程度。如以扩大销售来减轻成本的上升。

（3）转移策略　转移策略就是将受威胁的产品转移到其他市场，或将投资转移到其他更有利的产业，实行多元化经营。

总之，企业的营销管理者对复杂多变的市场营销环境，不仅要认识它、适应它，而且还应当采取积极措施，调节需求，争取达到供给和需求的协调一致。

第三节　服装企业适应营销环境的对策

一、建立快速信息系统

中国服装企业要走向更加光明的未来，必须实现企业高效的供应链管理，建立快速信息反应系统，这需要IT系统的支撑和全新的管理企业流程的方法，从全球服装行业客户中提炼出的先进业务流程的ERP系统，能够帮助企业实现这种高效的供应链管理。

ERP——Enterprise Resource Planning（企业资源计划系统），是指建立在信息技术基础上，对企业的所有资源（物流、资金流、信息流、人力资源）进行整合集成管理，采用信息化手段实现企业供销链管理，从而实现对供应链上的每一环节的科学管理。ERP系统集信息技术与先进的管理思想于一身，成为现代企业的运行模式，反映时代对企业合理调配资源、最大化地创造社会财富的要求，成为企业在信息时代生存和发展的基石。在企业中，一般的管理主要包括三方面的内容：生产控制（计划、制造）、物流管理（分销、采购、库存管理）和财务管理（会计核算、财务管理）。三大系统集成一体，加之现代企业对人力资源的重视，就构成了ERP系统的基本模块。商通ERP系统将各个模块细化、拆分，形成了相对独立又可无缝衔接的软件系统，使得不同规模的企业可根据需要自由组合，让企业的资源得到最优化配置。

通过先进的ERP系统，企业可以根据实际情况调整业务流程与组织结构，这将大大增强服装企业的竞争力，并在产业升级以及向产业链上游迁移的过程中，获得极大的推力。

目前，美国、欧洲国家和日本的服装企业，基本上都实现了电子商务和企业内部ERP系统的集成。客户通过专用的客户关系管理通道，在相应的服装企业网站上发出一批订单，这批订单就会马上反映到企业内部ERP系统上。世界领先的零售商JC Penney就是通过EDI（电子数据交换）或者互联网向供货商下达订单，并可以随时查询订单履行的状况。中国香港TAP集团也是一个很好的例子。这家拥有约2万名员工和超过5亿美元资产的制衣集团，在世界各地都拥有自己的服装生产基地。通过实施集成的ERP系统，TAP集团给客户提供了更多的优质服务和创新产品。TAP集团每年生产4000万件上衣、800万条裤子、

150万件外套以及13万套制作精良的套装,其中,78%进入美国市场,赢得了众多知名客户的尊敬与信赖。

我国服装企业在信息化管理方面的基础还比较薄弱,因此,中国服装企业不但需要尽快实施一套全面集成企业各个业务流程的 ERP 系统,并且必须将此系统与企业门户网站建立无缝集成,避免再走美国、日本等国家服装企业先建立孤立的系统然后再集成的道路。近几年,雅戈尔等一批中国服装企业,不仅意识到了利用 ERP 系统的重要性,而且已经在自己的企业内实施或正在实施这样的系统。在新一轮中国服装企业的竞争中,这样的企业必将走在市场的前列。

二、建立强大的设计师队伍

21世纪是品牌的世纪,21世纪的市场竞争是品牌的竞争。我国服装工业经过改革开放40多年的发展,在引进国外先进生产设备、吸收国外先进技术等方面已获得很大成效,一大批颇具经济实力、掌握先进制衣技术、拥有技术人才以及营销网络的大型服装企业集团已经形成。虽然我国目前处于世界最大的服装生产国和出口大国的地位,然而国产品牌服装仍难以跻身世界名牌之列,在价格上也难以望其项背,究其主要原因,设计环节的竞争力不足是主要症结所在,因此,我国的服装企业要迎接新世界的挑战,就必须立足国情,根据自身已奠定的基础构建能够发挥企业最大优势的设计创新体系。

(1) 加强设计师队伍的建设　随着中国加入 WTO,服装企业生存和发展的原动力首先是建设一支一流的设计队伍,树立企业 CI 形象,以设计为龙头,充分利用"设计理念"的价值,走品牌经营的道路,而并非完全靠"加工工艺"赚钱。宁波杉杉集团的发展历程就是一个很好的证明。杉杉集团是国内第一个与设计师合作的企业。它引入中国优秀的设计师,并建立了全国第一流的设计师队伍,这为杉杉成为国际知名品牌以及杉杉旗下"法涵诗"女装品牌获女装第一名的称号、在国内高级女装市场确立一定地位奠定了坚实的基础。作为服装企业,要尽力为设计师营造一个良好的工作及发展环境,给他们独立的资金和设计空间,让他们充分发挥设计师所特有的想象力和创造力。另外,设计师也应不断增强自身素质,提高设计水平,对市场、客户进行广泛深入的了解,确立正确的设计观,并融入自己对服装的深刻理解,树立产品独特的服装文化与品位,以引导消费者的消费趋向。此外,作为一名优秀的设计师,必须尽可能地开阔眼界,多方面、多层次地收集信息,培养自己对流行的敏感度,这样才能确保在设计的过程中不断迸发出新的灵感。

(2) 建立完善的服装品牌设计管理模式　服装设计管理模式主要分为设计任务模块和设计体制模块,其核心是把握时机性、计划性、有效性及市场准确性,保证设计市场价值的最大实现。设计任务模块主要包含风格设计模式、设计工作流程管理、产品设计模式;设计体制模块主要包含组织结构、目标管理和设计制度因素。设计管理的各方面要素必须互相关联,并具有策略上的一致性,才能确保设计管理模式的完整与有效。

① 设计任务模块。设计任务包括风格定位、设计工作流程管理和产品线设计。设计任务模块是设计的实施方法,也是服装设计管理的内在因素,是服装设计管理体系成功的必要条件。

第一,风格定位就是定位服装品牌的设计风格,是品牌设计工作的核心。只有明确了风格,设计才不会随波逐流。中国的成衣品牌常用的风格定位方式有两种:一是以文字表达的方法定位风格，优点是文字的表达力强、信息量大，弱点则是缺少可衡量的标准和不够直观、准确；二是采用图表、绘画、照片等更为直观的视觉表达方式，但此方法有信息量不够、表达不充分的弱点。企业可根据自己的实际情况，选择一种适合自己的方法。

第二，品牌定位指该品牌在服装市场的定位，包括成衣品牌所处的层次地位、产品属性定位、时尚感觉定位、参照系品牌等。

第三，产品线设计指针对服装品牌的产品进行定位，包括产品线决策、产品组合设计、目标及设计总构思、详细设计方案等。

② 设计体制模块。设计体制模块包括有利于设计的组织结构和相关的目标管理。

首先是组织结构。组织结构不仅包括设计部的内部结构，还包括公司的整体结构。设计部内部结构的配置，不仅需考虑规模和投资，还需根据品牌的战略重点设定，如以针织品为主的香港品牌e+，针织方面的设计、工艺力量非常强大，而同价位品牌FINITY则主要为梭织服装的设计团队；公司的整体结构，与设计部的上下级关系，对设计的执行也有影响。

其次是目标管理。目标管理包括时间管理、任务管理和设计成本管理，是控制设计工作节奏和进度的计划性指标，目的在于保证设计按时按需完成。需要注意的是，目标管理必须有一定的弹性，以免对设计工作产生过度的压力，影响设计水平的正常发挥。

三、健全的物流配送系统

"物流"这个词语最早出现在美国，在20世纪初期，西方一些国家出现经济危机后，一些企业提出销售和物流问题，物流是商品流通的一部分。我国的服装企业渠道建设从20世纪90年代初起步，现已初具规模，但由于忽略了对物流配送体系的建设管理，企业并没有取得应有的规模效益。有些经营者缺乏渠道扩展和物流管理能力，未认识到物流配送是取得企业规模扩张的基础。

物流作业的自动化不仅可以提高效率，还可以大幅降低企业运营成本，使服装的销售价格相应降低，增强产品的市场竞争力。比如，日本著名的岛村服装公司从1953年成立以来，就对物流体系进行了大量投入，当发展到6家门店时，建立了利用班车送货的物流网络。当发展到30家门店时，开始建立本公司的配送中心。该公司已经拥有福岛、桶川、犬山、仓敷、北九州、盛冈共6家物流中心（其中桶川物流中心是一个全自动化的高科技中心），负责公司700多个门店的配送工作，始终能够保证货物的协调运送，使整个渠道体系能够达到统一配货，规模价格得到有效实现，提高了企业运营效率，有力地支持了企业实现快速扩张的决策。但是在我国，即使是知名的大服装企业，物流配送系统也存在一定的漏洞，这也是我国服装企业服务体系落后于国外服装企业服务体系的重要原因。

基于我国服装企业的现有情况，建设现代化的物流配送系统需要加强以下几个方面。

(1) 精选人员，组建机构　企业要想真正发挥物流中心的作用，使物资"进价廉、质量优、发送准、存货好、费用低"，就必须建立一个与其企业任务相适应的物流管理机构。物流管理机构负责企业生产维护、工程施工、业务发展等所需物资的采购、配送及管理，虽属保障服务部门，但物资采购是企业的敏感部位，特别受人关注，因此，要选聘对企业忠诚度高，具有很强事业心、责任感及一定的专业知识和能够吃苦耐劳的人员，并注意营造良好的工作氛围，促使其爱岗敬业。

(2) 健全制度，规范管理　没有规矩不成方圆，物资采购与物流的涉及面广，采购部门要正确处理好与领导、供货商、需求方等方面的关系，就必须根据国家相关规定和企业实际情况，制定符合国家与现代化企业管理相适宜的工作流程，建立健全各类人员工作职责和物资采购、入库、储存、配送、工程物资管理及信息采集等规章制度，并督促抓好落实。另外，在实践中要注意不断总结，适时修改补充，逐步完善，只有用制度规范采购与物流人员的工作行为，才能做到科学管理规范化、控制成本经常化、企业效益最大化。

(3) 准确预测，精益供应　要使供应物流合理化，首先要根据生产计划、各种定额、库存情况等，对生产所需求的原材料、购入件的需要量和供货日期进行科学预测，合理控制库存数量，并通过市场调查、市场信息采集与反馈、供货厂家选择和确定进货批量、进货时间等一系列复杂工作，实施准时采购战略，同时要运用精益物流观念，选择与企业生产相适应的供应模式、供应手段，努力实现准时化供应，创造无中断、无绕道、无等待、无回流的增值活动流，不断消除包括库存在内的一切浪费，追求完善。

(4) 制定标准，科学管理　要做好企业物资管理工作，必须抓好物资消耗定额与储备定额的制定工作，这是企业物流管理的基础工作和重要手段，对加强物流管理具有十分重要的意义。要从企业的实际出发，预见企业的生产技术、工艺条件和产品结构，将受市场供求、原料线路等因素影响而可能要发生的相应变化，并考虑变化后的条件，采取不同的方法来制定物流管理标准，使定额适应生产变化并起到控制的作用。

(5) 合理存储，高效配送　物资储存管理是物流过程中的重要环节，是仓储管理的核心，是保持储存物资质量和数量的重要措施。企业要通过运用先进的"6s"管理手段，对物资进行定位管理、科学堆码、严格看管和适时养护，以减少有关费用的支出，降低仓储成本。同时还要按照配送计划，采用快速、高效自动化的物流设备，合理组织装卸运输，实施批量、定时、定路线的高效配送。

(6) 搭建网络，资源共享　企业资源是有限的，如何利用有限的资源，即用较少的人力、物力和财力生产出尽可能多的产品，是企业管理者必须考虑的问题。随着信息技术尤其是计算机网络技术的迅猛发展，统一的世界市场正在形成，要实现企业的价值，充分反映企业在竞争发展中的地位，就必须对物流、资金流、信息流这三种资源进行全面集成管理，利用现代企业的先进管理思想，采用ERP等先进的信息技术和最优生产技术，不断提高物流管理水平，提高企业对市场的应变能力和速度。

(7) 开拓市场，搞好销售　企业销售物流是物流系统的最后一个环节，企业生产的产品只有经过销售才能创造利润，实现其价值。为了保证销售物流的顺利完成，实现企业以最少的物流成本满足客户需要的目的，企业需要在生产成品包装、储存、发送运输、订单及信息处理、装卸搬运等方面做工作，通过一系列营销手段，采用多种多样形式使销售物流合理化，同时要抓住销售物流服务关键点，重视信息化建设，开发和运用物流技术，树立市场营销观念，以客户服务为导向，提高客户满意程度，提高销售收入，实现企业以销售利润为目的的经营活动。

(8) 重视回收，提高效益　由于社会对物流管理的日益重视以及人们环境保护意识的增强，绿色物流的概念正逐步被人们认识。加强企业废旧物资的回收利用，提高物资利用效率，进一步挖掘企业内部潜力、降低材料成本正在成为与绿色物流密切相关的一个重要问题，受到社会各界的高度重视。作为物流中心，就应该做好此项工作，建立健全责任制度，把物资回收、修复、利用指标划分到直接管理人员，增强其责任心，积极开展修旧利废，采用竞价销售，以不断提高企业的经济效益。

(9) 强化培训，提高服务　　现代物流管理使人们的物流管理职能发生了变化，这就对物流人才的培养和物流从业人员的知识和技能水平培训提出了较高要求。物流管理人员不但要掌握现代物流管理知识，掌握运用物流信息技术知识与技能，还要明确各物流环节的基本目标和各物流功能的基本要求，从而科学地确定企业内部合理有效的物流模式。此外，要结合现代企业管理经验，制定出一套严格的管理制度和优质服务保障机制，采取灵活多样的方式来促进服务工作的提升，并逐步把规范服务升华为主动服务、情感服务，在点点滴滴中体现用"心"服务的内涵，从而实现思想认识和工作方式的新突破。

四、完善的售后服务体系

售后服务对于企业是一个战略性问题，有效的售后服务是所有企业和用户共同关心的问题，对提供产品和服务的企业尤为重要。做好售后服务，主要体现在行动上。好的售后服务可以提升产品和服务形象，提高客户回头率，保障企业利润最大化和长久化。售后服务类别有：免费服务，在保修期内的维修服务不收服务费；有偿服务，在保修期外的维修服务，适当收取服务费；合同服务，依公司与客户签订的专门保养合同进行服务。

1. 售后服务的"三要""三不要"

售后服务"三要"是指服务过程中服务人员要热情、要快捷、要专业。

"要热情"就是态度要好，要感谢客户提出意见和问题，不能不耐烦或焦躁，要面带微笑地来解决客户的不满与抱怨，使客户的不满情绪在服务过程中得以释放，获取心灵上的满足。也就是要将客户的事情当作自己的事情来看待和处理，急客户之所急，让客户从精神上体会到做"上帝"的感觉。当然，对于无理取闹、故意滋事的客户，也应区别对待，有礼貌地坚决回绝。

"要快捷"就是对客户的疑惑和问题要反应迅速，调查处理及时，力争第一时间使问题得到圆满解决。不因故推脱搪塞，增加客户的烦恼和不满。只态度好，如果问无回音、久拖不决，客户同样会不满意。

"要专业"就是售后服务人员要内行，要对产品和服务内容非常熟悉和了解，对所发生问题能很快找到原因，短时间内恢复产品的使用功能；对客户的疑问和求助，用浅显易懂的语言给予专业的指导和帮助。注意不可使用过多的专业词汇，使客户更加不明白而不知所措。

现场服务时还要注意要"礼、净、律"。"礼"即懂礼貌、谦和；"净"即保持服务产品的干净整洁；"律"即严格按照服务程序处理，讲究职业道德，保证服务质量。

售后服务"三不要"是"不要推诿、不要和客户正面冲突、不要忽视客户的抱怨"。

"不要推诿"是指不要以各种借口故意拖延对问题的处理。如果推诿了，这便增加客户获取相关服务和补偿的困难，最终使客户知难而退，自认倒霉，事件不了了之。这在当今服务过程中较为普遍，虽然当时收到了较好的短期成效，但严重伤害了客户的感情，降低了客户的满意度，造成客户流失。当然遇到一些不能很快明晰责任，客户又坚持其错误看法的情况，有时也需要采用静置处理法（或称休克疗法），即通过一定时间的缓冲，使客户认识到其自身问题，最终使问题在双方都能接受的情况下得以圆满解决。但要注重方式和火候，避免矛盾激化。

"不要和客户正面冲突"。服务过程中有时会出现服务人员自视专家,听不进客户意见和解释,甚至指责客户使用中的问题,使客户难堪,最终赢了官司却丢了客户。更为甚者,为了眼前利益,胡搅蛮缠,拒不承认自身问题,致使矛盾激化,很可能造成恶意投诉或为恶意投诉埋下伏笔。

"不要忽视客户的抱怨"。客户抱怨往往反映平时"看不到、听不见、想不全"的侧面问题,是对产品或服务不满的一种暗示。如果不能及时应对和反应,很容易发展成市场风险,导致客户流失,企业市场竞争力下降。

总之,售后服务应该多从客户角度考虑问题,多从企业长久发展看问题,投入更大力量,真正使客户在使用产品的同时,获得更多的享受和满足。

2. 售后服务的主要内容

售后服务归纳起来主要有两方面的内容:一是售后使用指导和回访;二是问题处理和疑惑解答。

公司所属门店应建立常规或专题顾客访问制度,采取上门访问、书面征求意见、邀请顾客座谈或利用各种机会等方式广泛征求顾客对本公司商品质量、服务质量的意见和要求,同时做好记录。对顾客反映的意见应及时反馈到有关部门领导,提出改进措施,并组织实施。

门店对顾客在商品质量方面的反馈意见,应及时分析研究处理,同时将处理意见上报质量管理部门。

对顾客提出的代购商品的要求,应做到一不推诿,二不敷衍,想方设法尽最大可能满足顾客的购买需求。

对顾客来信、来电、来访提出的问题,值班店长或其他有关部门应认真做好接待处理工作,做到态度热情虚心,处理及时公正。不管顾客提出的意见正确与否,都应虚心听取,沟通和加强与顾客之间的联系,并做好相关记录。

思考题

1. 服装市场营销环境的含义是什么?
2. 服装市场营销环境的特点是什么?
3. 服装企业营销所依赖的环境因素有哪些?
4. 服装企业市场营销环境中的"可控制因素"有哪些?

第三章 服装消费者行为分析

- 第一节 服装消费者市场与消费者行为
- 第二节 影响服装消费者购买行为的因素
- 第三节 服装消费者购买决策过程

学习目标

1. 掌握消费者市场与组织市场的购买行为分析内容。
2. 了解消费者购买行为的决策过程和影响购买行为的主要因素。

本章主要研究影响服装企业营销的购买行为,包括消费者与组织者的购买行为。服装企业的营销人员应了解和分析影响这些消费者行为的因素,及其购买过程、购买决策,以便更好地发现目标市场和营销机会。

第一节　服装消费者市场与消费者行为

一、消费者市场与组织市场

1. 消费者市场

消费者市场是消费者的市场又称为最终消费者市场、消费品市场或生产资料市场，是指个人或家庭为满足生活需求而购买或租用商品的市场。不管是产业市场还是中间商市场，最终都落脚到消费者市场，这就需要各个服装企业要把握服装消费者的需求，掌握好消费者市场的发展规律及其特点。

2. 组织市场

服装组织市场包括生产者市场和非营利组织、政府市场。

① 生产者市场是指所购买的一切服装产品和服务将用于生产其他服装产品以供销售给他人或组织。

② 非营利组织的购买特点有：限定总额、价格低廉、保证质量、受到控制、程序复杂；购买方式有：公开招标选购、议价和约选购、日常性采购。

③ 政府市场及购买行为。它具有政府市场的购买目的、政府市场购买过程的参与者、政府采购的主要特点。

二、服装消费者需求的动机

从心理学方面看，人的所有行为的产生都有一定的动机，而动机的产生则源于人的内在需要。服装作为生活的必需品，消费者对服装就会产生一定需求。服装消费者需求是在一定的社会经济条件下，为了自身的生存和发展而对服装产品或服务产生的需求或欲望。影响服装消费者产生需求动机主要有两个方面：一个是生理需求，也称之为本能需求或天然需求，是人们在生存和发展中为了保护身体和维持生理平衡的一种需求；另一个是心理需求，这种需求主要是为了提高物质和精神生活水平而产生的一种需求，它受到历史条件、社会制度、民族和风俗习惯等方面的制约，反映了人是社会性的，是随着人类社会的发展、变化而深化和提高。没有服装消费者的需求，服装企业与消费者之间就不会产生必然的联系，因而服装企业要把握了解服装消费者的需求动机。

1. 生理需求动机

生理需求动机，也是天然需求，或者人的初级需求，由人们生理需要所引起的购买动机。例如，人们在寒冷的时候买羽绒服来御寒。它是由人的生理运动本能产生出来的，一般具有经常性、重复性和习惯性等特点。由生理需求动机驱动所购买的服装产品，一般需求弹性较小。

2. 心理需求动机

心理需求动机，也称为高级需求或社会需求，由人们的认识、情感、意志等心理活动所引起的购买动机。心理需求动机可以分为以下三种。

（1）感情动机　消费者对服装产品、生产销售的企业以及需要能否得到满足，都有亲疏好恶的态度，从而产生肯定或否定的感情体验，不同消费者对于这些体验就会形成不同的购买动机。它具有突发性、冲动性和易变性的特点。感情动机可以细分为两种情况：一种是情绪动机，另一种是情感动机。

（2）理智动机　理智动机是消费者对产品有了客观清醒的认识，经过理性的分析比较后产生的购买动机。它具有客观性、周密性和可控性的特点。

（3）惠顾动机　惠顾动机是消费者由于对特定的服装产品或生产销售者特殊的信任和偏好而形成的购买动机，具有排他性和不可替代性的特点。

三、服装消费者市场的特点

研究服装消费者市场的核心是研究服装消费者的购买行为。相对于产业市场的购买行为而言，消费者市场的购买行为具有自身独特的特点，主要表现在以下几个方面。

1. 服装消费的多样性与不确定性

由于服装消费者人数众多、分布面广、差异性大（涉及爱好、性别、年龄、职业、收入水平、地域、文化、民族、风俗、宗教等），因此他们的消费行为也具有明显的多样性，无法用一种确定的模式化行为方式来概括他们各自的特点。

即使同一地区的消费者，由于爱好、性别、年龄、职业、收入水平、地域、文化、民族、风俗、宗教、教育程度等方面具有明显的差异，他们的需求也有明显的不同。而且随着生产的发展和消费水平的不断提高，服装消费者的需求在总量、结构和层次上也在不断发展和变化。为了能够更好地满足不同的服装消费者的需求特点，顺利地实现企业的目标，服装企业应在对服装消费者市场细分的基础上，根据自身的特点来选择目标市场。

2. 服装消费者需求的流行性

服装是讲究流行性的，是追求时代潮流的一种物品。消费者对服装流行时间的长短来决定服装流行的周期。但是对服装来讲，并不意味着所有的消费者都赞同和喜欢某一款服饰，可能某一款服饰只有一部分特定的群体喜欢，它仍然可以称为流行。流行不仅是通过时间来表现的，还可以通过时代来体现特征。例如，20世纪70年代流行的喇叭裤、紧身衣，80年代流行的牛仔裤，90年代后期至今流行的吊带裙，进入21世纪流行民族服饰等。

3. 服装消费者需求的层次性

服装消费者的需求是由社会各个阶层所组成的。一般来讲，消费者的需求是由低层到高层逐步地延伸和发展而来的，其中包含：①因为不同的服装消费者有着不同的职业和不同的经济收入、不同的审美观等，所以服装消费者需求的层次固然是不同的；②服装消费者不会在较长的时间内消费需求的档次停滞不前，它是随着社会的发展和经济收入的不断提高，生活水平的不断改善而不断由较低层转向较高层的，这样就形成了服装消费者需求的层次性。

4. 服装消费者需求的伸缩性

服装消费者需求的伸缩性是指消费者需求在受到内因和外因的影响时所产生的伸缩程度。内因是服装消费者自身需求欲望的特征喜爱程度和购买能力等因素，外因是服装的款式、价格、面料、色泽、广告等因素。两个方面的因素都可能对消费者起着促进和抑制的作用。由于服装是选择性较强的产品，所以消费者需求的伸缩性就比较大，往往随服装价格的高低而转移，随购买力水平的变化而变化。

5. 服装消费者需求的可诱性

与产业市场的购买行为相比，服装消费者市场购买的情感性较强，容易受广告、营销人员和服务人员的影响，也可能受家人和朋友的影响从而出现冲动性的购买。形成这种特点的原因在于：①服装消费品花色、品种繁多，质量、性能各异，大多数消费者缺乏专门的知识，属于非专家购买者。他们在购买服装产品时需要卖方的宣传、介绍和帮助。②不少消费品替代性很大，需求弹性也较大，消费者对产品的款式、质量的要求也不如生产者那样严格。③在一般情况下，消费者都是自发地去购买服装产品。因此，服装企业应适当地制定一些营销策略，这样可以有效地引导服装消费者的购买行为。

6. 服装消费需求的少量性和多次购买性

服装消费者市场是以个人或家庭为购买和消费的基本单位。这就受每个单位的人数、需要量、购买能力、存储条件等因素的影响，消费者的购买表现为数量小、批次多。大部分服装产品需要经常、反复地购买。

7. 服装消费者需求的互补性和互替性

服装消费者的需求具有互补性和互替性的特点。在服装市场上，人们经常会发现某种服装产品销量在减少的同时，另一种服装产品的销量在增长。例如，自然纤维面料的服装销售增长会使化纤面料的服装销售相对减少；时尚休闲裤的流行会降低消费者对普通长裤的需求。也就是说，企业应该及时地根据市场的发展趋势来适应市场需求的变化，有计划、有目的地根据市场的需求信息来生产适销服装。

四、服装消费者的类型

服装消费者的购买行为因人而异，根据消费者不同的性格特点、价值观和基本需求，从多个角度来将消费者购买行为分为以下九种类型。

1. 习惯型

习惯型购买行为是按照个人的习惯和对不同服装品牌的偏好产生的一种购买行为。这是由于长期穿着某种品牌的服装,产生了信赖感,从而不断地重复购买。当需求产生时,消费者一般无须花费较多的时间进行挑选。

2. 理智型

理智型购买行为是消费者以认真分析、仔细考虑为主要特征的购买行为。这类消费者冷静慎重,善于控制自己的情绪,不受服装产品的包装、广告和宣传的影响。

3. 冲动型

冲动型购买行为是指服装消费者没有预定的购买目的和固定的购买模式,大多数是在外界的触发下引起的购买行为。这类服装消费者容易受到现场情景的激发而产生购买行为,从个人的兴趣出发,不太注重产品的质量和功能,容易冲动,很容易受到广告和其他促销方式的影响。

4. 价格型(经济型)

服装消费者对服装产品的价格灵敏度高,往往以价格作为决定是否购买的主要依据。价格型(经济型)又分为两种情况:一类是廉价型,以追求低价格为主要目的;另一类是高价型,以选择和购买高价服装产品为特征。

5. 审美型

审美型服装消费者注重形象的完美,对衣着打扮表现出比较高的品位与修养。

6. 感情型

感情型服装消费者具有丰富的想象力,购买时大多是属于情感上的反应,很注重服装产品的款式和颜色,有以符合自己的感觉而为主要购买依据的特性。

7. 政治型

政治型服装消费者是追求事业上的成功和权力地位的,穿着的服装既符合身份又具有时尚性,还与其政治目标相一致。

8. 不定型

不定型服装消费者大都是属于没有固定的爱好,购买心理不够稳定,又缺乏一定的主见和经验,购买服装产品多是属于尝试性购买。对这类服装消费者需要热情的服务,耐心地介绍产品的知识,以促使消费者产生购买行为。

9. 社交型

社交型服装消费者大都重友情、待人热诚,服饰打扮注重他人的评价和流行等。
服装消费者的各种类型的表现通常不是以单纯的形式出现,同一消费者对不同的服装产品或不同的消费者对同一服装产品的购买行为都是有差异的，同时又具有多种特点。所以服装企业可以根据他们的不同特点，有目的地调整营销组合，有针对性地运用各种不同的营销策略来满足不同的消费者的需求。经过长期的服装营销实践，人们已经认识到，只有研究和掌握了消费者的购买行为特点、营销活动方式和策略才能做到针对性强，营销目标的实现才能得到保证。

第二节　影响服装消费者购买行为的因素

在现实的生活当中，服装消费者的行为受到各种纷繁复杂的因素的影响。如果能够具体地分析一下影响消费者购买心理和行为的话，会有助于从整体上把握服装消费者的购买心理和行为的形成与变化的规律，为制定有效的市场营销决策提供依据。影响服装消费者购买行为的因素主要包括：经济因素、心理因素、社会文化因素和个人因素。

一、经济因素

经济因素是影响服装消费者购买行为的一项主要因素，在这个因素里面还包括消费者的购买力与服装价格。服装消费者购买力的大小，是影响其购买行为的主要因素。如果购买力强，则购买的服装产品的数量、品种就会多，且质量就会高，反之亦然。此外，还受服装产品价格的影响。如果价格高时，那么就会抑制消费者的购买欲望和购买行为；服装产品的价格可以影响或刺激消费者的购买行为。因此，服装企业就要注意制定合理的价格，必要的时候要进行调价，以刺激消费者的购买欲望，从而扩大销售，达到双赢。

二、心理因素

现代的服装消费与人的心理因素有着非常密切的关系，因为现代人向往实现个性和表达自我，比任何时候都更加追求完美。因此，对影响服装消费者的各种心理因素进行分析和研究，是实现服装企业提高经济效益的前提和基础。影响服装消费者购买行为的心理因素主要有需求、购买动机、认知、学习、信念与态度等。

1. 需求

需求是购买行为的起点，也是市场营销的出发点。消费者的需求是复杂多样的，并且是多层次的。第二次世界大战之后，美国心理学家马斯洛（A. H. Maslow）提出了需求层次论，其把人类的需求分成了五个层次：生理需求、安全需求、社会需求、尊重需求、自我实现需求（见图3-1）。第一种需求是生理需求，后几种属于心理需求。

2. 购买动机

动机是推动人们进行各种活动的愿望与理想，激励人们以行动去达到一定的目标。需求引起动机，当人的某种需求未得到满足，或受到外界某种事物的刺激时，就会陷入某种紧张状态，从而引起某种动机，购买动机是消费者购买行为的基础。由于消费者的需求多种多

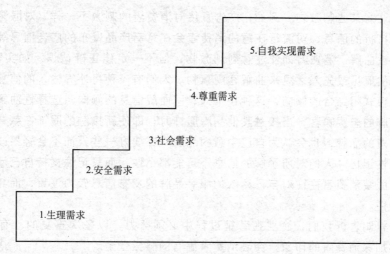

图 3-1　马斯洛需求层次图

样，因而，动机也是多样化的，具体可分为如下几种。

(1) 求实动机　求实动机是服装消费者最普遍、最基本的购买动机，它是以追求服装产品的使用价值为主要特点的。在购买服装产品时，主要追求产品的实惠，偏重于购买低价及中等偏低的大路货，而较少追求服装产品的式样新颖、美观，不易受社会潮流和各种广告的影响。

(2) 求安全动机　求安全动机是消费者普遍的购买动机。要求服装产品在穿着的过程中对身体有保护和健康的作用。

(3) 求廉动机　求廉动机也称为低价动机。这是一般消费者的普遍动机，具有这种动机的消费者，在购买服装产品的时候特别重视其价格，要求物美价廉，而对服装产品的花色、款式、包装等不太挑剔，有的消费者甚至专门去购买一些低档的服装产品及处理的产品，甚至是地摊货。这些消费者多数属于经济收入较低或是有勤俭节约习惯的人。

(4) 求新动机　求新动机是以追求服装产品的时尚和新颖为特点的购买动机。具有这种动机的服装消费者特别注重服装款式的新颖程度、格调清新和社会流行的样式等，他们对服装产品的实用程度及价格高低不大注重。这类消费者多数属于经济条件较好的人士或青年男女。

(5) 求美动机　求美动机是以重视服装产品的欣赏价值和艺术价值为主要特点的购买动机。具有这种动机的服装消费者在购买服装产品时，重视产品的式样、色泽和艺术美，注重外衣及上下装的颜色相互协调，还要与自己的体型、肤色协调，重视对人的美化度。

(6) 求名动机　求名动机是以追求名牌服装产品、特色服装产品为特点的购买动机。具有这种动机的服装消费者在购买服装产品时非常注重产品的商标、牌号、产地、声誉以及购买地点。

3. 认知

一个人的动机被激发后即可产生行动，但他如何行动，则视其对事物的认知能力如何而定。从市场营销的观点来看，认知是消费者在知悉的范围内，由外部环境刺激所形成的心志上的表达，是个人选择、组织和表达信息输入以建立对事物整体认识的一个反映过程，是人们对客观事物的感觉和认识。心理学认为，认知过程是一个选择性的心理过程，它有以下三种机制。

(1) 选择性注意　一个人每时每刻都面临着许多刺激物，但不可能都会引起其注意，而只能有选择地注意某些刺激物。例如，广告宣传对消费者的刺激不一样，对服装价格敏感的消费者会在意打折的信息，对流行在意的消费者会在意新产品发布的广告信息等。

(2) 选择性曲解　消费者即使注意到刺激物，但不一定能正确认识、如实客观地反映，往往按照自己的偏见或先入之见来曲解客观事物。人们有一种将外界输入的信息与自己头脑中早已形成的模式相结合的倾向，这种按个人意图曲解信息的倾向叫选择性曲解。例如，消费者是某一品牌的忠实顾客，当接触其他品牌服饰时，即使新接触的服饰在款式、流行各方面优于自己中意的品牌，也会认为自己中意的品牌服饰要好一些，而不会轻易改变。

(3) 选择性记忆　人们对所了解的信息不可能都记住，而只记住支持自己看法和信念的信息。例如，服装消费者往往对自己喜欢的服装品牌的发布信息较为注重，而其他服装品牌的信息则记不住。

以上三种机制告诉我们，企业在营销过程中必须努力，以多次重复的、有吸引力的刺激、强刺激，加深消费者的印象，突破消费者固有的感觉壁垒。

4. 学习

学习是指结合人脑发展进程通过接受外部信息及经验的积累而产生的思想观念、行为或行为潜能的变化，这是认知的来源之一。是个人在实践过程中，由经验积累改变个人行为的一个过程。企业要尽可能使自己的产品信息进入消费者学习的范围，进而形成其观念，改变其行为。

(1) 学习理论　关于学习有许多理论，在营销中应用得比较多的是"刺激—反应"理论，它由驱动力、刺激物、诱因、反应和强化几个相互影响的因素组成。驱动力是指促成行动的一种内在的刺激。当这种刺激达到一定的强度时，就会导向一定刺激物，能够吸引购买行为产生的提示物就是诱因。

(2) 学习理论的营销意义　企业要设法将自身及产品的相关信息融入消费者每天的学习信息中，使他们主动或被动地接触这些信息，进而影响其购买行为。促使消费者学习可以有多种方法，如强化、重复、表象、适度刺激等。

5. 信念与态度

(1) 态度　态度，是指人从自身出发对某一事物所持有的正向或反向的评价、感受或倾向。态度在人群中具有认同的特性，一般对于自己熟悉的或有过切身体会的事物态度就较绝对，不易改变。消费者态度的改变包括两层含义：一是态度强度的改变，二是态度方向的改变。

(2) 信念　信念，是指人们对事物所持有的自己认为可以确信的看法。这个看法的根源是消费者对某事物带给自己或自己所代表的群体的利益。一个客观存在的事实是：人们对企业及其产品或服务所持有的信念，往往就构成了企业及其产品、服务的形象，并成为人们行为的依据。例如，消费者一般会认为天然纤维的服饰穿着舒适、质量好，打折促销的服饰是过季或品质有问题等。

三、社会文化因素

社会文化，是指社会发展过程中形成并流行下来的风俗习惯、生活方式、伦理道德规范、价值观念、行为准则等。不同的社会有着不同的文化,不同的国家、民族、地区也都有着不同特色的文化和习俗,这些因素都直接影响着服装消费者的人生观、世界观和审美观,也直接影响他们的购买行为,因此,服装企业必须注意社会文化的不同和变化所带来的营销上的不便。社会文化因素包括文化、社会阶层、相关团体和家庭四个主要方面。

1. 文化

文化是指人类从生活实践中建立起来的信仰价值观念、道德理想和其他有意义的象征的综合体,也是人类在社会经济发展中创造的精神财富和物质财富的总和。文化是引起服装消费者需求与行为差异的重要因素。

(1) 文化对服装消费者购买行为的影响　世界观和人生观的不同及宗教信仰的不同,会影响服装消费者的价值观念及需求上的差异,从而带来购买行为的差异。东方女性选择服装受传统的影响较大,服装多体现含蓄、优雅、朴素而又庄重的特点。而西方女性服饰多追求个性,服装款式标新立异,裸露较多,强调人体曲线美等。

人们的受教育程度,影响着人们生活习惯与购买产品时的需求倾向。由于服装消费者审美观的不同,对服装产品需求也就有所不同。

(2) 亚文化对服装消费者购买行为的影响　每一个国家除了存在核心文化外,还存在次文化,即亚文化群。主要包括以下几种。

第一,民族亚文化群。几乎每个国家都存在不同的民族,特别是我国有 56 个民族。不同的民族,有着独特的风俗习惯和文化传统,所以对服装的需求也是不同的。

第二,宗教亚文化群。各国存在着不同的宗教,一个国家(地区)往往存在着好几种宗教。不同的宗教有着各自不同的文化信仰和戒律,从而对服装产品的需求以及对购买行为的产生也有所不同。

第三,地理亚文化群。如在中国不同的地区和省份,其文化水平与生活习惯就不相同,从而对服装产品的需求和购买行为的产生也就有所不同。

2. 社会阶层

社会阶层主要是根据服装消费的职业、收入来源、教育文化水平来划分的。不同的社会阶层具有不同的价值观念、不同的购买行为,对服装产品的需求、爱好和兴趣是有一定差异的。

3. 相关团体

相关团体是指购买者的社会关系,是影响服装消费者行为的个人或集团。相关团体又分为主要团体与次要团体。

主要团体包括家庭成员、朋友、邻居和同事等,这一群体属非正式组织,但消费者与他们有着密切的关系,因此他们对消费者购买行为会产生直接的影响。

次要团体主要包括社会团体、职业团体等,它们属正式组织。

相关团体对服装消费者购买行为的影响主要有:使服装消费者改变原有的购买行为或产生新的购买行为;决定服装消费者的购买态度和对某些服装产品价值观念的变化;影响服装消费者对服装产品款式及品牌的选择。

因此，在服装市场营销中，不仅要具体地满足某一服装消费者购买时的要求，还应十分重视其售后的感受，充分利用社会群体的影响，扩大服装产品的销售。

4. 家庭

家庭对服装消费者购买行为的影响不仅是直接的，而且是一种潜意识的，服装消费者不管是自觉或不自觉，也无论在什么场合，家庭对服装消费者的购买行为的影响是很深的。家庭的生活方式、文化程度、价值观念及购买习惯对个人的影响是复杂的，有时是潜移默化的，有时也能起到直接的作用。例如，一位女士希望她的爱人购买一套西装，其愿望可以通过各种方式表现出来："你一定要买一套西装"（命令式），"现在不穿西装，被人瞧不起"（威胁式），"发了奖金，买一套吧"（乞求式），"你穿西装很合适"（劝告式），"现在穿西装很时髦"（暗示式）。另外，见到别人穿西装，十分欣赏其穿着，都是施加影响的方式。

家庭购买决策分为三种类型：一人独自做主；全家参与意见，一人做主；全家共同决定。

四、个人因素

服装消费者购买行为还受个人因素的影响，即受消费者的年龄和家庭生命周期、职业、经济状况、生活方式、个性和自我观念的影响。

1. 年龄和家庭生命周期

家庭生命周期，是指一个家庭从产生到消亡的整个过程。根据家庭成员的数量和年龄结构的变化状况，市场营销学者将家庭生命周期大体分为以下七个阶段。

① 未婚阶段——年轻、单身。

② 新婚夫妇——年轻、没有子女。

③ "满巢"Ⅰ——年轻夫妇、有6岁以下的幼儿。

④ "满巢"Ⅱ——年轻夫妇、有6岁或6岁以上的孩子。

⑤ "满巢"Ⅲ——年纪较大的夫妇，有未独立的孩子。

⑥ "空巢"——年纪较大的夫妇，与子女已分居。

⑦ 独居的未亡人——老年、单身人士。

服装消费者处于不同的年龄阶段，对服装产品的需求与偏好是不同的，人们是随着年龄的变化而改变消费需求与行为的。人们对衣着的爱好也因年龄的增长而产生差异性。例如，消费者会随着年龄的增长而越来越注重服装的健康舒适性，对款式、色彩等会淡化；年龄越大越有计划性。年轻人追求时尚，容易冲动购买。儿童和青少年是服装市场消费的主力军。

2. 职业

不同的职业决定服装消费者不同的需求和爱好，如教师、工人、农民、文艺工作者等对服装的需求差异就很大，如有些服装公司专门生产"经理服""教师服""工人服"等。

3. 经济状况

经济状况主要包括个人可支配收入水平，个人对储蓄与支出的态度，还包括借债能力。

此外，还包括经济形势是繁荣还是衰退。经济状况影响人们的消费需求、支出能力及支出结构。随着市场经济的发展，人们个人收入的提高，消费个性化的趋势日益明显。

4. 生活方式

生活方式是指人们的生活形态，集中表现在人们的活动、兴趣及思想见解上。服装消费者也许出自同一个社会阶层，来自同一种文化、同一种职业，但却具有不同的生活方式，如有的过着"保守"的生活方式；有的过着"开放"的生活方式；有的过着"事业型"的生活方式；有的过着"享受人生"的生活方式等。这些不同的生活方式对消费需求具有深刻的影响，因此企业要了解服装消费者的生活方式，适应服装消费者的需求，或增强本企业服装产品对消费者生活方式的影响。

5. 个性和自我观念

个性是个人特性的组合，如外向、内向、保守、开放、文雅、急躁、独立、依赖等。服装消费者的个性是千差万别的，对服装产品的需求也呈现出很大的差异性。与个性相联系的另一个概念是消费者的自我形象，是指个人的自我形象，即自己认为是哪种人，而别人又会把自己看作哪一种人。不同的人具有不同的自我形象，不同的自我形象又会影响其需求购买行为，服装消费者往往购买与自我形象相称的服装产品。如自我形象是家庭主妇或自我形象是教师的，对购买服装的行为就不同，前者讲究花色、款式，后者讲究端庄、能表现风度。

第三节　服装消费者购买决策过程

一、消费者购买决策过程的参与者

根据服装消费者性格的购买心理不同来分析，消费者购买行为参与者的类型有以下几种。

① 习惯型购买行为。
② 理智型购买行为。
③ 经济型购买行为。
④ 冲动型购买行为。
⑤ 理想型购买行为。
⑥ 不定型购买行为。

二、消费者购买决策过程的主要步骤

消费者的购买决策是在一个特定的心理驱动下，按照一定的程序发生的心理和行为的过程。不同的服装消费者有着不同的购买决策的过程，但是大多数服装消费者把购买决策的过程分为五个步骤：认知需要、搜索信息、评价选择、决定购买、购后感受。消费者往往都有一个自己的消费模式，见图3-2。

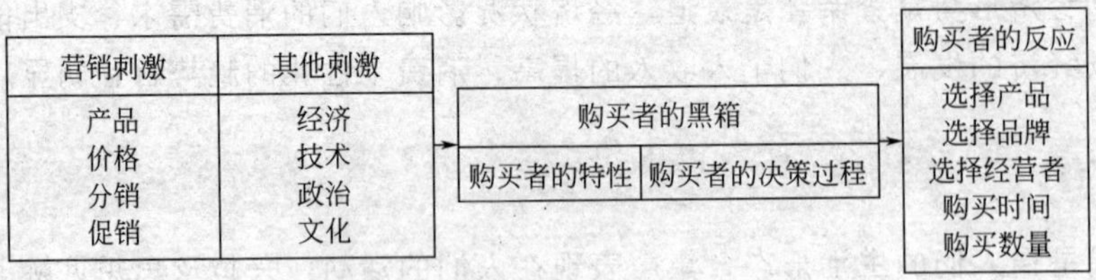

图 3-2 消费模式

下面对这五个步骤进行具体的分析。

1. 认知需要

服装消费者只有首先认识到需要得到满足的需求时才产生购买动机。引起服装消费者认知需要的刺激可以来自两个方面：一是服装消费者内部的刺激，如天气寒冷、出席活动等，都需要购买合适的服装来达到这种刺激的满足；二是服装消费者外部的刺激，如服装的流行时尚、广告、相关群体的影响等，从而产生了一种购买行为。服装消费者对自身的各种需求加以正确地认识，就可以为购买决策限定范围，因而是有效决策的前提。

现代服装市场营销研究认为，服装企业不能仅仅在交易行为上下功夫，而且应从引起需求这个阶段就开始，调查研究那些与本企业服装产品实际上和潜在的服装消费者有关的驱动力，以及善于按照服装消费者购买的规律来适当地安排诱因，促使消费者对本企业生产经营产品的需求变得更强烈，并转化为购买行动。

2. 搜索信息

当对某一服装产品需求的动机很强烈，而且可以满足的服装产品又很容易买得到时，消费者的需求就能很快得到满足。但是在大多数情况下，需求不是立即能够得到满足的，因而，需求便储存在记忆中。这时，服装消费者处于一种高度警觉的状态，对于满足需要的事物极其敏感，有些服装消费者就会着手搜索有关的信息。

服装消费者信息的主要来源有：①相关团体，如亲戚、朋友及同事提供，消费者对这类的信息来源是非常信赖的；②工商企业提供，主要通过推销人员、广告、零售商、产品包装、产品展览等提供信息；③个人经验，主要是指服装消费者本人通过以前的购买和使用从而获得的经验；④公共信息来源，主要是通过报纸、杂志及政府机构发表的信息。

以上信息来源中，最主要的是工商企业提供的信息，因为信息针对性强，较可靠。个人信息则是评价信息可靠性的依据。

3. 评价选择

当服装消费者搜索了各种信息之后，先是将各种杂乱无章的资料加以整理和系统化，然后对各种资料进行对比分析和评价，最后确定选择。

在这一过程中因服装消费者价值观念的不同而存在差异，如有的消费者以购买服装价格的高低作为评价尺度；有的消费者以是否符合时尚作为衡量的标准；有的消费者只是追求服装的实惠、耐穿；有的消费者则侧重服装的款式新颖；有的消费者追求服装的个性化，与众不同。因此，对同一决策方案，不同的服装消费者会做出完全不同的评价。企业还应按照不同的服装消费者群体所重视的主要属性，从而选择促销方式和策略。

4. 决定购买

当服装消费者对自己所搜索的信息加以综合评价并根据一定的模式进行判定以后，就会形成明确的购买意图。但是有了购买意图并不一定会导致购买行动，在这一过程中可能还会受到其他因素的干扰，这种干扰因素主要来自两个方面。一方面是相关群体的态度。如果和消费者关系密切，而且提出了种种理由，坚决反对购买，否定的态度越强烈，关系就越密切，则消费者改变其原先购买意图的可能性就越大。另一方面是意外情况。这个因素也会影响服装消费者的购买意图，如家庭收入突然减少或由于意外原因或变故而改变购买计划等。此外，服装营销和服务人员的服务态度与素质也会改变服装消费者的购买决定。由此可见，消费者对某种服装产品的偏好和购买意图指出了消费者购买行为的方向，但并不包括许多意外情况因素，因而不能完全决定消费者的最后购买决策。

5. 购后感受

当消费者购买了服装产品以后，并不是购买过程就结束了，服装消费者要体会到某种程度的满足或不满足，由此而形成购后感受，这将影响服装消费者以后的购买行动，并对相关的群体产生一定的影响。因此，现代的服装营销非常重视消费者的购后感受。许多西方企业信奉这样一句名言："最好的广告是满意的顾客。"

服装消费者的购后感受是消费者在购买过程当中一项重要的信息，这种信息的反馈就反映了企业所经营的服装产品对消费者需求的满足程度，这是服装企业最原始的信息。因此，服装企业应当重视搜集服装消费者的购后感受，加强售后服务，广泛地征求广大服装消费者的意见，从而影响服装消费者的购后感受，增强其满意感。

思考题

1. 试述自己在购买服装时决策的过程。举例说明。
2. 服装消费者购买行为的类型有哪些？服装企业如何制定与其相适应的营销策略？

【案例分析】

消费者心理变化

消费心理是消费者在满足消费需要活动中的思想意识，它支配着消费者的购买行为。进入老年后，由于生理器官的变化，必然地引起心理上的变化。研究老年人的心理特征，有助于了解和掌握老年消费者的消费心理，为企业的营销决策提供依据。

某服装企业在为老年人提供服装时采用了以下营销措施。

① 在广告宣传策略上，着重宣传产品的大方实用、易洗易脱、轻便、宽松。

② 在媒体的选择上，主要是电视和报刊。

③ 在信息沟通的方式方法上，主要是介绍、提示、理性说服，而力求避免炫耀性、夸张性广告，不邀请名人、明星。

④ 在促销手段上，他们主要是搞价格折扣和展销会。

⑤ 在销售现场，生产厂商派出中年促销人员，为老年消费者提供热情周到的服务，为他们详细介绍商品的特点和用途，若有需要，就送货上门。

⑥ 在销售渠道的选择上，他们主要选择大商场，靠近居民区，并设立了老年专柜或老年专卖店。

⑦ 在产品的款式上，以庄重、淡雅、民族性为主；价格上以中低档价格为主；面料的选择上以轻薄、柔软为主，适当地配以福、寿等喜庆寓意的图案。

⑧ 在老年顾客的接待上，厂家再三要求销售人员在接待过程中以介绍质量可靠、方便健康、经济实用为主，在介绍品牌、包装时要注意顾客的反应，适可而止，不硬性推销。

某一天，在该厂设立的老年服装店里来了四五位消费者，从他们亲密无间的关系上可以推测出这是一家人，并可能是专为老爷子来买衣服的。老爷子手拉一个十来岁的孩子，面色红润、气定神闲、怡然自得地走在前面，后面是一对中年夫妇。中年妇女转了一圈，很快就选中了一件较高档的上装，要老爷子试穿；老爷子不愿意，理由是价格太高、款式太新。中年男子说："反正是我们出钱，你管价钱高不高呢。"可老爷子并不领情，脸色也有点难看。营业员见状，连忙说："老爷子你可真是好福气，儿孙如此孝顺，你就别难为他们了。"小男孩也摇着老人的手说："好的，就买这件好了。"老爷子说小孩子懂什么好坏，但脸上已露出了笑容。营业员见此情景，很快把衣服包装好，交给了中年妇女，一家人高高兴兴地走出了店门。

经过以上八个方面的努力，该厂家生产的老年服装很快被老年消费者所接受，销售量急剧上升，企业得到了很好的经济效益。

案例分析与思考

1. 案例中八个方面体现了老年消费者怎样的消费心理和购买行为，企业这样做的营销依据是什么？老年人和青年人、家庭主妇等在消费心理、购买行为上有什么区别，其心理和行为是怎样形成的？

2. 请分析案例中这户人家不同的购买角色和营业员的销售技巧。

第四章 服装市场调研与预测

- 第一节 服装市场调研
- 第二节 服装市场的预测

学习目标

1. 了解服装市场调研与预测的基本理论。
2. 掌握市场调研与预测的基本技能及应用。

　　管仲说"不明于数，欲举大事，犹舟之无楫而欲经于水险也"。没有掌握充分市场信息的营销规划就犹如盲目射箭般，不知目标为何。在信息社会，企业怎样察觉科技发展变化和市场变化呢？企业必须开发和管理信息，当调查了市场并获得了所需要的信息后，一个公司就能仔细地评价它的机会和选择它的目标市场，从而占领市场。因此，一些服装企业在拟定市场决策之前，往往会请教一些专业人士与学者，以获得相关的市场信息和情报，减少错误决定的风险。市场调研是获取市场信息的一种重要手段，是营销中的一个重要环节，因此服装市场调研是服装营销中必不可少的。服装市场调研对于服装营销中寻找市场机会、市场细分、战略设计和计划制订等都能起到重要的保障作用。那么，在服装营销中，什么时候、什么情况下需要进行市场调研，调研的方法和步骤是什么，针对什么问题进行调研，这些将是本章所要论述的内容。

第一节　服装市场调研

一、服装市场调研的重要性

在市场竞争日趋激烈、"商场如战场"的今天，"知己知彼，百战不殆"散发出更为瞩目的睿智，企业懂得了产业信息的重要性，开始注意对市场进行调查研究。在服装营销实践中，企业会遇到各种各样的问题，如新市场的拓展、新产品的开发、新品牌的引入、销售的滑坡、品牌的老化等，这些都是服装企业在营销的特定时期需要解决的特殊问题。解决这些问题的方法很多，但不管采用何种方法来解决问题，调研是必不可少的。

服装企业通过市场调查掌握市场资讯，得以掌握制胜先机。服装市场调查就好比企业营销管理活动的"耳目"，具有至关重要的作用。

1. 了解服装市场现状，提供管理阶层制定市场决策的依据

市场调研可以为企业的市场决策提供最直接有效的依据。对于一个企业要解决服装营销实践中遇到的问题，市场调研是必不可少的。如何解决问题和采取怎么样的做法，都取决于经营者对当前服装市场的认识，这一认识必须符合客观实际，仅凭经验而对市场情况做出判断往往带有很强的主观性，不符合市场客观实际的决策，会对服装企业经营造成风险。

2. 了解竞争者的重要经验与最新研究成果，及时调整经营手段

在市场竞争中，一个尚不完善的服装品牌，尤其是在尚未成为业内领头羊时，通常将某个与自己旗鼓相当的对手作为竞争的目标品牌，通过市场调研，弄清目标品牌的底细，为赶超对手提供客观依据。

大部分市场业绩良好的服装品牌都会是其他服装品牌悄悄瞄准的目标品牌，前者有什么新的技术，什么产品好销、销量如何，后者通过市场调研即可一目了然，并且据此调整产品结构及生产经营手段，努力使自己的产品占得更大的市场份额。

3. 增强服装企业竞争的应变能力

检讨服装市场地位，制定长远发展战略，服装的市场地位是每一个服装企业所关注的，市场地位是消费者对服装品牌的认同，通过销售业绩直接反映出来。为了维护服装企业的市场地位，应该通过市场调研，无论是品牌运作发生困难之时，还是销售业绩增长之际，明智的企业都会及时做出一定的市场战略调整，以适应新情况的发生。

上述三项服装市场调查的功用，在现今的企业环境形态下更显重要。近年来，我国服装的生产技术与消费者的知识结构均大幅度提高，服装产品的颜色、款式、材质变化多样，而

消费者更有能力根据个性特点选择适合需要的服装产品。随着我国服装市场由生产者主导的"卖方市场"向以消费者主导的"买方市场"的转变，服装企业要想立足于买方市场，就必须了解消费者的需求，再配合这些需求进行生产与营销活动。由于不同区域的消费者对服装产品需求的差异性，想要确切掌握消费者的需要，并进而获得更多相关的信息，就必须以科学化的方法进行服装市场调查。

中国服装由"单一化产品"时代迈入"差异化产品"时代，由"市场推销"迈入"品牌营销"后，营销部门除了销售外，更要担负起市场开发的工作。市场开发的出发点便是"市场调查"以及以市场调查为基础的"服装产品计划"，接下来的工作便是设计"促销活动"方案与确立"销售通路策略"。由此可见，服装市场整体的营销活动是由服装产品计划、促销活动及销售通路策略三大支柱构成的（见图4-1），这三大支柱都必须以市场调查为出发点，服装市场调查对整个服装行业经营的重要性可见一斑。

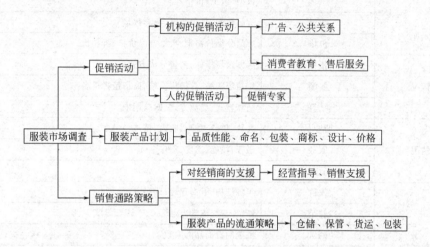

图4-1 服装市场整体营销活动

二、服装市场调研的内容

服装市场调研指运用科学的方法和手段系统、全面、准确、及时地收集整理分析服装市场中对影响服装供求关系中诸因素的活动过程。服装市场调研是进行市场预测、制订营销计划的基础和前提。它是服装市场营销的第一步。服装市场调研的内容非常复杂和广泛，服装企业可以根据实际调查目的来确定需要调研的内容，主要包括服装市场基本环境调研、需求调研、产品调研、服装企业营销活动调研、服装企业调研等。

下面具体展开论述。

1. 零售业态调研

调研内容根据每次调研所需要解决的问题有所不同，还可以增加特别想了解的内容。表4-1是市场调研中针对服装卖场进行调研的主要内容，具体内容可以根据实际的调研课题进行组合、选择或增加，从而组成一套具有快捷、准确、经济的有效调研内容。

表 4-1 服装卖场调研的主要内容

项目	内容	说明
专柜形象	道具	边柜、中岛柜、货架、模特、灯具、衣架、展示柜、摆件
	广告	宣传画、广告品、出样、包袋、吊牌、样本
	细节	卫生、货品
商场环境	位置	商场和专柜的位置、朝向、楼层
	环境	商场的档次、周边的其他品牌
	地段	地区档次
产品形象	款式	风格、系列、品种
	色彩	主色、副色、点缀色
	面料	名称、成分、观感、手感、价格
	工艺	板型、做工、价格
	数量	货品数量、品种数量、色彩数量
	价格	产品分类价格带、典型产品价格、折扣价
销售情况	指标	店方销售指标、销售分成方式
	实绩	年销售实绩、月销售实绩、商场销售排名
	结算	结算方式、提成方式、回款期限
服务情况	营业员	人数、年龄、外形、收入、精神
	服务	语言、技能、态度、程序
	售后服务	退换货、货品修补
顾客情况	人群	年龄结构、时尚程度、购买方式
	驻足	停留人数、流动人数
	翻看	挑选翻看商品的人数
	询问	主动向营业员询问商品情况的人数
	试衣	试衣人数和试衣件数
	购买	实际购买人数和购买件数

2. 服装企业调研

企业调研是指对同行企业内部情况进行调研，这种调研由于要涉及调研对象的商业机密，一般很难找到愿意接受调研的企业。即使有企业愿意接受调研，也容易回避企业的真实情况。因此，做好企业调研的前提是要消除企业的戒备心理，使之配合调研。经过一定的人际交流，企业调研还是可取的。服装企业调研的目的主要是学习优秀品牌服装企业的先进经验。

(1) 企业调研的重要性

① 熟悉业内现状，做好投资参谋。由于服装企业有投资小、上马快等特点，很容易使投资者过于轻视投资的风险，在毫无服装专业知识和品牌经营经验时，便做出仓促上马的决定，造成许多投资者对困难估计不足而迅速退出品牌舞台的结局。因此，初始品牌要向在服装品牌方面有经验的企业学习，不打无准备之仗。

② 把握对手品牌，寻找突破时机。商场是没有硝烟的战场，其搏杀的程度和惨烈的

后果丝毫不亚于军事战场,"胜者为王,败者为寇"的悲喜剧屡演不鲜,商业情报如战争情报。因此,要使一个脆弱的新生品牌立足于品牌之林,或者使一个积重难返的品牌发生脱胎换骨的变化,就必须掌握商情,了解对手品牌的底细,做到"知己知彼,百战不殆"。

③ 了解先进模式,掌握运作方向。几乎所有企业都是为了营利而设立的,品牌只不过是营利的一个手段而已。企业要营利就必须有一套正确的经营方法、高效的管理模式和过硬的产品体系,对企业进行调研,不仅仅是了解对方的产品体系,还要了解对方用来保证产品体系良好运作的其他系统。先进的品牌运作模式为品牌的顺利运作提供了机制上的保障,取长补短。

(2) 企业调研的要点

① 克服取材困难。进行企业调研时,最大的难点是愿意被作为调研对象的企业不多,一般企业都比较排斥同行,不愿将自己的真实情况透露给同行,因而较难获得调研所需要的材料和数据,尤其对涉及其商业机密的内容,企业更是守口如瓶。因此,在调研前首先要使被调研者消除顾虑,必要时可以表明调研的动机、分析报告中以代号相称等。取得对方的信任与理解,以便获得真实的调研数据。

② 选择典型企业。由于愿意配合接受调研的企业不多,因此,要选择在行业内具有代表性的、与企划中的品牌非常接近的品牌作为调研对象。根据调研主题的不同,既可以进行面上调研,掌握同类企业的一般情况;也可以深入调研,研究某个企业的全部情况。

③ 正确看待调研数据。被调研的企业由于名声在外,调研者作为局外人,不可能对其内部情况有很多了解,因此,被调研者提供的情况也许与调研者所掌握的情况相去甚远,会造成对方提供虚假情况的错觉。这就需要调研者具有丰富的业内经验,正确分析和处理这些情况和数据,从而得出合乎客观实际的结论。调研对象确实提供虚假情况时其逻辑性可能会出现异常,应会有所察觉。

(3) 服装企业调研的内容　服装企业调研的内容见表4-2。

表 4-2　服装企业调研的主要内容

项目	内容	说明
企业概况	企业性质	企业的所有制、投资者
	注册资金	资金总额、到位情况
	注册地点	地点及相关的工商政策
	人员构成	管理人员、经营人员、生产人员的数量和比例
	发展历史	企业创立年份和发展经历
经营情况	经营方针	经营目标、经营手段、经营对策
	经营业绩	利润情况、资产情况
	经营优势	人才资源、社会资源、综合资源
管理情况	管理体系	管理制度、管理特点
	管理实绩	管理效率
销售情况	销售业绩	年销售实绩、月销售实绩、商场销售排名
	库存情况	库存数量、品种、时限
	推广方式	品牌加盟、产品批发、代理

续表

项目	内容	说明
产品体系	产品开发	品牌理念、设计人才、设计程序
	生产情况	生产计划安排、生产质量控制、加工能力
	材料供应	材料供应渠道、材料价格、材料质地
面临问题	人才情况	紧缺人才、员工待遇、招聘渠道、服务期限
	其他情况	上述内容未涉及的问题

(4) 服装企业调研报告 企业调研报告的形式和内容可以参照市场调研报告。主题明确、文字简练、案例丰富、结论鲜明是企业调研报告的总体要求。

3. 销售场所调研

一个服装品牌放在什么销售场所、又以什么样的方式销售是品牌运作必须强调的原则问题。品牌与商场必须"门当户对",仅凭道听途说就贸然进驻某商场进行销售,显然是不科学的。商业喜欢以"扎堆"的方式经营,以聚人气,所谓"独木不成林"。服装品牌也有"扎堆"现象,对商场调研的主要目的是选择最适合某个品牌产品销售的场所。

(1) 选择商场的原则

① 商场与品牌相匹配。可以把商场看作品牌外包装的一部分。希望走高价位路线的品牌,必须选择一流商场,否则就会使产品大跌身价。中低价位的品牌只能选择二三流商场,不然就无法达到理想的销售状态。与此同时,商场也以同样的标准选择品牌。

② 商圈错位布局合理。一个成熟的商圈,其商场布局应该错落有致,拉开商场定位的档次,不至于在一个商圈内相同档次的商场重复,否则,过于雷同的产品也不利销售的有序竞争。

③ 商场拥有良好的商业信誉。商场的商业信誉非常重要,是企业与之合作的基础。对商场信誉的了解,不能看其豪华装修的外表,也不能听其信誓旦旦的优惠条件,而是要通过对供应商和消费者的调研,通过自己的观测,做出正确的判断。否则,一旦出现业务纠纷,受到损害的往往是供应商,这是因为供应商的销售货款掌握在商场手里而容易处于被动地位。

④ 商业氛围人气集中。商业氛围有两层含义,从大的方面来看,是指商场所在城市的商业成熟指数。一般来说,大城市的商业成熟指数较小城市的高。但是,城市规模的大小不一定与商业成熟指数成正比,有些地级市的商业氛围会好于省会城市。从小的方面来看,是指商场周围消费者的人气。点状商业布局不如线状商业布局,线状商业布局不如网状商业布局。有序的、激烈的市场竞争才会显出市场火爆,才会聚人气。过于惨烈的、以价格战为主要手段的市场竞争环境不利于服装品牌的生存。

(2) 调研内容

① 商场形象。根据商场外部和内部的硬件条件和已经进驻的品牌档次和数量,与其他商场作同业比较,对该商场进行商业形象的判断。尤其要对进驻该商场的所有男装或女装品牌逐一统计,必要时对某些品牌做重点记录。据此,整理出属于该商场的品牌档次。

大型百货商场的布局大体相同,但是,每个商场也有一定的特点,首先要估计其总营业面积以及服装商品所占的比例,其次是观测商场的卖场与卖场之间的距离、每个卖场的面积、商场的高度和明度等,尽力做到量化。

② 商场信誉。对商场信誉的把握,主要依靠供应商的反馈意见和商业同行的评价,也可以根据商场的投资方和经营者的背景做出判断。商场合同是商场拟定的格式合同,其中有许多条款对供应商是不利的,也是不平等的,甚至有些商场在合同中玩弄文字游戏,为以后的业务纠纷埋下伏笔,因此,品牌服装公司务必看清合同,力争自己的权利。

③ 商业氛围。商场是依靠不动产进行商业活动的,房地产的不可移动性使得零售商业不得不依靠良好的商场周边环境来凝聚人气,商场所处的地段、交通、人口和邻近商场的情况是供应商必须考虑的重要内容。

要用带有前瞻性的眼光看待商业氛围。有些商场的地段处于市政规划范围,周围情况会随着市政建设的进程而发生变化,热闹与冷落会交替错位。一般来说,新兴商业区域或新商场的人气起初并不理想,只有市政配套建设完成以后,才能被逐渐看好,所谓"生地变熟地"。

④ 销售情况。从商场行业销售排名资料中可以看出该商场的市场地位和销售业绩。如同股证指数不能说明某个股票的涨跌一样,行业排名也不能说明某类风格的产品就一定不理想,但它们还是有一定的关联性,了解了该商场的真实销售情况以后,可以触类旁通地预计到即将进驻品牌的命运。

为了得到正确的结果,销售业绩的调研必须在同类商场之间进行。

⑤ 顾客情况。虽然"顾客是上帝"的商业信条已经受到某种程度的质疑,但是,顾客的确是品牌的"衣食父母",不可辩驳地为企业带来利益。因此,在任何时候、任何场合,都必须认真对待和研究顾客情况。客流是商场的财富,客流量大即意味着该商场销售业绩不会差,反之亦然。在此,消费者是泛指消费人群,他们可以是进入商场的购物者,也可以是接受馈赠的受惠者。顾客则是进入商场的购物者。

尽管客流量是能够带来销售业绩的重要条件,但是,不同的客流人群有着不同的购物率,因此,客流人群的质量比客流人群的数量更为重要。在不同的商业区域,客流质量是不同的,具体表现为购物的可能性和对所购商品品质的选择。

将档次相同的商场进行客流量比较,比较的条件必须相等或基本相等,才能得出正确的结果。客流量必须利用观测统计法和同类比较法,才能得出正确答案。在观测商场客流时,必须选择不同日期的相同时间段进行比较。比如,选择周一和周六的上午、下午和晚上进行统计,分析其中的差别及造成这种差别的原因。还要剔除不利因素,如天气因素等,否则将影响统计结果。销售场所调研的主要内容见表4-3。

表4-3 销售场所调研的主要内容

项目	内容	说明
商场形象	外观装饰	建筑风格、新旧程度、周围环境、橱窗
	内部装修	层高、灯光、指示、色调、材质
	营业面积	楼层面积、总面积、卖场面积、走道面积
	商品布局	商品大类、楼层布局
	品牌布局	进驻品牌、数量、档次
商场信誉	进驻条件	销售指标、销售分成方式、保底销售、广告费用、其他收费
	企业评价	合同履约情况
	同行评价	业务能力、竞争手段、业内地位、盈亏情况
	内部管理	进驻手续、货品管理、回款手续、营业员培训

续表

项目	内容	说明
商业氛围	地段	商场位置
	交通	工具、数量
	邻近商场	档次、数量
	周围人口	居民人口、流动人口、商业人口
销售情况	行业排名	历年排名、年度排名
	销售业绩	年销售实绩、月销售实绩、商场销售排名
	售后服务	退换货、货品修补
顾客情况	客流	男女比例、数量、时尚程度
	年龄层次	年龄结构
	购买	购买比例

⑥ 商场调研的其他方面。商场调研的方法主要采用比较法、统计法和观测法。比较法是指在同类事物之间进行相关项目的分析和对照，从而得出比较结果。商场调研的比较是对同类商场在上述表中的各项内容作相应的比较，确定最优化方案。

调研对象和调研报告等其他内容可参照本章的相关内容。

三、服装市场调研的步骤与方法

1. 市场调研的步骤

（1）常规市场调研的步骤　市场调研可以是满足具体要求的一次性项目，这种情况下称特别调研，它或者也可以是持续或定期的跟踪，如对服装产品或品牌市场份额的监控。特别调研或由此所进行的持续调查的目的多种多样，但几乎任何特别调研和原则上大多持续性调查项目都是依照一定流程开展的。因此，在服装品牌市场调研中，建立一套系统、科学的调查程序，有助于提高工作效率和质量。

图 4-2 为服装市场调研流程图。

图 4-2　服装市场调研流程图

① 服装市场调研的准备阶段。调研准备阶段，重点是解决调查的目的、要求，调查的

范围和规模，调查力量的组织等问题。在此基础上，制定一个切实可行的调查方案。

a. 确定调查的题目。在开展服装市场调查之前，调查人员必须明确调查的问题是什么，目的要求如何。例如，根据服装企业对新创服装品牌的决策、计划要求，提出需要调查研究的课题。

b. 拟订调查计划，组织调查力量。服装市场调查部门针对提出来的调查课题，搜集相关资料作进一步的分析研究，弄清调查的具体内容，为服装企业的品牌策划提供客观依据。同时，要根据调查的目的，考虑调查的范围和规模，从组织调查的力量、时间和费用负担等方面，制订切实有效的调查计划，使调查有秩序、有目的地进行，它是调查实施的依据。

② 服装市场调查的实施阶段。这个阶段的主要任务，是组织调查人员深入实际，按照调查计划或方案要求，运用不同方法系统地收集各种可靠资料和数据，包括第二手资料和第一手资料的收集，听取被调查者的意见。避免出现调查后的遗憾，如对某个问题没有提问或没有以不同方式提问而产生的遗憾。

③ 服装市场调查资料的分析与总结阶段。服装市场调查资料的分析与总结阶段，是得出调查结果的阶段。这一阶段是调查全过程的最后一环，也是调查能否发挥作用的关键环节。

a. 资料的整理和分析。服装市场调查所获得的大量信息资料，往往是分散的、零星的，某些资料也可能是片面的、不真实的，必须经过去粗取精、去伪存真、由此及彼、由表及里系统地加以整理分析，才能客观地反映被调查事物的内在联系，揭示问题的本质和各种市场现象的因果关系。这一阶段工作的主要内容包括以下几方面。

第一，资料的检查、核实和校订。对于服装市场调查所得的资料，在整理编辑过程中，首先要检查资料是否齐全、是否有重复、是否有可比性、是否有差错、数据和现实是否矛盾，一经发现问题，应及时复查核实，给予订正、删改和补充。

第二，资料的分类汇编。凡经核实校订的资料应当按照调查提纲的要求进行分类编号。

第三，资料的分析和综合。对于调查所得数据，可以运用多种统计方法加以分析，并制成统计表、统计图。

b. 撰写调查报告。调查报告是用客观材料对所调查的问题作出系统的分析说明，提出结论性的意见，它是调查的最后结果，是营销决策的依据。

c. 总结反馈。服装市场调查全过程结束后，要认真回顾和检查各个阶段的工作，做好总结和反馈，以便改进今后的调查工作。

(2) 逆向市场调研的步骤　除了常规的服装市场调研步骤，还有一种值得推崇的操作方法，即逆向市场调研。

① 阿兰 R. 安得里森在《哈佛商业评论》中这样陈述自己的逆向市场调研步骤。

a. 确定如何实施调研结果（这有助于界定调研的范围、内容等问题）。

b. 为了确保结果的实施，确定最后报告中应包括哪些内容以及表格应怎样设计。

c. 具体指明应进行哪些必要分析来填补调研报告中的空白。

d. 确定应收集哪一种数据来进行分析。

e. 浏览可以得到的二手信息来源和联合性服务机构，看看某些数据是否已经存在或能从别处迅速、廉价地获得（你在做这个工作时，也要观察别人是如何获取同样的信息的）。

f. 如果没有现成的简单办法，那就设计一些工具和抽样调查来获取适合于你进行分析的数据。

g. 进行现场工作，对数据能否满足你的需要而进行连续检查。

h. 做分析、写报告并监督其达到预期效果。

② 逆向市场调研的特点。逆向市场调研的特点是首先确定调研应达到的效果，将管理决策和分析的最后阶段放到了最前面，而不是通常地将如何对调研信息做出反应而放在调研完成以后确定。这样的操作步骤有如下特点。

a. 避免了调研与决策的脱节，那些可能会受调研结果影响的业务经理们提前参加到市场调研中来。

b. 有利于设计出一个不确定因素较少又能实际配合管理层行动的调研方案。

c. 只收集能辅助管理层进行决策的信息，并且一定要收集能产生高质量决策的信息。

d. 在管理层和调研人员一起要根据假定的结果进行审核时，可能会发现即使不做调研，他们也会作出同样的决策，由于提前知道了这一切，调研的费用就可以节省掉了。

e. 前期的分析工作量很大，但调研的数量可能越来越少，质量却越来越高。

考虑服装生产经营的特点及市场调研的费用、时间因素，逆向市场调研步骤值得一试。

(3) 服装市场调研的常见途径　在目前的国内服装市场大环境下，调研途径主要有以下几种。

① 销售过程调研。市场具有信息反馈的功能，因此涉及产品、价格、销售渠道、促销等可控因素的调查，可以在市场销售过程中进行。一方面，在销售过程中能够获得真实可靠的第一手资料；另一方面，这种途径的调研有利于节约人力、物力和时间，随时随地可以进行。

② 市场环境考察调研。涉及市场环境、竞争对手等内容的调研，一般可以通过市场实施走访进行调研。如某服装品牌欲进入一个新的城市，对城市市场结构的了解，只有在实地才能产生最真切的感受。同样，服装品牌欲进入一个商厦，那么营销人员也只有在商厦实地才能准确地了解与营销相关的一切细节。

③ 专业展示信息调研。每年在国际国内都有大量的服装、服装面辅料、服装机械的展示活动。如：

国际服装精品展示	纽约	一月
高级女装展	巴黎	七月
中国国际纺织面料及辅料展览会	上海	十月

这些展示活动有来自世界各国的参展商，给服装企业打开了一个了解世界服装行业信息的窗口。一些财力有限的中小服装企业，即使无法出国参与国际重大展示，也能在国内举办的有国际参展商参与的展示中收集信息资料。排除了服装院校、研究机构的参观人员，参展人数的多寡在客观上反映了展示活动的优劣程度。

④ 街头调研。街头调研是国际国内服装业界常用的一种调研途径。在特定的地点、特定的时段，对路经的消费者采取判断抽样的方法进行调研。通常这种调研借助问卷调查或观察调查来完成，调研地点选择在服装商业街或某些服装穿着使用的特定场合。街头调查可以收集消费者对服装品牌、服装产品、服装价格的看法，了解消费者的消费心理及消费习惯。但这种调研在时间上存在滞后性。

⑤ 相关行业调研。服装有很多相关的行业，如提供服装生产原料的农业、畜牧业、化纤行业；与服装消费密切相关的时尚娱乐行业等。这些服装相关行业，即特殊营销环境的变化，会给服装营销带来各种不同的影响。例如，棉花产量大幅度提高会使棉布的价格下降，

使服装生产成本降低,给营销带来有利的影响。所以,营销人员要重视服装相关行业情况的变化,为服装营销决策提供相关行业的可靠信息。

2. 服装市场调研的方法

市场调研的方法选择是否合理直接影响调查结果,因此,正确选择调研方法是市场调研的重要一环。服装市场调研的方法主要有三种:询问法、观察法和实验法,这三种都属于实地调查法。除此之外,还包括文案调查法和抽样调查法。

(1) 询问法　询问法由调研者事先拟定调查提纲,然后以提问的方式请被调查者回答问题。询问是一种技巧,询问必须保证把询问的事情正确地传达给被调查者,并制造被调查者愿意回答问题的气氛。

询问法是服装市场调研时经常采用的一种方法,如1999年CK品牌的内衣,在决策其是否进入中国内地市场时,委托专业院校进行调查,采用的就是这种方法。

询问调查按其形式的差异分为四种:面谈调查、电话调查、邮寄调查、留置问卷调查和网络调查。

① 面谈调查。调查者和被调查者面对面地交谈,可以是一对一或一对多的面谈,灵活性大,可以深入、详细地交谈,并能相互启发,得到真实、可靠的资料,但调研资料整理难度较大。由于能直接听取意见并观察被调查者的反应,所以对调研者的业务水平要求高,此种调研费时费力,成本较高。

② 电话调查。调研员在样本范围内用电话向被调查者提出问题,听取意见并收集资料,此种方法收集资料速度快,且调研格式统一,资料处理方便,调研成本低,但是在电话中交谈不易取得被调查者的合作,调查难以深入,而且调研范围有一定的局限性。

③ 邮寄调查。将预先设计好的调查表格邮寄给调查者,请他们按要求回答后寄回。邮寄调查者有充裕的时间考虑并回答问题,且不受调研员的影响,答案真实、可靠,但也有可能误解问题的含义。问卷的回收率低,往往拖延时间较长。

④ 留置问卷调查。调研员将问卷交给被调查人,并说明回答要求,留给被调查者自行填写,然后由调研员定期收回。这种方法的优缺点介于面谈调查和邮寄调查之间。

⑤ 网络调查。随着科学技术的进步、网络信息的发展,网络调查法也成为现在市场调研活动中经常使用的一类方法。它主要包括站点法、电子邮件法、视频会议法、随机IP (Internet Protocol,中文缩写为"网协")法等。

(2) 观察法　观察法是调查者到现场观察被调查者的行动来收集情报资料,也可以借助仪器(如照相机、摄像机、录音笔等)来进行实地观察。观察的现场有两种:一是购买服装的现场,即各种服装卖场;二是服装穿着的现场,即着装者的活动场所,服装调研常采用街头调查的形式。

观察法能客观地获得准确性较高的第一手资料,但调查面较窄,需要花费较长时间来进行实地观察,调研成本较高。在观察当中既要观察环境和顾客——观察购物环境和顾客反映,也要观察营销人员的服务质量。

(3) 实验法　服装新产品大量生产并投放市场之前,先生产小批量服装向市场投放,进行销售实验,即管理学中的新品"销售试销",在销售过程中观察和收集购买者的反应并取得调研资料。也就是在特定地区、特定时间,向市场投放一部分服装进行试销,由此判断服装的款式、质量、规格、外观等是否受欢迎，价格能否被消费者接受，通过这种新品上市的"投石问路"来确定上市产品及供应量。

服装行业常用的产品展销会、新产品门市部等都属于实验法调查。

四、服装市场调研的对象

调研对象是指被调研的品牌对象和人员对象。根据调研所要解决问题的不同，对调研对象的类型有所选择，以便得到有效的数据。

1. 品牌对象

(1) 单一品牌　单一品牌是指对某一个品牌进行专门调研。这种调研的针对性很强，往往在调研目的非常明确、并对某一品牌有一定了解时采用，有时是为某公司所属品牌进行的调研。

(2) 多个品牌　多个品牌是指对几个以上不同品牌进行比较调研。此类调研往往对调研结果没有预见性，预期结果不甚明了，是"随行就市"式的调研。调研对象可以是同类品牌或异类品牌。

(3) 同类品牌　同类品牌是指对同一性质和档次的品牌进行综合调研。此类调研目的性比较明确，可以掌握同类品牌中比较普遍的情况。

(4) 目标品牌　目标品牌是指对想要达到或超过的品牌进行对比调研。一般是选择业内影响大、业绩好，或与要求调研的目标类别相当的品牌。目标品牌可以是一个或数个。

表 4-4 为服装市场对品牌调研的比较。

表 4-4　服装市场对品牌调研的比较

项目	优点	缺点
单一品牌	比较简单,容易操作,可以方便地取得详细数据,对品牌中存在的问题能够做出比较正确的判断	缺少对其他品牌的分析比较,不利于客观评价
多个品牌	横向品牌的调研,可以做出比较客观的、具有借鉴作用的判断	工作量较大,调研成本高,选择品牌不易
同类品牌	比较式调研,可以掌握全面、综合的市场情况,做出正确的调研结论	工作量很大,调研周期长,费用高。选择品牌不易
目标品牌	目标明确的对比式调研,挑战性强,可以得出取长补短的调研结论	获得对手的全面资料不易,调研结果容易失真

2. 人员对象

(1) 销售人员　销售人员是指企业内部负责销售的有关员工，包括销售经理、销售主管、业务员等。

(2) 营业人员　营业人员是指在销售场所销售第一线的人员，包括店长（柜长）、营业员等。

(3) 商场人员　商场人员是指负责商场管理的店主人员，包括商场部经理、楼面经理、业务主管等。

(4) 消费者　消费者泛指所有进入调研范围的一般人员。

(5）顾客　顾客是指直接购买或消费某品牌产品的人员。

表 4-5 为服装市场对不同人员调研的比较。

表 4-5　服装市场对不同人员调研的比较

人员	优点	缺点
销售人员	掌握某个品牌的销售实际情况和同类品牌的市场情况	一般不愿配合接受调研
营业人员	掌握某个品牌在某个卖场的销售实况，对销售细节掌握第一手资料。相对比较容易接受调研	提供的数据可能有较强的个人观点
商场人员	掌握某商场内各个品牌的销售业绩和顾客综合评价，熟悉同类商场的基本情况	一般难以接受调研
消费者	分布层面广泛，数据比较可靠，相对比较容易接受调研	采集数据不够集中，工作量较大
顾客	对某个品牌有一定的忠诚度，分布层面比较集中，一般比较愿意接受调研	发表意见带有一定的主观性

第二节　服装市场的预测

美国尼克研究公司马克托·霍雷认为，预测和控制是现代科学的重要概念，也是现代营销技术中的关键词语。用适当的因子或变量建立一个恰当的预测模型，通过控制你所选择的变量，不仅可以预测你的需要，而且可以使你掌握现代社会中应用的计算预测技术。

市场预测作为一种专门的理论和技术，是商品经济高度发展和科技商品迅速提高的必然产物。随着我国社会主义市场经济体制的确立而逐步完善，服装市场预测已受到我国服装企业的极大重视。

一、服装市场预测的概念及作用

1. 服装市场预测的概念

预测是根据过去的经验和先前的观察作出的对将要发生的事件的描述，即由往知来。服装市场预测是指在对影响服装市场的各因素进行系统准确调查的基础上，运用科学的方法和数学模型，对未来一定时期内服装市场的供求变化规律以及发展趋势进行分析，进而做出合乎逻辑的判断和测算。例如，对服装企业的某个服装产品的需求情况的预测；销售发展变化情况的预测；对服装的颜色、款式、材质、设备、价格和零售的预测；以及对消费心理、习惯和购买力状况变化的预测等。服装市场预测的效果好不好主要看预测的准确度高不高，所以为了提高服装市场预测的准确性，预测工作就应该达到客观性、科学性、及时性、全面性、持续性等方面的要求。

2. 服装市场预测与服装市场调查的关系

服装市场预测和服装市场调查，都是服装企业在生产经营活动中研究服装市场变化的方法，它们对服装企业的经营决策起着同样重要的作用，两者既有密切联系，也有不同的特点。主要区别在于以下几方面。

(1) 研究重点不同　市场调查侧重于市场现状和历史的研究；而市场预测侧重于对市场未来的研究。

(2) 研究过程与方法不完全相同　市场调查常采用定性研究；市场预测常采用定量研究。

(3) 研究结果不同　市场调查结果为数据、资料、情报，市场调查的作用是为营销提供参考的信息，并不能代表决策；市场预测结果为未来市场发展的预测报告，为决策服务。

图 4-3 为服装市场调查与预测的整体过程。

图 4-3　服装市场调查与预测的整体过程

3. 服装市场预测的作用

服装市场预测是一种分析判断服装市场需求变化动态的科学。在市场经济条件下，服装企业的生产和经营基本上是要依据服装市场的情况来确定的，社会经济的发展存在着跳跃性和间歇性，这就给服装市场造成一种不确定性和不稳定性。为了使服装企业的生产经营能够适应服装市场多变的需要并减少投资风险，服装企业应加强服装市场预测。通过预测，服装企业才能切合实际地掌握消费需求上的差异，正确地判断未来发展的前景，使生产同消费密切地结合起来，进而指导生产。

4. 服装市场预测的种类

市场预测，从最终结果来说，就是预测市场需求（从企业角度来说，就是预测市场销售），但不论是需求还是销售，都表现为一定产品、一定地区、一定时间的需求或销售。这样一来，市场预测就可以从量与质、产品层次、空间层次、时间层次划分为不同的类型。

(1) 按量与质划分　服装市场预测，按预测量与质侧重点不同，可分为定量预测和定性预测。

① 定量预测。定量预测是指使用统计方法，对统计资料进行推算的预测，其主要目的是推算预测对象未来的数量表现。定量预测又可分为点值预测和区间预测。

点值预测是预测的变量值，表现为单个数值。区间预测是预测的变量值处于一定区间之内，表现为一个由下限数值和上限数值所确定的范围。例如，预测某市服装产品销售量为 20 万件，便是点值预测。预测某市明年 G 服装销售额为 150 万～200 万元，这是区间预测。

② 定性预测。定性预测是指对预测对象未来的性质和发展方向的预测。虽然也有数量计算，但主要不在于推算数量表现。例如，服装市场供求预测，就是预测未来服装市场是供不应求，还是供大于求。

(2) 按产品层次划分　按产品层次划分，市场预测可分为单项产品预测、同类产品预测、分消费对象的产品预测和产品总量预测。

① 单项产品预测。单项产品预测是对某单项产品（衬衫、西装等）按品牌、规格、档

次等分别预测其市场需求量。

②同类产品预测。是按产品的类别（如服装按针织品、纯棉、纯毛类等）预测市场需求量。

③分消费对象的产品预测。分消费对象的产品预测包括两种情况：一是按某一消费对象（如女大学生、儿童等）需要的各种产品进行预测；二是按不同消费对象所需要的某种产品的花色、款式、规格进行的预测，如运动套装，不仅可以按男装、女装进行预测，还可以按老年、中年、青年，以及胖、中、瘦体形分别进行预测。

④产品总量预测。产品总量预测就是对消费者需求的各种产品总量进行预测。

(3) 按空间层次划分　按空间层次划分，服装市场预测可以分为国际市场预测、全国性市场预测、地区性市场预测、当地市场预测以及行业或企业市场占有率预测。

(4) 按时间层次划分　市场预测的产品层次和空间层次都受时间层次的限制。市场预测所得出的市场需求量，必定属于运动时间内某地区对某服装产品需求量，如果没有时间限制，这种市场预测就会失去实际意义。按照时间层次，市场预测可分为近期预测、短期预测、中期预测和长期预测。

图 4-4 为服装市场预测的种类。

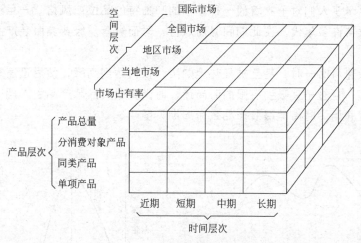

图 4-4　服装市场预测的种类

二、服装市场预测的内容

服装市场预测和服装市场调查一样，内容非常广泛，也比较复杂。对服装企业来说，进行服装市场预测，主要有以下几个方面的内容。

1. 服装市场需求预测

服装市场需求预测是指对某种服装商品的现实购买者和潜在购买者需求的总和，是预测消费者在一定时期、一定市场范围内，对某种服装商品具有货币支付能力的需求。它不仅包括服装需求量的预测，还包括对服装产品的品种、规格、花色、型号、款式、质量、包装、品牌、商标等的预测。影响服装市场需求的因素很多，有社会因素、政治因素、经济因素、自然因素、产品销售因素等，主要是经济因素中的社会购买力，如消费者收入、消费支出、币值等因素。因此，对服装市场需求的预测必须在充分调查的基础上，对服装商品购买力、服装消费需求量等分别进行预测，弄清消费者需要什么、需要多少。

服装市场需求预测包括质与量两个方面。从质的方面考察，需要解决消费者需要什么；从量的方面考察，需要解决需要的量是多少。服装企业通过预测服装市场需求的变化，及时调整企业的生产规模，防止服装供过于求，从而保持服装生产的良性循环。

2. 服装产品生命周期预测

生命周期，即生命的历程。生物体都会经历一个从出生、成长、老化、死亡的生命历程，服装产品也不例外，服装产品的生命周期是指一种服装新产品上市，在服装市场上由弱到强，又从盛转衰，直到被服装市场淘汰的全过程，包括投入期、成长期、成熟期和衰退期四个阶段。服装产品的生命周期不同于其他一般产品的生命周期，服装产品生命周期的典型特征是其短期性。

服装产品是一种时尚性很强的产品，因此，它的钟形曲线更陡，成长期相对较长，成熟期相对较短，衰退期也来得更早。此外，不同风格种类的服装产品，其品牌产品生命周期也有所不同。依据服装产品时尚性的强弱，可以分为经典类和时尚类。

经典类：显示了人们对于衣着的一种基本的和独特的品位或风格。一旦这种品位或风格形成后，它会维持许多年代，在此期间时而风行、时而衰落。经典类服装产品生命周期见图4-5。

时尚类：快速风靡一时，甚至被狂热地购买，很快达到高峰，然后迅速衰退。此类服装的生命周期很短，且趋于只吸引有限的时尚迷。时尚类服装品牌产品引入期一结束就意味着它的衰退期已经开始。时尚类服装产品生命周期见图4-6。

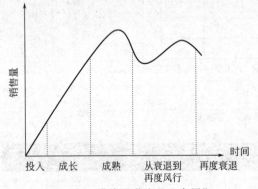
图4-5 经典类服装产品生命周期

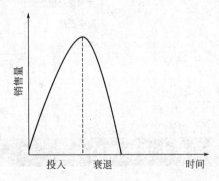
图4-6 时尚类服装产品生命周期

一方面，时尚性越强的服装产品，其生命周期就越短，其经营风险也就越高；另一方面，时尚性越强的服装产品就越有可能成为俏销一时的新款，因而利润就越丰厚。由此可见，服装产品的生命周期与其时尚性成反比，而利润与经营风险成正比。

3. 服装市场占有率预测

服装市场占有率是指在一定的市场范围内，服装企业提供的某种服装商品的销售量在同一市场服装商品总销售量中所占的比例，或指该服装企业的服装商品销售量占当地市场服装商品销售量的比例。

服装企业进行服装市场占有率预测的分析，可以揭示服装企业所处的地位及变化机会，从而不为销售量的绝对数所迷惑。使其真正感受到市场竞争的压力，促进服装企业注重品牌的更新换代，注重服装质量的提高及促销方面的改进，以留住老顾客、吸引新顾客，在服装市场竞争中立于不败之地。

4. 服装市场销售预测

服装市场销售预测，是指对服装企业的服装商品销售量的预测。即服装企业从质和量两个方面进行预测，以解决"适销对路""销售数量和销售额"的问题。

服装企业对服装产品销售进行预测，可以使服装企业进一步了解消费者的具体要求，找出服装产品在销售过程中存在的问题，为服装企业确定生产经营计划，特别是销售计划、销售措施提供依据。

服装市场预测的内容还包括流行主体的预测、目标利润的预测、风险利润的对比等。

三、服装市场预测的程序

服装市场预测作为一个信息系统，它的正常运转应遵循一定的程序，以便更有效地为决策服务。服装市场预测的基本程序如图 4-7 所示。

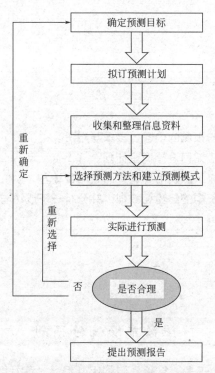

图 4-7 服装市场预测的基本程序

四、服装市场预测的方法

进行市场预测不仅需要掌握必要的资料，而且需要运用科学的预测方法。市场预测的方法很多，据统计有上百种之多，其中使用广泛且有效的有二三十种，经常使用的有十几种。

用于服装市场预测的方法大体归纳为三类，即直观预测法、时间序列分析法和相关分析法。

1. 直观预测法

直观预测法，也称判断分析预测法，它是由预测人员根据已有的历史资料和现实资料，依靠个人的经验和综合分析能力，对市场未来的变化趋势作出判断，并以判断为依据作出预测，这是一种定性预测方法。

2. 时间序列分析法

时间序列分析法是将经济发展、购买力增长、销售变化等同一变数的一组观察值，按时间顺序加以排列构成统计的时间序列，然后运用一定的数学方法使其向外延伸，预计市场未来的发展变化趋势，确定市场预测值，这是一种定量预测方法。

3. 相关分析法

相关分析法，也称因果分析法，它是利用经济发展过程中经济因素的内在联系，运用相关分析的理论判断其相关的性质和强度，从而预测产品的市场需求量和发展趋势。这是一种定量预测方法，这种方法适用于中、长期预测。

思考题

1. 简述服装市场调查与预测的内容、步骤与方法。
2. 开展服装市场调查应如何设计调查计划？
3. 根据本章内容，完成某服装市场调查问卷的设计。
4. 请总结你在市场调研中的经验和教训，并分析一下成功与失利的原因。

【案例分析】

服装市场流行预测

服装的流行作为一种社会现象，其受影响的因素很多，而社会文化、经济等因素是最重要的。因此，服装流行预测带有许多不确定性，服装流行理论对服装流行预测有很大影响。国际上有很多著名的服装流行预测机构，如美国的"第一视觉""色彩箱""这是哪里"等，国际上一些服装集团每季都向这些机构购买流行预测商业情报。中国也先后建立了一些流行预测机构，如中国服装协会、中国流行色协会等。

另外，对于国内服装市场预测，除了及时收集国际流行信息，掌握国际市场发展趋势之外，还要根据国情，对国内市场进行大量的、系统的、科学的调查。调查的主要内容如下。

① 某一地区的人口构成，包括民族、年龄、性别比例、受教育程度、宗教信仰、就业情况等。

② 某一地区的消费者购买力，包括收入总额、支出总额、消费结构、消费者生活方式、消费者消费心理特点等。

③ 某一地区消费市场的基本情况。

某一地区消费市场的基本情况如下。

① 销售方式。

② 服装色彩、面料、款式的演变过程及发展趋势。

③ 纺织品、辅料和配件的演变过程及发展趋势。

④ 各大类服装制作工艺的演变过程及发展趋势。

⑤ 各大类服装包装体系和展示形式的演变过程及发展趋势。

⑥ 各大类服装的价格体系演变过程及发展趋势。

服装市场流行预测都是基于这些收集的资料之上进行分析，得出结论。因此，企业必须做好市场调查工作。

案例分析与思考

结合本案例说一下国内服装市场调查与预测的具体方法及内容。

第五章 服装目标市场营销

- 第一节 服装市场细分
- 第二节 服装目标市场选择
- 第三节 服装市场定位与拓展
- 第四节 服装市场竞争战略

学习目标

1. 掌握市场细分的概念及一般原理。
2. 掌握市场细分的方法。
3. 掌握选择目标市场的原理和方法。
4. 掌握市场定位的步骤和战略。

服装企业的市场营销活动总是在特定的市场范围内进行。服装企业只有对整体市场进行市场细分，明确目标市场并实施相应的营销策略，才能实现企业的营销目标，服装目标市场营销分为三个步骤，即市场细分、目标市场选择和市场定位。

第一节　服装市场细分

准确识别消费者的消费需求，对服装市场进行细分，这是服装企业制定和实施营销策略的前提条件。

一、市场细分与服装市场细分

1. 市场细分

市场细分（market segmentation）的概念是美国市场学家温德尔·史密斯（Wendell R. Smith）于1956年提出来的，是指企业按照某种标准，根据构成整体市场的不同消费者的需求差异，将他们划分为若干个相类似的消费者群，以此确定企业产品的销售范围和服务对象的过程。

市场细分实质上是企业辨别具有不同消费需求的消费者群并加以分类，从而实现对总体市场的深入区分的过程。进行市场细分的主要依据是异质市场中需求一致的消费者群，实质就是在异质市场中求同质。市场细分的目标是聚合，即在需求不同的市场中把需求相同的消费者聚合到一起。

2. 服装市场细分

服装市场细分，是指服装企业根据服装消费者需求的差异性，将服装市场根据产品属类、年龄、性别划分为若干需求与愿望大体相同的消费者群，每一个消费者群都是一个细分市场，以便选择自己的目标市场。

正确理解服装市场细分，要把握以下两点。

第一，服装市场细分不是从企业的产品出发来分割市场，而是以消费者需求的个体差异性为客观依据深入划分市场。

第二，服装市场细分是企业目标市场营销的基础。通过市场细分，企业选择与本企业营销宗旨最相适应，有利于充分利用企业资源、销售潜力最大及获利机会最大的某一个或某几个子市场，作为自己提供产品和服务的目标市场，采取相应的营销策略，满足目标市场消费者需求，从而实现企业生产经营目标。

3. 服装市场细分的作用

实行服装市场细分，对于服装企业认识市场、满足消费者的需求、实现经营目标都有重要的作用。

第一，服装市场细分有利于服装企业发现和把握市场现状，提高市场竞争的主动性。通过市场调研预测和市场细分，可以让企业更好地了解并发现服装消费者的需求满足情况，也可以了解服装市场中存在的竞争情况、市场情况，找到更好的市场机会，提高企业的竞争力。从而有利于企业提高服装产品的市场占有率。

第二，服装市场细分促进服装企业调整服装产品结构，为增强市场应变力创造条件，制定有利于企业发展的营销组合策略，让企业更好地了解服装市场的结构情况和消费者的需求情况，有针对性地调整其市场策略。

第三，服装市场细分有利于服装企业合理配置资源，提高经济效益。通过市场细分，可以使企业将优势资源集中于某一细分市场或者几个细分市场，集中力量办大事。企业也可以更为精准、合理地指定服装产品的价格。

二、市场细分的依据

1. 市场细分基本原则

企业可根据单一因素，亦可根据多个因素对市场进行细分。选用的细分标准越多，相应的子市场也就越多，每一子市场的容量相应就越小。相反，选用的细分标准越小，子市场就越少，每一子市场的容量则相对较大。如何寻找合适的细分标准，对市场进行有效细分，在营销实践中并非易事。一般而言，成功、有效的市场细分应遵循以下基本原则。

（1）可衡量性　可衡量性指细分的市场是可以识别和衡量的，亦即细分出来的市场不仅范围明确，而且对其容量大小也能大致作出判断。有些细分变量，如具有"依赖心理"的青年人，在实际中是很难测量的，以此为依据细分市场不一定有意义。

（2）可进入性　可进入性指细分出来的市场应是企业营销活动能够抵达的，亦是企业通过努力能够使产品进入并对顾客施加影响的市场。一方面，有关产品的信息能够通过一定媒体顺利传递给该市场的大多数消费者；另一方面，企业在一定时期内有可能将产品通过一定的分销渠道运送到该市场。否则，该细分市场的价值就不大。比如，生产冰激凌的企业，如果将我国中西部农村作为一个细分市场，恐怕在一个较长时期内都难以进入。

（3）有效性　有效性即细分出来的市场，其容量或规模要大到足以使企业获利。进行市场细分时，企业必须考虑细分市场上顾客的数量，以及他们的购买能力和购买产品的频率。如果细分市场的规模过小，市场容量不大，细分工作烦琐，成本耗费大、获利小，就不值得去细分。

（4）对营销策略反应的差异性　对营销策略反应的差异性指各细分市场的消费者对同一市场营销组合方案会有差异性反应，或者说对营销组合方案的变动，不同细分市场会有不同的反应。一方面，如果不同细分市场顾客对产品需求差异不大，行为上的同质性远大于其异质性，此时，企业就不必费力对市场进行细分。另一方面，对于细分出来的市场，企业应当分别制订出独立的营销方案。如果无法制订出这样的方案，或其中某几个细分市场对是否采用不同的营销方案不会有大的差异性反应，便没必要进行市场细分。

2. 服装市场细分的依据

服装商品多样化的市场需求往往是由多种因素造成的，这些因素客观上也就成了市场细分的依据。细分服装市场的变量有许多，归纳起来主要有地理因素、人口因素、心理因素和行为因素四大类。表5-1为消费者市场细分的变量。

表 5-1 消费者市场细分的变量

细分变量	具体变数	典型分类
地理因素	地理区域	南方、北方、东北、平原、山区
	气候	寒带、温带、亚热带、热带
	城乡	大、中、小城市、镇、乡、村、郊区和农村
	人口密度	高密度、中密度、低密度
人口因素	性别	男、女
	年龄	老年、中年、青年、少年、儿童、婴儿
	文化	高等、中等、初等教育
	职业	公务员、教师、工人、医生、军人
	民族	汉族、满族、蒙古族、回族、壮族、苗族等
	种族	黄种人、白种人、黑种人
	宗教	基督教、天主教、佛教、伊斯兰教
	家庭人口	多、少
	家庭生命周期	新婚期、子女婴幼期、子女学龄期、子女就业和结婚迁出期、老两口期
	国籍	中国、美国、英国、日本等
	收入	高、中、低、贫困
心理因素	社会阶层	上层、中层、下层
	生活方式	享受型、地位型、朴素型、自由型
	个性	随和、孤独、内向、外向
行为因素	利益追求	便宜、实用、安全、方便、服务
	购买时机	平时、双休日、节假日
	购买状态	未知、已知、试用、经常购买
	使用程度与使用状态	大量使用者、中量使用者、少量使用者、非使用者；经常使用者、初次使用者、曾经使用者和潜在使用者
	对市场营销因素的反应程度	对产品、价格、渠道、促销、服务等的敏感度
	偏好与态度	极端偏好、中等偏好、没有偏好、热心、积极、不关心、消极、敌意

3. 使用市场细分依据应注意的问题

企业依据细分因素进行市场细分时，必须注意以下问题。
① 企业要经常调查、研究和预测所用依据的变化情况和变化趋势。
② 不同的企业在进行市场细分时，应根据本企业的具体情况分别采取不同的细分依据。
③ 企业进行市场细分时，要注意所选用的各种依据的有机组合。

三、服装市场细分的步骤

1. 服装市场细分的程序

依据美国市场营销学家麦卡锡的市场细分程序，我们可将服装市场细分程序归结为 7 个步骤，具体见图 5-1。

第一步确定经营目标。企业在市场调查与预测的基础上，分析研究消费者对某类产品的需求状况及其变化趋势，拟定出企业的经营目标。确定适当的经营目标，是进行市场细分的前提。

第二步选择细分标准。

第三步初步细分。

第四步分析筛选。

第五步细分市场命名。其重点是确定购买对象和产品档次。

第六步检查细分市场。

第七步选择目标市场。企业确定的值得进入或占有的细分市场就是企业选择出的目标市场。

图 5-1 服装市场细分的程序

2. 服装市场细分的方法

(1) 单一因素法 服装市场按年龄可以分为老年人服装市场、中年人服装市场、青年人服装市场和儿童服装市场。

(2) 综合因素排列法 用两个或两个以上的因素，同时从多角度对市场进行细分。即根据影响消费者需求的两个以上的因素进行市场细分。这是因为市场竞争的结果使得某一异质市场需要采用两个以上的因素对市场进行细分，或是有的产品的市场细分因素的地位与作用是并列的，很难区分主导因素，上述情况则可采用多因素排列法，选择细分市场。例如，服装市场的消费者既有女性，又有男性，而且消费者有儿童、青年、中年、老年之分，消费水平有高、中、低差异，因此，服装市场在仅仅考虑这三种因素的基础上就需要进行如表 5-2 所示的细分。

表 5-2 服装市场综合因素排列法细分表

消费水平	男				女			
	儿童	青年	中年	老年	儿童	青年	中年	老年
高								
中								
低								

(3) 序列因素法 用两个或两个以上的因素，同时依据一定的顺序逐次对市场进行细分。例如，某企业对服装市场的细分（见表 5-3）。

表 5-3　序列因素法细分表

性别	年龄	职业	文化	收入	个性
男	老年	工人	研究生	高	冲动
女	中年	农民	大学	中	进攻
	青年	干部	中专	低	交际
	儿童	教师	中学		内向
	幼儿	职工	小学		外向

除上述三种市场细分的方法之外，还可以采用按人口和社会经济因素细分、按心理因素细分、按地理因素细分、按顾客利益细分、按用途细分、按促销反应细分、按服务要素细分等方法。

四、服装市场细分的作用

"市场细分"是市场营销学的重要概念，市场细分是识别市场机会最有效的方法。通过对市场细分概念、作用以及依据原则的分析，得出了服装市场细分的程序和方法，并且对于不同的细分市场如何进行评价提出了一系列建议，为企业识别市场机会、发现市场空当、设计能赢得市场的产品和营销组合方案、最终做好服装商品策划工作提供了理论依据及运作手段。

服装市场细分的作用具体表现如下。

① 市场细分有利于服装企业认识市场，选择合适的目标市场。
② 市场细分有利于服装企业充分、合理利用现有资源，制定或调整企业的营销策略。
③ 市场细分有利于满足服装消费者的需求，提高服装企业的经济效益。

第二节　服装目标市场选择

服装目标市场的选择，就是对企业有吸引力的、有可能成为服装企业目标市场的细分市场进行分析和评估，然后根据服装企业的市场营销战略目标和资源条件，选择服装企业最佳的细分市场。

一、服装市场细分的价值评估

1. 对各细分市场的分析与评估

对各细分市场的分析与评估，应从以下三个方面入手。

① 细分市场的规模及成长潜力。企业要想进行市场细分，就要考虑细分市场所具有的规模和成长潜力，因为每个企业都有各自不同的优势和劣势，必须要找到自己企业最合适的细分市场进入。

② 细分市场的吸引力。在服装企业找到的细分市场中，规模和成长潜力有了，但未必能在营利方面做到最好，取得最优的经济效益。这就需要服装企业考虑竞争对手、消费者、供应商等诸多市场结构因素，寻求到自己企业最容易取得效益的细分市场。

③ 企业的市场营销战略目标和资源。如果细分市场的规模及成长潜力、吸引力都对企业有利，那企业在发展中还应考虑服装企业自身发展的目标和资源配置情况。

2. 服装市场细分评价

(1) 性别细分

① 女装市场分析：女装市场一直是服装市场的大头，一直引领着时尚与潮流，是时尚、个性的代表。女性购买服装的频率和金额是所有服装消费群体中最多的，因此，众多企业和资源混战在女装市场里，女装品牌众多，各品牌之间差距不大。据统计，排在前十位的品牌之间市场综合占有率的差距并不大，总和也只在15%左右。国内女装品牌带有强烈的区域色彩，还没有一个能在全国形成规模和影响，如，颜色鲜艳、色块较大、结合时尚流行款式的"汉派"服装，带有江南文化气息的杭州女装产业和具有港澳风格的深圳、广东虎门女装产业。众多国内女装品牌的定位基本是中低档市场，在中高档市场上还没几家知名品牌。

同时随着国内消费者消费观念的成熟和国内市场的不断扩大，世界女装大牌也纷纷进军中国，国内市场也越来越成为世界女装的重要组成部分。国外女装品牌纷纷进驻国内的一线城市，或专卖店或专柜。虽说其目前渠道较少，价格定位较高，但其对女装高档市场的影响和对国内女装时尚趋势的影响却是巨大的，基本占据了高档市场。同时国外品牌为了开拓更广阔的内地市场和占据中高档女装市场，与国内品牌合作的步伐越来越快，市场竞争也越来越激烈。

② 男装市场分析：根据国家统计局2010年第六次全国人口普查公报，中国男性人口数量为68685万人，占总人口的51.27%，比女性的比例略高，由此可见，中国的男装消费者构成了一个容量不容忽视的市场。目前我国男装业的发展已具有相当的基础。男装企业拥有现代化生产设备，产品市场定位相对明确，质量比较稳定。继2001年11家衬衫品牌荣获中国名牌战略推进委员会评价的"中国名牌"后，2003年又有12家男西服品牌荣获"中国名牌"称号，我国男装产品实物质量的发展已达到一定的水准；品牌集中度较高、产业集群化发展速度较快；企业生产经营向系列化、休闲化、国际化、多品牌、多元化方向发展，企业投资领域不断扩大，企业间资源整合周期缩短；企业注重利用品牌效应，建立产品跨地区、跨国市场营销网络。虽然中国男装市场品牌发展起步较早，相较于其他服装成熟，但由于各地新品牌层出不穷，因此竞争仍异常激烈。前十名品牌占据全国几乎50%的市场，前三名为雅戈尔、杉杉和罗蒙，市场地位相对稳定，其中雅戈尔市场优势明显，市场综合占有率超过10%，其他品牌的市场综合占有率较低，大多在1%和2%左右徘徊，且相互之间较为接近。

(2) 年龄段细分　国内成年服装年龄段分类基本为：18～30岁、30～45岁、45～65岁、65岁以上。

① 18～30岁：该年龄段的消费群体是服装消费的最主要的群体，是消费群体中服装购买频率最多，总体购买金额较多的群体。该年龄段人口数量在1.8亿左右，其中女性人口略多于男性，与中国总体人口男女比例相反。该群体具有一定的经济基础，有很强的购买欲望，时尚、追求流行、个性，敢于尝试新事物，容易接受各种新品牌。该群体中很大一部分人容易冲动购物。是目前服装品牌最多，竞争最激烈的细分市场。

② 30～45岁：该年龄段的消费群体是服装消费的主要群体，是消费群体中购买单件服装价值最高的群体，该年龄段人口数量在3.3亿左右。该群体是消费群体中经济基础最为雄厚的群体，有较强的购买欲望。但该群体大多数人的人生观和价值观已相对成熟，因此对风格、对时尚有自己的喜好，其中相当部分人已有自己喜好的品牌，对新品牌的接受程度较低，理性购物居多。有相当部分品牌定位于此细分市场。

③ 45～65岁：该年龄段的人口数量在2.7亿左右。该年龄段的消费群体事业有成，服装购买欲望一般，但对服装有一定的高价需求（品牌需求）。市场上适合该年龄段的服装品牌较少，往往是有购买欲望时，却找不到适合的服装品牌，特别是满足该年龄段的女性服装品牌严重缺失，市场机会较大。

④ 65岁以上：该年龄段人口数量在1亿左右，购买欲望较低，对服装的需求不是很强。对于该年龄段的服装品牌基本为空缺。

(3) 产品属类细分　　将现有市场中主要服装产品的属类进行如下划分。

① 商务正装系列。商务正装系列包括在正式商务活动及高级商务会晤期间所穿着的商务服装，如西装（套装）、燕尾服（宴会装）等类型的服装系列。此类服装代表着经典、非凡与高尚，被誉为"衣着贵族"。此类服装的市场需求量一定，价值较高。

② 高级时装系列。高级时装也被人称为"明星服装"，因为这类服装往往价格高昂，诸如在各类时尚晚宴及高级典礼之中穿着。此系列服装以奢侈、豪华为设计特点，大多以纯个性化（个人订制）订购为经营模式。

③ 周末休闲系列。在周末休闲的服装系列中还可进行细分，以现今市场中所出现的休闲类型大致可分为：大众休闲（如佐丹奴、班尼路等）、运动休闲（如耐克、阿迪达斯、李宁的专业运动休闲、Lacoste的网球休闲、Wolsey的高尔夫休闲等）、时尚休闲（如ONLY、VEROMODA等）、户外休闲（如PaulShark的海洋休闲、JEEP的野外休闲等）等。虽然休闲品牌领域的竞争者越来越多，各个品牌开始将原有品牌的着装领域进行延伸，并将一些具体的生活或娱乐概念附之其上，使之更为形象也更加容易被消费者所接受。

④ "新正装"系列。随着"知识精英族群"日益成为都市社会的主流人群，品位休闲、人本与自然的双重追求成为时尚，大量生活化正装、休闲化正装、时尚化正装、商务休闲装的出现，跳脱了传统正装或休闲装的领域，这些都可以统称为"新正装"系列。正装休闲化已经成为近年国际服装市场的一大流行趋势，"新正装"概念正是近年来在这一潮流趋势下应运而生的，其定位于"知识精英族群"的社会主流人群，着力营造出一种品位休闲、人本与自然的双重追求时尚，为男/女士提供了一种八小时以外同样可以展示自己魅力的选择。尤其是商务休闲系列是近几年国际消费市场中越来越推崇的着装方式，即能够在一般的商务场合进行着装，也可以在八小时外着装，可以更加放松地享受工作和生活，因此，也越来越受到多数白领和成功人士的喜爱。由于"新正装"继承了正装和休闲装的双重元素，已经成长为一种独立的衣着文化，"新正装"的主导消费群体都是各行业的青年才俊，包括技术型、知识型、艺术型等知识精英族群，而且这个消费群体正在迅速

扩大。

二、目标市场选择的类型

在现代企业市场营销实践中，市场竞争日益激烈。竞争将市场推向了目标市场定位时代。在市场营销理论中，市场细分（Segmentation）、目标市场选择（Targeting）与产品市场定位（Positioning）共同组成目标市场定位，亦称营销战略的STP。

目标市场，是指在市场细分的基础上，企业要进入的最佳细分市场。正确地选择目标市场才能采取相应的营销组合，制定有效的产品策略、价格策略、渠道策略和促销策略，以满足消费者的需求，实现企业的营销目标。

在企业市场营销活动中，企业必须选择和确定目标市场。这是因为，首先，选择和确定目标市场，明确企业的具体服务对象，关系到企业市场营销战略目标的落实，是企业制定市场营销战略的首要内容和基本出发点；其次，对于企业来说，并非所有的细分市场都具有同等吸引力，都有利可图，只有那些和企业资源条件相适应的细分市场对企业才具有较强的吸引力，才是企业的最佳细分市场。

1. 目标市场应具备的条件

① 市场上存在尚未满足的需求，有充分的发展潜力。这是企业选择目标市场的首要条件。
② 市场上有一定的购买力。这是选择目标市场的重要条件之一。
③ 竞争者未完全控制的市场。
④ 企业有能力开拓的市场。

2. 目标市场的范围

通常用产品—市场矩阵图来确定目标市场的范围。

(1) 产品市场集中化　企业只生产或销售一种产品，只满足某一消费者群的需要。一般是较小的服装企业采用这种目标市场范围。例如，某服装厂专门生产青年休闲服，投入市场满足青年消费者的需要（见图5-2）。

(2) 市场专业化　企业生产各种服装产品，向某一消费者群提供各种产品，满足其各种不同的服装需求。例如，某服装企业只生产或销售儿童休闲服、家居服和运动服，满足儿童需要（见图5-3）。

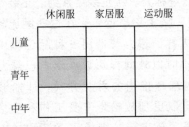
图5-2　产品市场集中化

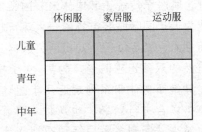
图5-3　市场专业化

(3) 产品专业化　企业生产或销售一种产品，满足各类消费者群的需要。例如，企业生产或销售儿童家居服、青年家居服、中老年人家居服，满足不同消费者的需求（见图5-4）。

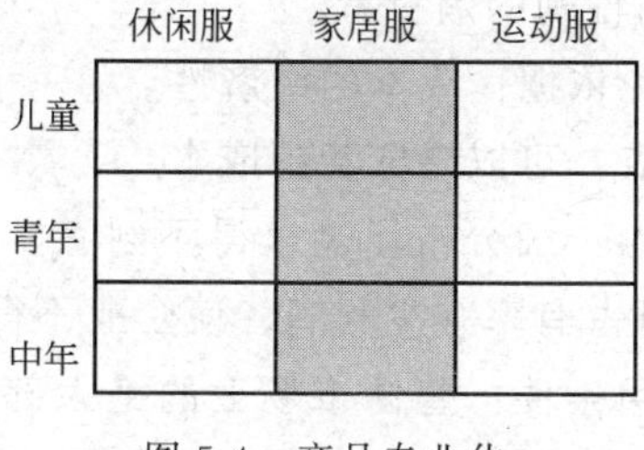

图5-4　产品专业化

（4）选择专业化　企业生产或销售几种产品，同时进入几个不同的细分市场，满足不同消费者群的需要。例如，某企业生产中年人的休闲服、青年人的运动服、儿童的家居服（见图5-5）。

（5）目标市场整体市场化　企业为所有消费者生产或销售各种产品，满足所有细分市场的需要。一般是实力雄厚的大企业所为。例如，企业生产或销售各类服装，同时满足儿童、青年、中年的需要（见图5-6）。

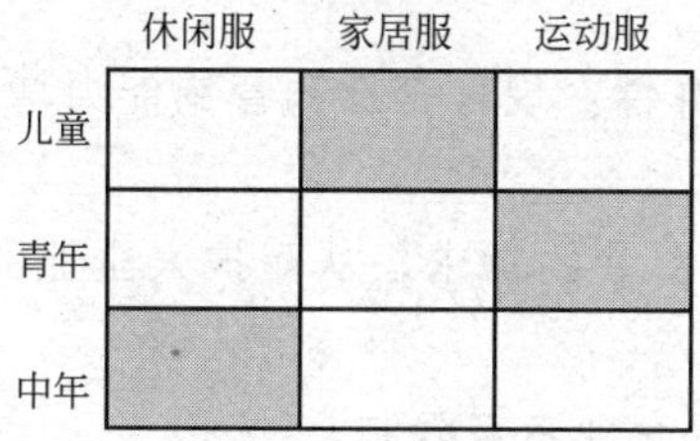

图5-5　选择专业化 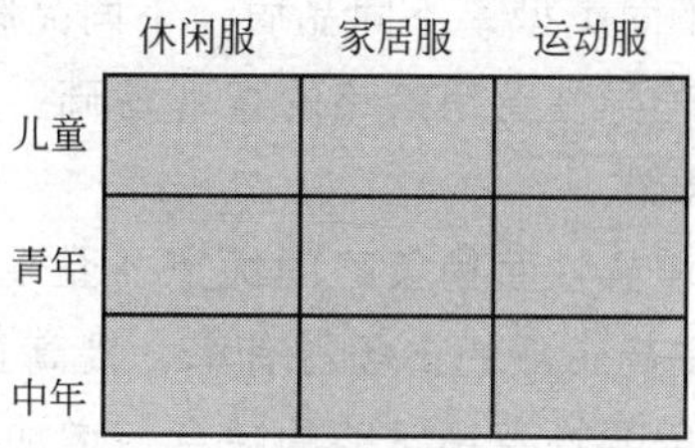　　　　　　图5-6　目标市场整体市场化

三、目标市场策略

企业选择的目标市场不同，其市场营销的战略也不一样。在一般情况下，企业有三种目标市场策略可供选择：无差异性营销策略、差异性营销策略和集中性营销策略（见表5-4）。

表5-4　目标市场策略

目标市场策略	图示
无差异性营销策略	市场营销组合──→整体市场
差异性营销策略	市场营销组合1──→细分市场1 市场营销组合2──→细分市场2 市场营销组合3──→细分市场3
集中性营销策略	市场营销组合──→细分市场1 　　　　　　　　　细分市场2 　　　　　　　　　细分市场3

1. 目标市场策略的类型

（1）无差异性营销策略

① 无差异性营销策略的含义：无差异性营销策略，又称同一性营销策略或大量营销策略，是指企业把整个市场看成一个整体，即一个大的目标市场，不再细分，只推出一种产

品，运用一种营销组合，满足尽可能多的消费者需要所采取的营销策略。例如，中国的波司登羽绒服厂满足不同年龄、不同性别的消费者。

② 无差异性营销策略的立论依据：成本的经济性。

③ 无差异性营销策略的优点：可以降低营销成本。

④ 无差异性营销策略的缺点：细分市场需求得不到满足；易于使其他竞争者加入而引起激烈的竞争，降低企业的市场占有率减少利润，使企业不得不改变这一策略。

⑤ 无差异性营销策略的适用条件：整体市场上的绝大部分消费者对产品有着类似的要求；企业必须能制定并保持顾客满意的单一的市场营销组合来满足顾客要求，通常是财务、生产等方面实力雄厚的大企业。

(2) 差异性营销策略

① 差异性营销策略的含义：差异性营销策略是指企业把整体市场划分为若干个细分市场，并针对不同细分市场的需求特征，分别设计不同的产品和运用不同的营销组合，分别满足不同的细分市场上消费者需求所采取的营销策略。例如，宝洁公司就针对不同消费者对化妆品、洗涤用品的不同需求，提供适用于不同皮肤性质、不同发质、不同的心理需要的不同价位、不同类型、不同品质、不同品牌的产品给消费者。

② 差异性营销策略的客观基础：消费者需求的多样性；现代企业的营销能力增强；市场竞争激烈。

③ 差异性营销策略的优点：企业能更好地满足消费者的需求，从而扩大企业的销量；有利于提高企业的市场占有率，提高企业声誉；风险性小。

④ 差异性营销策略的缺点：增加企业营销成本；受企业资源限制。

⑤ 差异性营销策略的适用条件：企业要有较好的经济基础、较大的生产技术方面的实力。

(3) 集中性营销策略

① 集中性营销策略的含义：集中性营销策略是指企业在市场细分的基础上，选择一个或几个细分市场作为自己的目标市场，实行高度专业化的生产或销售，集中满足一个或几个细分市场消费者需求所采取的营销策略。例如，日本的一家原来生产雨具、家用小五金、儿童玩具等产品的小企业发现婴儿纸尿布市场潜力大，于是将原来的生产范围缩减集中到婴儿纸尿布的生产上，后来成为日本最大的婴儿纸尿布生产商。

② 集中性营销策略的理论依据：将有限的资源集中起来在小市场占大份额。

③ 集中性营销策略的优点：提高产品的市场占有率，建立稳固的市场地位；可以降低营销成本，提高企业的投资收益率；产品针对性强，提高利润率。

④ 集中性营销策略的缺点：企业承担的风险大。

⑤ 集中性营销策略的适用条件：资源有限的中小企业通常采用此策略；细分市场不被大企业所重视。

2. 目标市场策略的选择

企业必须根据各种目标市场策略的利弊，全面考虑企业本身的条件、产品特点及市场发展趋势，有计划、有目的地加以选择。一般来说，企业选择目标市场策略至少应考虑下列因素，见表5-5所示。

表 5-5　选择目标市场策略应考虑的因素

考虑因素		可选择的目标市场策略
企业实力	大	无差异性营销策略
	小	集中性营销策略
产品的差异性程度	高	差异性营销策略
	低	无差异性营销策略
市场的同质性程度	高	无差异性营销策略
	低	差异性营销策略或集中性营销策略
产品寿命周期	引入期	无差异性营销策略
	成熟期	差异性营销策略或集中性营销策略
竞争者的目标市场策略	无差异性营销策略	差异性营销策略或集中性营销策略
	差异性营销策略	集中性营销策略
	集中性营销策略	无差异性营销策略或差异性营销策略

3. 目标市场选择的评估

(1) 评估细分市场的规模和增长潜力　分析细分市场是否具有适合的规模和增长潜力。适合的规模和增长潜力是相对于企业的经营目标和营销实力而言的。

估计各细分市场目前的基本规模有多大，这需要通过对消费者的数量、购买力、消费习惯及对价格变动的敏感程度等情况的调查，来分析产品的销售量、销售金额和具体计算未来消费增长的幅度。

(2) 评估细分市场的竞争状况　一是对细分市场的现有竞争者分析。现有的主要竞争对手是谁，有多少，是否强大，竞争意识是否强烈，如果竞争者多且强，那么该市场就没有吸引力。

二是对细分市场的潜在竞争者分析。潜在竞争者能否出现，有多少，其竞争力如何，如果潜在竞争者多且强，可随时进入市场，那么该市场就没有吸引力。

(3) 评估企业本身的目标和资源　一是应考虑企业的经营目标。某些细分市场虽然有较大吸引力，但不能符合企业的发展目标，这样的市场会分散企业的精力，使之无法完成其主要目标。

有些细分市场超过企业目标，实施难度过大，最终不但没能达到目标，而且还会影响企业形象。有些细分市场低于企业目标，企业不能胸无大志，缺乏使命感。

二是应考虑企业的资源条件。是否适合在某一细分市场经营。只有选择那些企业有条件进入、能充分发挥其资源优势的市场作为目标市场，企业才会立于不败之地。

(4) 评估企业的获利情况　企业的获利情况评估实际是"经营损益"评估，这是目标市场选择的重要内容。

经营损益计算的基本公式：经营损益＝营业总额－营业成本－税金。

第三节　服装市场定位与拓展

服装企业实施准确的市场定位策略，一方面能为自己的产品进入目标市场打开销路，另一方面能为企业不断进行市场拓展奠定基础。市场定位是由美国人艾尔·瑞思和杰克·特劳特在20世纪70年代首先提出的。在服装营销中，市场定位主要指产品定位，是以产品为基础或出发点的，主要指企业产品在目标市场中的地位。

一、服装市场定位及其作用

服装市场定位，就是服装企业在目标市场中确定自己产品的理想形象，从而确定它在消费者心目中的市场位置。服装企业产品的特色和形象一般包括实物和心理两个方面，主要包括产品质量、产品性能、经济实力、信誉、服务、社会角色等。

服装市场定位是企业进入目标市场、进行营销策略组合的必经途径，其作用主要表现在以下三个方面。

第一，服装市场定位策略的运用有利于提高服装企业的竞争力。服装企业为了准确实施市场定位，必须对目标市场的竞争状况进行全面分析和把握，从而避免盲目竞争。

第二，服装企业准确地进行市场定位，能掌握一定的市场营销主动权，减缓市场压力，降低市场风险。

第三，服装市场定位有助于服装企业引导服装消费和促进服装销售。

二、服装市场定位策略

在目标市场中，服装企业的市场位置基本上可以划分为"领导者""挑战者""追随者""补缺者"四大类。定位方式上主要有避强定位，对抗性定位和重新定位三种。服装企业确定它在目标市场中的位置时，可以采取以下几种策略。

1. 比附定位策略

比附定位，也就是攀附名牌的定位策略，是指服装企业通过各种方法和同行中的知名品牌建立一种内在联系，使自己的品牌迅速进入消费者的心里，占据一个牢固的位置，借名牌之光而使自己的品牌生辉。

它是通过与竞争品牌的比较来确定自身市场地位的一种定位策略。其实质是一种借势定位或反应式定位。借竞争者之势，衬托自身的品牌形象。在比附定位中，参照对象的选择是一个重要问题。一般来说，只有与知名度、美誉度高的品牌作比较，才能借势抬高自己的身价。例如，内蒙古宁城老窖打出的广告语"宁城老窖——塞外茅台"。国内的一家服装公司把自己设计生产的西服同"皮尔·卡丹"联系在一起向市场推介，声称"××西服——中国的皮尔·卡丹"，其实也是采取的比附定位策略。

2. 产品性能定位策略

产品性能定位实际是服装企业以自己设计生产的产品的某一性能特点作为"卖点"以吸引消费者的市场定位方法。

例如，"××牙膏——防蛀健齿""××冰箱——节能产品"等。以产品性能特点进行初次定位，对消费者会有较大的吸引力，其市场定位成功率比较高。

3. 与同类分界定位策略

面临同类产品的竞争，服装企业着重宣传自己产品的某一特色，与竞争者划清界限，以争取更多的消费者。

例如，某些服装在广告宣传或使用说明中强调产品具有"不缩水""不起球""免烫"等特点，实际上就是采用与同类分界定位策略，以引起消费者对产品该特性的关注。

4. 质价对比定位策略

质价对比定位策略，是指在市场定位时，服装企业把产品质量高与价格低的反差凸显出来，以吸引消费者的关注，这种做法就是以高性价比的特质缩小消费者的选择范围的做法，在选择面宽的服装市场很有效果。

根据服装行业的特点，服装企业在运用服装市场定位策略的过程中，要防止"过宽差别化"定位和"过窄差别化"定位两种倾向。

过宽差别化定位，就是企业的市场定位没有突出自己产品、服务和形象的差异性，与其他同类产品的界限模糊，使得企业在消费者心目中无法形成清晰、鲜明的印象。

过窄差别化定位则相反，企业为了过分突出差异性，把销售范围或服务对象规划得比较小，虽然对提高部分消费者忠诚度有一定意义，但会导致市场层面缺乏应有的辐射作用，不利于市场的延伸和拓展，甚至会永远失去一批消费者。

三、服装市场拓展策略

服装市场拓展策略，是指服装企业在不改变产品原有性能的条件下，开拓新的市场的战略。也就是说，服装企业选定目标市场后，一方面要制定和运用占领市场的营销策略，另一方面还要不断开发新市场，扩大目标市场的占有率。例如，开拓农村服装市场、西部服装市场，或开拓国际服装市场等。

总的来说，服装市场拓展策略可以归纳为"扩张性市场拓展策略"和"经营多元化市场拓展策略"两大类。

1. 扩张性市场拓展策略

扩张性市场拓展策略，是指服装企业在现有产品或市场的基础上，维持原有市场占有率并力求进行市场拓展，以提高市场占有率的营销策略，一般包括以下三种类型。

（1）市场渗透策略　在维持原有市场产品占有率的前提下，尽量增加产品的销售量，从而扩大市场占有率的市场拓展策略。一般来说，市场渗透策略是针对产品市场生命周期的不同阶段及其特点而制定的。

（2）市场开发策略　市场开发策略是指企业利用原有产品或改造过的产品来争取新的消费者群，从而开拓出新的市场，以扩大市场占有率的营销策略。市场开发策略是企业市场拓展的重要手段和主要途径。

（3）产品开发策略　市场拓展中的产品开发策略是指企业通过发现原有产品的新用途，或以产品的更新换代来维持和提高市场占有率的营销策略。

2. 经营多元化市场拓展策略

经营多元化市场拓展策略，是指企业运用多向发展的新产品与多个目标市场相结合，实现产品扩张和市场扩张同步进行的市场拓展策略。企业实施经营多元化策略，能使企业有效利用资源，适应市场变化，增加获利机会，减少市场风险。

企业市场拓展中的经营多元化策略包括以下四种类型。

（1）水平多元化经营策略　水平多元化也称横向多元化，它是指企业在同一专业范围内进行多品种经营，为同行业顾客服务的策略。例如，生产时装的厂家根据市场动态及自己产品销售的需要，同时生产鞋帽及装饰品等。水平多元化经营策略利用企业的专业技术和稳定的市场来拓展经营范围，投资少、风险小，是企业采用较多的市场拓展策略。

（2）垂直多元化经营策略　垂直多元化也称纵向多元化，它是指企业在原经营业务的基础上向前或向后拓展市场经营领域的策略。

例如，某服装厂向前发展可以建立自己的时装公司，专门设计、生产、销售高档时装，也可根据企业服装制造需要向后发展建立专用面料、配料生产基地。垂直多元化策略的运用一定要以企业的经济实力为基础，对于资源有限、规模较小的企业，不宜采用垂直多元化经营策略。

（3）同心多元化经营策略　企业以自己拥有的市场（或产品）、技术为核心，开展多元化经营活动就是同心多元化经营策略的具体运用。例如，生产电冰箱的厂家以自己的技术为依托，生产和经营多种类型的家用电器，以不断拓宽和占有家电市场。

（4）联合多元化经营策略　企业生产与原产品完全不同的产品或提供新型服务，以开拓市场的活动就是联合多元化策略的运用。

第四节　服装市场竞争战略

一、服装市场竞争的内容与形式

服装市场竞争是不同服装企业在市场上相互比较产品和服务，争取消费者，以尽快实现服装企业产品价值和服务收益的营销活动。

1. 服装市场竞争的主要内容

（1）价格竞争　价格竞争，是指服装企业运用价格手段，通过提高、维持或降低价格，以及对竞争者定价或变价的灵活反应等，与竞争者争夺市场份额的一种竞争方式。

价格竞争是长期以来一直深受商品生产者、经营者重视，甚至一谈到竞争，就会想到削价。在一定条件下，价格竞争是必要的。但是，把价格看成决定交易成败的唯一因素难免会造成价格竞争的泛滥。

在正常情况下，提高商品价格，消费需求便会减少；降低商品价格，消费需求就会增加。

（2）非价格竞争　非价格竞争，是指服装企业通过商品的性能、质量、品种、包装、信誉及销售服务等非价格因素而开展的市场竞争活动。

在现代市场营销中，非价格竞争已成为企业使用比较普遍的一种竞争手段，随着居民收入水平的不断提高，价格因素在影响需求中的主导地位已经逐渐被非价格因素所取代。

2. 市场竞争的形式

(1) 卖者之间的竞争　卖者之间的竞争，是指服装销售商为了争夺有利的市场地位，争取到更多的消费者而进行的各种竞争的总称，是当前服装市场竞争的主要形式。

(2) 买者之间的竞争　买者之间的竞争，主要是指服装生产者为争夺原料、中间商为争夺货源、消费者为争夺优质廉价的商品而进行的各种形式的竞争。

(3) 买卖双方之间的竞争　买卖双方之间的竞争，是指围绕商品销售价格而产生的利益纷争。

卖方考虑的是要以最快的时间、最低的成本、最优的价格销售最多的商品，从而取得最大的利润。

买者考虑的则是以最少的货币买到最优质的产品，既节约支付费用，又满足消费要求。

二、服装市场竞争策略的含义与类型

1. 服装市场竞争策略的含义

服装市场竞争策略，是指服装企业依据自己在市场上的地位，为实现竞争战略和适应竞争形势而采用的具体行动方式。服装企业在目标市场营销活动中，既要了解消费者的基本情况，更要掌握其竞争者的基本情况，只有做到知彼知己，才能在竞争中占得先机从而获得竞争优势。

2. 服装市场竞争策略的类型

服装企业在市场上的竞争地位，决定其可能采取的竞争策略。服装企业在特定市场的竞争地位，大致可分为市场领先者、市场挑战者、市场追随者和市场补缺者四类。

(1) 市场领先者的竞争策略　市场领先者为了保持自己在市场上的领先地位和既得利益，可能采取扩大市场需求、维持市场份额或提高市场占有率等竞争策略。

为扩大市场需求，采取发现新用户、开辟新用途、增加使用量、提高使用频率等策略。

为保护市场份额，采取创新发展、筑垒防御、直接反击等策略。

(2) 市场挑战者的竞争策略　市场挑战者，是指那些在市场上居于次要地位的企业，它们不甘于目前的地位，通过对市场领先者或其他竞争对手的挑战与攻击，来提高自己的市场份额和市场竞争地位，甚至拟取代市场领先者的地位。

它们采取的策略有价格竞争、产品竞争、服务竞争和渠道竞争等。

(3) 市场追随者的竞争策略　市场领先者与市场挑战者的角逐，往往是两败俱伤，从而让其他竞争者要三思而行，不能贸然向市场领先者直接发起攻击，更多的还是选择市场追随者的竞争策略。

它们的策略有仿效跟随、差距跟随和选择跟随等。

(4) 市场补缺者的竞争策略 市场补缺者的竞争策略，是指服装行业的大量中小企业，盯住大企业忽略的服装市场空缺，通过专业化营销，集中自己的资源优势来满足这部分市场的需要。

它们的策略有市场专门化、顾客专门化和产品专门化等。

此外，面对激烈的市场竞争，企业可采取以优取胜策略、以新取胜策略、求异取胜策略、以美取胜策略，也可采取以快取胜、以实取胜、以诚取胜、以廉取胜、以多取胜等竞争策略。在目标市场营销中，服装企业只有巧妙、灵活、恰当地运用竞争策略，才能获得市场竞争的成功。

思考题

1. 服装市场细分的含义与依据是什么？
2. 什么样的细分市场才是有效的细分市场？
3. 服装市场细分分为几个步骤？有几种常用的细分方法？
4. 目标市场营销策略的类型及其主要特点是什么？

【案例分析Ⅰ】

"富绅牌" 衬衫

"富绅牌"衬衫是升信服装实业有限公司的产品，该公司是由香港升兴制衣工业有限公司、广东惠州市升兴实业公司和湖南国际信托公司合资创办，每天可以生产中高档衬衫1万多件。

作为高档优质产品的"富绅牌"衬衫投产后，产品应进入什么样的市场？产品在市场中应如何定位？

公司经过市场调研并进行可行性分析后，决定同时进入国际市场和国内市场。公司认为，产品进入国际市场关键是要有适当的营销渠道，升信公司的港方合资者是香港屈指可数的大制衣公司，年出口水洗牛仔服600万件，是香港牛仔服出口南美、中东、欧美的最大厂商。他们不仅有丰富的制衣经验，而且有众多的海外营销渠道，如果海外客商对该公司的产品需求稳定，预计"富绅牌"衬衫在国际市场上的销售量将能够得到保证。

公司对国内市场考察后发现，衬衫市场的产品结构及价位是：低档产品销售量大，价格一般为10~30元一件；高档产品也有一定需求，每件价格在150元以上，国内广大消费者对衬衫的需求正处于从低档向中高档转化时期，但由于受家庭收入等因素的影响，对高档价格的承受力还有限。根据市场调查分析，公司把国内市场中的"高质中价"细分市场确定为公司将要进入的目标市场，制定了相应的价格策略。公司决定把国内市场上销售的"富绅牌"衬衫定价为

70元一件，但产品的质量要超过目前国内市场上"高档高价"衬衫的质量。

为了提高"富绅牌"衬衫在国内市场上的竞争力，树立"富绅牌"衬衫"高档中价"的产品形象，公司投入巨资更新设备、改进技术，在设计生产中精选面料、确保质量。经过努力，"富绅牌"衬衫终于在国内市场打开销路，赢得消费者的信赖，并在国内衬衫市场上占有了一席之地。

案例分析与思考

1. 升信公司采用什么标准对国内衬衫市场进行细分？
2. 升信公司确定的目标市场是否有效？为什么？
3. 升信公司采取"高档中价"的竞争策略是否合理？
4. 升信公司的目标市场营销策略对你有何启示（要求不少于200字）？

【案例分析 II】

Lee牌牛仔

Lee抓住的是长久以来一直被忽略的一个市场——女性市场。对这一市场的主体——25～44岁的女性消费者的定性研究表明，这一群体对牛仔服装是情有独钟的（因为牛仔是她们青春的见证、成长的伴侣），而"贴身"是她们最关心的。大多数女性都需要一件在腰部和臀部都很合身而且活动自如的牛仔裤，而她们平均要试穿16件牛仔裤才能找到一件称心如意的。于是，Lee聪明地定位于此，在产品设计上一改传统的直线裁剪，突出女性的身材和线条。在广告表现中充分体现Lee恰到好处的贴身、穿脱自如。"最贴身的牛仔"，是Lee的经典广告文案，一个"贴"字将Lee与众不同的特点表达得淋漓尽致。

Lee的中间商和零售商不了解这一定位的绝妙之处，他们的错误坚持，曾让Lee的广告走入误区，变得其他品牌并无二致。而后Lee的销售陷入困境，总结了教训后，Lee又重返"Fit"，贴近了目标市场，Lee才重获生机并蓬勃发展起来。

"如果你和大多数美国女人一样，衣柜里放了3条或4条牛仔裤，有一条太小，有一条太大，有一条则令人绝望的不流行。然而有一条非常合身，每次你都会穿它。"这虽是Lee的又一条广告语，但绝非夸张之词。在女性对买到合身的牛仔服已快失去信心的时候，是Lee让她们感到那是专为她们设计的最贴身的时装，而且Lee还是唯一一个能够适合所有场合的品牌。女士们终于有了"精心、安全的选择"——"最贴身的牛仔"。Lee简直成了一种日常用品，与她们的生活息息相关。

案例分析与思考

Lee 采用的是什么产品定位策略？这一定位策略的意义何在？

第六章 服装市场营销组合策略

- 第一节 服装产品策略
- 第二节 服装价格策略
- 第三节 服装分销渠道策略
- 第四节 服装促销策略

学习目标

1. 了解服装产品、价格、分销渠道、促销的整体概念与策略。
2. 掌握服装产品生命周期各个阶段的特征及营销策略；分销渠道的概述及中间商。
3. 了解新产品开发、品牌、商标、包装与售后服务策略。

第一节　服装产品策略

服装产品是服装市场营销诸因素中最重要的因素。因为服装产品是营销活动的中间媒体，通过它才能使生产者和消费者双方实现交换的目的。消费者的需要必须通过对各种服装产品或各项服务的消费来满足，服装企业只有提供满足顾客需要的服装产品和服务并令消费者满意，才能实现获取利润的目标。在竞争激烈的市场上，在有支付能力的需求与竞争优势之间建立一种平衡态势的服装产品策略相当关键，而且服装产品策略也是制定其他营销策略（价格策略、分销策略、促销策略）的基础，所以认真研究并制定有效的服装产品策略是企业生存发展的根本所在。

一、服装产品的整体概念及组合

1. 服装产品整体概念

这里说的服装产品就是通常讲的服装成品。而从生产者的角度来讲，凡是生产出来的非自然的物品就是产品。在商品经济条件下，服装产品就成了服装商品。服装产品就是指通过交换而满足人们的穿着、审美欲望和需要的物品。从市场的角度来看，消费者购买一种服装产品时，不仅要求这种服装产品具有满足消费者某种需要的功能，而且还会对产品的式样、颜色、品牌和服务等提出不同的要求。如果消费者的这些要求得不到满足，这些产品就不会受到消费者的欢迎，就很有可能卖不出去。所以，服装产品不仅是指产品的实物形态和功能，而且应该根据消费者的需求来生产，按照市场营销的标准，把构成产品的各种因素有机地结合起来形成一个整体的服装产品。

现代产品整体包含的层次内容有：在理解服装产品整体感念时，可以大体归纳为三个方面，一是核心产品，二是形式产品，三是延伸产品，现代营销学中科特勒对产品层次的新定义有五个（见图6-1）。

第一层是核心产品层次，是消费者追求的核心利益和基本效用，也是顾客真正需要购买的服务或者是利益。

第二层是一般产品层次，是产品的基本形式，如轻松舒服的休闲服装等。

第三层是期望产品层次，这是消费者对所购买的产品期望所要达到的某种属性或条件，如运动服，人们期望是轻松明快、穿着舒适、耐用吸汗的材料等。

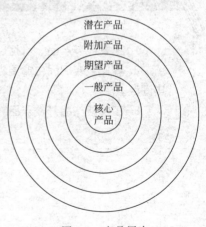

图6-1　产品层次

第四层是附加产品层次，也就是产品所包含的附加服务和利益，从而把本公司的产品和其他公司的产品区分开来。

第五层是潜在产品层次，也就是服装消费者所期望能够最终得到的。潜在产品，是指服装产品可能出现的演变。

产品整体概念是市场经营思想的重大发展，对于企业的经营具有重大的意义。必须指出的是，整体概念是以顾客的需求为中心的，也就是要衡量一种产品的价值，是由顾客所决定的，而不是由生产者所决定的。没有产品整体的概念，不以顾客的需求为中心，就不可能真正地贯彻到市场营销的观点。随着科学技术的不断进步，人们对服装的需求日益多样化，服装产品整体的概念也在不断地扩大，所以，企业的生产和销售产品必须提供相应的附加价值，才能适应市场的需求。

2. 服装产品组合

服装产品组合，是指服装企业向市场提供多种产品时，其全部服装产品的结构和构成。通常它由若干产品线和产品项目组成。

（1）服装产品线　服装产品线，是指同一服装产品种类中具有密切关系的一组产品。它们以类似的方式起作用，或通过相同的销售网点销售，或者满足消费者相同的需要。具有满足顾客同质化需求的特点。

（2）服装产品项目　服装产品项目，是指一类产品线或者品牌中，规格、式样、价格等不同的每一个具体产品。例如，百货公司经营金银首饰、化妆品、服装鞋帽、家用电器、食品、文教用品等，具体来说，如海尔众多规格型号的洗衣机中，"小神童"就是其中的一个产品项目；Dior设计时装、香水、装饰品、化妆品系列等。

二、产品生命周期

1. 产品生命周期概念及其阶段的划分

（1）生命周期的概念　任何生物都有一个发生、发展和衰亡的过程，每一种产品都有一个研制、生产、投放市场和被市场淘汰的过程，服装产品也是如此。因此，我们把一种产品从投放市场开始一直到被市场淘汰为止的整个阶段称为该产品的生命周期。换句话说，一种产品的生命周期，就是该产品从上市到退市的时间间隔。

（2）产品生命周期的阶段划分（见图6-2）　产品生命周期指的是产品的市场寿命，是指某种产品在市场上存在的时间。其长短受消费者需求变化、产品更新换代速度等多种市场因素所影响。

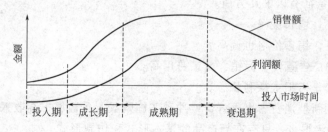

图6-2　产品生命周期

某些产品种类的生命周期可能无限延续，而产品形式则表现出典型的产生、发展、成熟并消亡的生命周期过程，至于品牌的生命周期通常是不规则的，品牌知名度高的，生命周期就长。

产品生命周期四个阶段的划分是相对的。一般来说，各阶段的分界根据是产品的销售量和利润额的变化情况。在投入期，产品销售量增长缓慢，利润增长也很缓慢，一般利润为负。一旦销售量开始迅速增长，利润由负变正并快速上升，则进入成长期。当销售量的增长减慢、利润增长值接近于零时，表明进入成熟期，在成熟期，产品的销售量从缓慢增加到缓慢减少，同时利润额开始下滑。当销售量加速递减，利润也比较快地下降时，产品就进入了市场衰退期。

各种产品生命周期的曲线形状是有差异的（见图6-3），并非所有的产品都呈现S形产品生命周期，美国学者发现了17种形式。

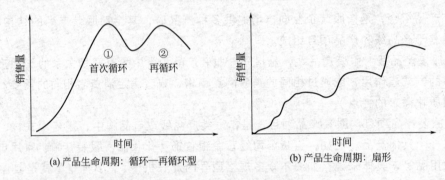

图6-3 产品生命周期的形式

(3) 研究服装产品生命周期的意义

研究服装产品生命周期的意义有以下几方面。

① 有助于经营决策人员制定相应的服装市场营销策略。

② 有利于促进企业产品的更新换代。

③ 可以减少决策失误和加强风险管理。

④ 为老产品的生命的强化提供了途径。

2. 产品生命周期的四个阶段

产品生命周期的四个阶段详述如下。

(1) 投入期

① 主要特征

投入期的主要特征有以下几方面。

a. 销售量很少，增长缓慢。

b. 制造成本高，销售价格也偏高。

c. 需要大量的广告宣传，促销、分销费用高。

d. 企业通常处于亏损或微利状态。

e. 只有少数创新型消费者出于好奇或冲动实施购买，多数属于高收入者和年轻人。

f. 市场上竞争者很少，只存在新产品的基本形式和仿制形式。

② 营销策略

投入期的营销策略如下。

a. 快速撇油策略。采用高价格和高促销方式推出新的服装产品，以求迅速扩大销售量，获得较高的市场占有率。

这种策略适用于一定的市场环境，即大多数潜在消费者还不了解这种新产品；已经了解这种新产品的人急于求购并有能力照价付款；企业面临着潜在竞争者的威胁，希望能迅速使消费者建立起对自己产品的偏好。在这样的环境条件下，采用高价格是为了在率先占领市场的大好时机，尽可能从每单位的销售中获取更多的毛利；花费巨资促销，目的是让顾客相信该产品有足够的优点与其高价相匹配，而且在强大的促销势头下，产品的市场渗透得以加快，较多的顾客形成对产品的偏好。

b. 缓慢撇油策略。以高价格和低促销方式推出新的服装产品。

实行高价格是为了抓住时机尽量从每单位销售中获取更多的毛利，而采取低促销是为了降低营销费用，两方面相结合以期从市场上获取更大利润，采取该策略的市场环境条件是：市场规模有限，大多数消费者已了解这种新产品，购买者愿意出高价，潜在竞争威胁不大；否则难以成功。

c. 快速渗透策略。以低价格、高促销的方式推出新的服装产品，以期迅速打入市场并取得最高的市场份额。

在市场容量很大，消费者对该产品不熟悉但对价格非常敏感，潜在竞争十分激烈，随着生产规模扩大和经验积累可以降低单位生产成本的市场环境下适合采用这种策略。通过低价渗透和大规模的促销推进，能够迅速占领市场和提高市场占有率，薄利多销。但要注意扩大生产降低成本，以弥补高费用低价格带来的损失。

d. 缓慢渗透策略。以低价格和低促销来推出新的服装产品，适用于市场容量很大、产品知名度高、消费者对价格反应敏感、存在一些潜在竞争者的市场环境。

由于市场广阔、产品的需求弹性大且存在潜在竞争威胁，所以采取低价格来促进销售；同时，因产品知名度高、需求弹性大，价格已受消费者欢迎，故不必花费大量的促销费用。

对于以上四种策略要慎重选择，要根据市场条件、企业实力、企业总体战略目标来予以定夺。除了在价格、促销上采取适当的策略外，在分销、产品质量等多方面也必须有相应的策略来配合，以确保新产品在市场上站稳脚跟，并获得尽可能高的市场份额和利润。

(2) 成长期

① 主要特征

成长期的主要特征有如下几个方面。

a. 销售量迅速上升。

b. 生产规模扩大，成本降低，价格不变或略降。

c. 保持或微增促销费用，因销量大增，使促销费用对销售额的比率不断下降。

d. 利润迅速增长。

e. 购买者多为早期采用者。

f. 市场竞争日益加剧，新的产品特征出现，产品市场开始细分，销售渠道增加。

② 营销策略

成长期的营销策略如下。

a. 改进产品。企业要对产品进行改进，提高产品质量，增加新的功能，丰富产品式样，强化产品特色，努力树立起名牌产品，提高产品的竞争力，满足顾客更高、更广泛的需求，从而既扩大销量又限制竞争者加入。

b. 拓宽市场。企业要通过市场细分，找到新的尚未满足的细分市场并迅速占领这一市场；要通过创名牌、建立产品信誉来拓宽市场；还要开辟新的分销渠道，增加销售网点以方便顾客购买，从而拓宽市场。

c. 适时降价。企业在适当的时候，可以采取降价策略，以激发那些对价格比较敏感的潜在消费者产生购买欲望并实施购买；同时，低价格还能抑制竞争者的加入。这样对企业扩大市场占有率显然很有好处。

d. 广告重心的转移。企业要把广告宣传的重心从介绍产品、建立产品知名度转移到说服消费者接受产品和实施购买上来，以促进企业销售的增长。

(3) 成熟期

① 主要特征

成熟期的主要特征有如下几个方面。

a. 销量增长缓慢，逐步达到最高峰，然后缓慢下降。

b. 产品批量大，生产成本降到最低程度，价格开始下降。

c. 产品的服务、广告和推销工作十分重要，销售费用不断提高。

d. 利润已达到最高点，并开始下降。

e. 大多数消费者加入购买队伍，包括理智型、经济型的购买者；他们对产品放心，购买果断。

f. 很多同类产品进入市场，竞争十分激烈，并出现价格竞争。

② 营销策略

成熟期的营销策略如下。

a. 市场改进。这种策略是在不改变产品本身的情况下，通过挖掘产品的新用途、寻找新的细分市场、创造新的消费方式等去扩大市场，增加销售。

b. 产品改进。产品改进可以从以下方面着手：其一，改进质量，注重改善产品的功能特征，如耐用性、可靠性等；其二，改进特点，注重增加产品的新特点，扩大产品的多功能性、安全性或便利性；其三，改进式样，注重增加对产品的美学需求，改变产品款式、颜色、包装等，以增强美感。

c. 营销组合改进。这种策略是通过改进营销组合的一个或几个要素来刺激销售，延长产品的市场成长期和成熟期。最常用的是通过降低价格来吸引顾客，提高竞争力；提高促销水平、有效地利用广告工具、增加销售途径、提高服务质量等手段都可运用。总之，应在价格、分销、广告、销售促进、人员推销、服务这些营销组合工具上进行适当有效的匹配。

(4) 衰退期

① 主要特征

衰退期的主要特征有如下几个方面。

a. 产品销量急剧下降，甚至出现积压。

b. 新产品开始进入市场，正逐渐替代老产品。

c. 市场竞争突出表现为价格竞争，竞争者数量日益减少。

d. 企业利润日益下降甚至为零。

e. 购买者是落后于市场变化的保守型消费者，他们实行习惯性购买；而大多数消费者态度已发生转变。

② 营销策略

衰退期的营销策略如下。

a. 维持策略。继续沿用过去的策略，仍按照原来的细分市场，使用相同的分销渠道、定价及促销方式,直到这种产品完全退出市场为止,适用于企业处于有吸引力的行业并有竞争实力的场合。

b. 集中策略。把企业能力和资源集中在最有利的细分市场和分销渠道上,从而为企业创造更多的利润,同时又有利于缩短产品退出市场的时间。

c. 收缩策略。企业抛弃无希望的顾客群体,大幅度降低促销水平,尽量减少销售和推销费用,以增加目前的利润。这样可能导致产品在市场上加速衰亡,但也可能从忠实的顾客那里获取利润。

d. 放弃策略。尽管在某一市场上坚持到底的企业可能因其他竞争者的退出而获利,但对于大多数企业来说,只能够当机立断地放弃经营疲软产品。企业在淘汰疲软产品时,到底采取立即放弃策略还是逐步放弃策略、完全抛弃策略还是转让抛弃策略,要妥善抉择,力争将企业损失降到最低。

三、服装产品组合策略

1. 服装新产品的开发

(1) 新产品的概念及类别 在结构、材质、工艺等某一方面或几个方面对老产品有明显改变,或采用新技术原理、新设计构思,从而显著提高产品的性能或扩大使用功能的产品称为新产品。

新产品可按不同的标准进行分类。

如按照地域范围划分新产品,可以分为世界级新产品、国家级新产品、地区级新产品、企业级新产品。

按照服装产品新颖的程度划分新产品,可以分为全新型新产品、换代型新产品、改进型新产品、仿制型新产品四大类。

此外,从营销角度出发,那些试穿成功后只放在陈列室供参观或展览会供展览的产品,不能列入新产品。新产品必须是正式生产并投入市场的产品,因为只有接受消费者的选择的服装产品才能真正为企业、为社会创造效益。

(2) 新产品开发的失败原因及关键条件 新产品失败的原因很多,诸如,领导层不顾市场调研结果而强行推出所喜爱的产品构思;产品构思虽好,但对市场规模估计过高;产品市场定位错误,广告活动开展乏力,或对产品定价过高;产品开发成本过高,超出预算;竞争对手反击激烈,超出事先估计;因缺乏资金而停留在改型、仿制层面上的新产品不能占领市场等。

在新产品开发过程的各个阶段,关键条件主要包括以下两个方面。

一方面,建立切实可行的组织机构。

从目前国内外企业新产品开发的组织机构来看,主要有以下几种:①产品经理;②新产品经理;③新产品开发委员会;④新产品部。

另一方面,它必须用最有效的技术来处理开发过程中的每个步骤。

(3) 新产品开发的程序

① 产品构思。一切新产品的开发,都必须从构思开始。一个成功的新产品,首先来自创见性的构思。

新产品构思的来源很多，企业应该集思广益，从多方面寻找好的产品构思。新产品构思的来源有：消费者用户、科研人员与科研机构、竞争者、经销商和代理商、企业管理人员和职工、大专院校、营销咨询公司、工业顾问、专利机构、国内外情报资料等。其中，调查和搜集消费者与用户对新产品的要求，是新产品构思的主要来源；实践证明，经广泛深入构思开发出来的新产品，成功率最高，据有关调查数字显示，除军用品以外，美国成功的技术革新和服装新产品有60%～80%来自用户的建议，或用户在使用中提出的改革意见。

② 筛选构思。在前一阶段提出了大量的构思，在今后的各个阶段里要不断优化构思，首先要做的是筛选构思。筛选的目的是尽可能早地发现和放弃错误的构思，以减少高昂的开发成本。

③ 概念发展与测试。产品构思只是企业希望提供给市场的一个可能产品的设想，在这一阶段要将产品发展成产品概念，即要用有意义的消费者术语将构思予以精心的阐述表达；然后通过测试来了解消费者对这些产品概念的态度。

④ 制订营销计划。对经过测试入选的产品概念，企业要制订一个初步的营销计划，这个营销计划将在以后的阶段中被不断完善发展。

营销计划一般包括以下三部分内容：第一部分描述目标市场的规模、结构和行为，该产品的定位、销售量和市场占有率以及开始几年的利润目标；第二部分描述该产品的最初的价格策略、分销策略和第一年的营销预算；第三部分则描述预期的长期销售量和利润目标，以及在不同时期的营销组合策略。

⑤ 商业分析。在管理层对某一产品概念制订了营销计划之后，就可以进一步分析评价该产品概念的商业吸引力。

管理层首先要估计销售量的大小，看其能否使企业获得满意的利润；要审查类似产品的销售历史，调查市场意见；还应通过对最低和最高销售量的预计来了解风险的幅度。在销售预测之后，研究开发部门、生产部门、营销部门和财务部门等进一步估算该项产品的预期成本和盈利状况。如果销量、成本和利润预计能满足企业目标，那么产品概念就能进入产品开发阶段。

⑥ 产品开发。产品开发的任务是把通过商业分析类似的产品概念交由企业的研究开发部或工艺设计部等部门研制开发成实际的产品实体。这一阶段要力争把产品构思转化为在技术上和商业上可行的产品，这一过程需要大量的投资。

⑦ 市场试销。开发成功、测试满意的产品进入市场试销阶段，在此阶段将要准备确定品牌名称、包装设计和制订准备性的营销方案，并在更可信的消费者环境中对产品进行试销，以达到了解消费者和经销商对使用、购买及重购该产品的反应和市场规模、特点等目的。

⑧ 商品化。依据市场试销提供的信息，企业基本上能作出决策是否推出新产品。在推出新产品时，企业必须对推出新产品的时机、地域、目标市场和进入战略作出决策。

2. 品牌策略

(1) 品牌概念

① 品牌。俗称厂牌、牌子，是制造商或经销商加在服装商品上的标志。美国市场营销协会（AMA）对品牌的定义是：品牌是一个名称、术语、标记、符号或图案设计，或者是

它们的不同组合，用以识别某个或某群销售者的产品或劳务，使之与竞争对手的产品和劳务相区别。

品牌名称。品牌名称是品牌中可以被读出声音的部分，如"李宁""新郎""骆驼"等。

品牌标志。品牌标志是品牌中可以识别但不能读出声的部分，常常为某种符号、图案或其他独特的设计。如品牌中的凤凰图案、骆驼图案、长城城墙的图案都是品牌标志。

② 商标。商标是经过注册登记受到法律保护的品牌，或品牌的一部分。商标所有者具有使用服装品牌名称和（或）品牌标志的专用权，可以看到，商标与品牌是既密切联系又有所区别。不过，我国习惯于把商标与品牌等同，而在商标中再区分为注册商标和非注册商标，特予以说明。

(2) 品牌的作用

① 对制造商的作用：便于制造商管理订货和及时发现并处理销售业务上的问题。

品牌商标经注册登记，可得到法律保护，防止竞争者模仿、抄袭或假冒，保护企业的正当权益。

使用品牌能促进企业销售。品牌能吸引忠实的顾客，品牌忠诚会使制造商在竞争中得到一定保护，并在规划营销组合时有较大的控制能力；同时，使用品牌有助于制造商细分市场，占领多个特定的细分市场；还有利于企业同一品牌的产品系列的拓展，所有这些都有利于企业的销售。

良好的品牌有助于树立企业形象。品牌上印有企业名称能起到宣传作用，当产品创出名牌之后，相应的企业声誉就会大增，同时可推动产品销售。

品牌起着监督企业产品、保证其质量特征的作用，促使企业努力创名牌、保名牌；同时也有利于对市场的管理。

② 对经销商的作用：品牌的使用能为经销商销售产品提供方便；借助产品品牌，经销商可以识别供应商；品牌代表着产品的质量特征，有助于经销商把握一定的生产质量标准；品牌能增强购买者的偏好，对经销商的销售起到促进作用。经销商还可利用顾客对名牌产品的偏爱，以名牌商品带动其他商品的销售。

有利于树立经销商的信誉。长期经营名牌产品的经销商会在消费者心目中有良好声誉；尤其是自己拥有品牌的经销商，其品牌的好坏与经销商的信誉更是休戚相关。

③ 对消费者的作用：品牌能帮助消费者识别各种服装产品，更有效地选择和购买服装产品。借助品牌，消费者可以得到相应服务便利，如免费干洗、维修服务等。

品牌能有效地维护消费者利益。消费者购买服装产品时根据对品牌的印象来抉择，可以避免上当受骗；一旦商品出现问题，消费者可以凭产品品牌要求生产商和销售商赔偿损失，并将这一品牌公之于众，以免更多消费者受骗。

好的品牌（名牌）具有较强的吸引力，深受消费者的喜爱。名牌产品在品质上优于一般产品，具有极为鲜明的商品个性，能在消费者的心目中树立起富有品位的形象，并能满足消费者的精神需求。

(3) 品牌的设计及基本要求　服装品牌的设计是一种艺术和技巧在服装企业经营活动中的展现，它不仅需要非常熟悉服装产品的特性，而且需要有较高的文字和艺术修养，有丰富的人文社会生活知识。

① 品牌设计要简明醒目。服装品牌的重要作用是有助于识别服装产品，为此，要使人们见到后能留下深刻的印象，起到广告宣传的作用，就必须简洁明了、一目了然。在语言

上，文字要精练、要易读、易记，并朗朗上口、悦耳动听；画面要色泽匀称，图案清晰，线条流畅，和谐悦目。

② 品牌设计要构思新颖、特色鲜明。只有构思上有创新，才能够推出美观大方、风格独特、款式新颖的品牌设计，给消费者以美的享受，为广大服装消费者所青睐。

③ 品牌设计要能体现企业或产品的风格。一个服装品牌的设计不是凭空创造的，它要与企业或产品的风格相匹配，比如："花花公子"是一个很著名的品牌，但用在机床产品上就十分不妥。好的品牌设计对此要求更高，它要能够充分显示企业或产品的特性，使服装消费者能从中认识到企业及服装产品的形象和特点。

④ 品牌设计要与目标市场的文化背景相适应，尤其是出口服装品牌的设计特别要注重避免使用当地忌讳的图案、符号和色彩，以及令顾客产生异议的文字内容。

⑤ 品牌设计要切忌效仿和过分夸张。效仿他人的设计就会缺乏新意、毫无特色；过分的夸张最终是自欺欺人，对企业都不会产生好的收益。而且，对于商标来说，它是受到法律保护的，不能与其他商标雷同，否则是一种侵权行为，会受到法律制裁。所以商标的设计一定要遵循有关商标的法律和规定，而商标则是品牌或品牌的一部分，大多数品牌应与商标有所关联，因此品牌的设计也要对此予以注意。

(4) 品牌策略

① 品牌化决策。就是决定企业是否给产品建立品牌。

建立品牌是要付出代价的，包括设计费、制作费、注册费、广告费等；并且还要承担品牌在市场上失败的风险。因此，对某些产品可以使用品牌，但如果对识别商品、促进销售的意义不大，这时就可以不使用品牌。

鉴于品牌对于大多数产品营销的作用重大，大多数服装产品是需要建立品牌的。

② 品牌归属决策。品牌归属面临三种选择。

a. 使用制造商品牌。

b. 使用经销商品牌，或称中间商品牌、私人品牌。

c. 使用零售商品牌。

③ 品牌质量决策。品牌的质量就是使用该品牌的产品质量，这是一个反映产品的可靠性、精确性、方便性、耐用性等属性的综合性指标，其中有些属性可以客观地予以测定，但是从营销角度来看，品牌的质量应该以消费者的感觉来测量。

④ 家族产品品牌决策。制造商在决定给产品使用自己的品牌之后，面临着进一步的抉择，即对本企业产品是分别使用不同的品牌，还是使用一个统一的品牌或几个品牌？一般来说，可以有以下四种选择。

a. 对各种服装产品分别采用不同的品牌，即个别品牌。这种策略，能严格区分高、中、低档产品，使顾客易于识别并选购自己满意的产品；不会因个别产品声誉不佳影响到其他产品及整个企业的声誉；能使企业为每个新产品寻求建立最适当的品牌名称以吸引顾客。缺点在于品牌较多会影响广告效果，易被遗忘。

b. 对所有服装产品采用一个统一的品牌，即家族品牌。采用这一策略的好处在于能减少品牌的设计和广告费用，有利于新产品在市场上较快、较稳地立足，并能壮大企业声势，提高其知名度。不过，只有在家族品牌已在市场上享有盛誉，而且各种服装产品有相同的质量水平时，该策略才会行之有效，否则，某一服装产品的问题会危及整个企业的信誉。

c. 对不同类别服装产品使用不同的品牌。当企业生产截然不同的服装产品类别时,不宜使用相同的家族品牌,要予以区分。这样能适当兼顾个别品牌和家族品牌的优势。

d. 将企业名称与个别品牌相结合。这是在企业各种服装产品的个别品牌名称之前冠以企业名称,可以使服装产品正统化,享受企业已有信誉;而个别品牌又可使产品各具特色。

⑤ 品牌扩展决策。品牌扩展决策,是指服装企业尽量利用成功的品牌来推出改进型的产品或新产品。

一种情况是,某服装企业先推出 A 品牌的产品,然后推出新的、经过改进的 A 品牌的产品,接着又推出进一步改进、具有附加利益的 A 品牌新产品。另一种情况是,利用已获成功的品牌名称推出全新产品,如"衫衫"公司利用其著名的"衫衫"品牌推出了另一类产品——"衫衫"皮鞋。

品牌扩展策略的运用,可以使制造商节约促销新产品所需要的大量费用,而且能使新产品被消费者很快接受。但是,如果新产品质量、功能等不能令消费者满意,就可能影响到消费者对同一品牌命名的其他产品的态度。

⑥ 多品牌决策。多品牌决策是指对同一种类服装产品使用两个或两个以上的品牌。制造商之所以愿意同时经营多种互相竞争的品牌,是因为:

a. 制造商可以获得更多的货架面积,而使竞争者产品的陈列空间相对减少;

b. 提供几种品牌可以赢得品牌转换者而扩大销售,事实上大多数消费者不会因忠诚于某一品牌而对其他品牌毫不注意,他们都是不同程度的品牌转换者;

c. 通过将品牌分别定位于不同的细分市场上,每一品牌都可能吸引许多消费者;

d. 新品牌的建立会在服装企业内部形成激励,并促进效率的提高,不同的品牌经理在竞争中共同进步,从而使企业产品销售业绩高涨。

然而,并不是品牌多多益善。如果每一品牌仅能占有很小的市场份额,而且没有利润率很高的品牌,那么采用多品牌对服装企业而言是一种资源的浪费。

⑦ 品牌再定位决策。品牌再定位,是指因某些因素的变化而对品牌进行重新定位。一般情况下,当竞争者的品牌定位贴近本企业的品牌并夺去一部分市场,使本企业的市场份额减少时;或者消费者的偏好发生变化,形成某种新偏好的消费群,而本企业的品牌不能满足消费者的偏好之时,企业有必要对品牌再次定位。

服装企业在进行品牌的重新定位决策时,需要认真考虑两个因素:一是将品牌转移到新的市场位置所需要的费用,包括改变产品品质费、包装费、广告费等。重新定位离原来的定位位置距离越远,变化越大,所需的费用也就越高;企业改进品牌形象的必要性也就越大,所消耗的费用也就越多。二是定位于新位置的品牌获得收益的多少情况。收益的大小取决于在这一细分市场上消费者的数量、平均购买率以及竞争者的数量和实力等因素。服装企业的管理层应该对各种品牌重新定位方案可能的收益与费用进行分析,从而选择最优方案。

3. 包装与包装策略

(1) 包装的概念和作用

① 什么是包装?一般来说,包装有两层含义:一是动态的含义,指设计并生产容器或

包扎物将产品盛放或包裹起来的一系列活动,又可称为包装化或包装工作(packaging);二是静态的含义,那些用来盛放或包裹产品的容器和包扎物称为包装(package),如箱、桶、罐、瓶等。在实际工作中,以上两层含义是紧密联系在一起的,不可分离。

② 包装的作用。进入服装市场的服装产品都是需要有包装的,因为包装是现代服装产品整体的有机组成部分,是直接影响服装产品质量和市场营销活动的重要因素。包装的作用主要有以下几个方面。

a. 保护商品。保护商品是包装最原始和最基本的功能。在服装产品的流通和使用过程中,通过包装可以起到防止各种损坏的作用,如防止服装破损、污染、虫蛀等,以保证服装产品的清洁卫生和安全,保持产品的良好本色。

b. 便于储运。服装产品从生产到消费的过程中,都要经过装卸、运输和储存,而产品经过包装后可以为装卸提供方便,并可以节约运输工具和储存空间。对于消费者来说,经过包装的服装产品携带和储存也十分方便。

c. 促进销售。服装产品的包装具有增加产品特色、提高竞争力的广告和推销功能。它能改进产品的外观,提高顾客的视觉兴趣,激发消费者的购买欲望;它能形成产品差异,使服装产品易于辨认,在竞争中先声夺人,促进消费者对产品的偏爱,提高企业的声誉;货架上的广告,被称为"无声的推销员"而在服装产品使用时产生更为长久的广告作用。总之,优秀的服装产品必须与优良的包装相匹配,才能发挥竞争力,才能为消费者提供便利,才能吸引消费者,从而促进其产品的销售。

d. 增加盈利。如果服装产品的包装动人美观,能给服装产品树立起高贵的形象,使消费者愿意消费价格较高的产品,从而增加企业的利润。

(2) 包装的设计 包装一般可分为运输包装和销售包装,当然还可从其他角度予以分类。运输包装也称为工业包装、外包装,着眼于保护服装产品和便于运输;销售包装也称为商业包装、内包装,随同服装产品卖给消费者,着重考虑美化产品、促进销售和便于使用。

包装也可以分为内包装、中层包装、外包装。内包装是贴近产品的直接包装;中层包装是用来保护内包装和促进销售的;外包装也可以称为运输包装或者大包装。

包装一般要具有保护服装产品,便于消费者识别服装产品,便于运输保管和陈列,便于携带使用,促进销售等方面的作用。

包装设计应符合以下基本要求。

① 包装要能显示服装产品的特色或风格,准确传递产品的信息。产品包装上的图案与文字说明要充分反映产品的各项属性,如商标、生产企业名称、规格、出厂日期、使用说明、性能特点等。

② 包装应与服装产品的价值或质量水平相配合。贵重的服装产品包装要烘托出产品的高雅贵重,所以包装必须精美高档,如果配以普通低档包装,自己贬低产品的高价值和优质量,还令消费者对产品产生种种不信任和怀疑。因此,对于高、中、低档服装产品,其包装的设计也应分为高、中、低档,互相匹配。

③ 包装的形状、结构、大小应为运输、销售、携带、保管和使用提供方便。运输包装要求大包装,销售包装要求小包装;容易开启的包装结构便于密闭式包装商品的使用。

④ 包装设计要求新、求美、求实,迎合消费者心理。包装设计应不落俗套、勇于创新,避免模仿、雷同;要尽量采用新材料、新图案、新造型,给消费者新鲜感。包装要讲求艺术感,给人以美的享受,造型要美观大方,图案要生动形象。此外,包装设计中还要融入实用

性，增加顾客的信任感并指导其消费。

⑤ 包装设计要考虑消费者不同年龄、不同地区、不同民族、不同宗教信仰的不同爱好及忌讳。

(3) 包装策略　服装产品包装在服装市场营销中是一个强而有力的武器，因此，服装企业在进行包装设计时必须选择适当的包装策略。常用的包装策略有以下几种。

① 类似包装策略。类似包装策略，是指企业所生产经营的各种产品，在包装上采用相同的图案、色彩或其他共有特征，从而使整个包装外形相类似，使用户容易注意到这是同一家企业生产的产品。这种策略的主要优点是：可以节省包装设计成本；能增加企业声势、提高企业声誉，一系列格调统一的产品包装势必会使消费者受到反复的视觉冲击而形成深刻的印象；有利于新产品上市，通过类似包装可以利用企业已有声誉，使新产品迅速在市场上占有一席之地。类似包装适用于质量水平档次类同的产品，不适于质量等级相差悬殊的产品，否则，会对高档优质产品产生不利影响，并危及企业声誉。

② 等级包装策略。等级包装策略，是指企业所生产经营的服装产品，按质量等级的不同实行不同的包装。

③ 组合包装策略。组合包装，或称多种包装、配套包装，是指企业把使用时互相有关联的多种服装产品纳入一个包装容器之内，同时出售。这种策略，为消费者购买、携带、使用和保管提供了方便，又有利于服装企业扩大销路、推广新产品。

④ 再利用包装策略。再利用包装，又叫多用途包装，指在消费者将包装容器内的服装产品使用完毕后，这一包装容器还可以继续利用，可以用于购买原来的服装产品，也可能用作他途。

⑤ 附赠品包装策略。

⑥ 改革包装策略。改革包装策略，是指企业随着服装产品的更新和市场的变化，相应地改革包装设计。在现代市场经营中，服装产品包装的改进，如同产品本身的改进一样，对市场营销有着重要的作用。

四、服装产品组合的调整策略

1. 扩大产品组合策略

扩大产品组合策略包括：开拓产品组合的宽度和加强产品组合的深度。开拓宽度即增加产品线，加强深度即在原有产品线中增加新的产品项目。这一策略可以说是所有的名牌服装产品都经常使用或终将使用的。例如，迪奥、YSL 等都经历了从女装到男装到香水、领带、皮鞋、化妆品的不断扩展。同时，随着规模的扩大，实力的加强，对消费者的需求进一步细分，在同一个产品线中增加新的产品项目。

2. 缩减产品组合策略

与拓展产品组合策略相反，企业为了减少不必要的投资、降低成本、增加利润，集中力量于一些发展获利较多的产品线和产品项目。该策略的主要特点是：集中企业优势发展产品、降低成本，但增加了企业的市场风险。

3. 产品线延伸策略

每个公司的产品线只是该行业整个范围的一部分。如果公司超过现有的范围来增加他的产品线长度，就叫产品线延伸。具体方法有：向上延伸、向下延伸和双向延伸。

第二节 服装价格策略

价格决策在服装企业营销决策中占有重要地位。产品价格的合理与否很大程度上决定了消费者是否能够接受这件服装产品。价格策略的复杂之处在于它不是简单的成本与利润的相加减，而是价格的制定要受到各种非成本因素的影响，如消费者的需求变化与心理欲望，竞争对手的行为，宏观法律因素的制约，相关服装产品的推出等。因此，从营销角度出发，服装企业在尽可能地制定出一个价格后，还必须根据外部环境的变化对价格进行必要的调整和变动，只有这样才能使企业在市场竞争中处于有利的地位。

定价策略，是服装企业营销中不可缺少的重要因素。在市场上各竞争对手之间用得最多、最普遍的竞争手段是价格手段。服装企业在参与市场竞争过程中，对价格策略的灵活、有效的运用，是营销活动的重要一环。制定服装产品的价格，既是一门科学，又是一门艺术。严格地讲，价格策略或价格决策并不是孤立地发挥作用，它必须和其他几个营销策略结合在一起才能充分发挥作用。一般把价格决策的内容大致分成两大类，即价格的决定与价格的变动。价格的决定主要是针对新产品，服装企业选择什么样的定价方法，用什么样的价格能使新产品进入市场后具有竞争力；价格的变动是针对老产品，通过对价格的变动使其更具竞争力，提高服装企业的收益。

一、定价目标与影响定价的因素

1. 什么是价格

价格是服装产品价值的货币表现。服装价格受到市场供求关系的影响而围绕着价值上下波动。服装市场变化多端，品牌云集，款式设计朝新夕改，价格更是各种层次都有。

产品的价格是市场上调节供求关系的"一只看不见的手"。当一种服装产品供不应求时，价格就要上升，从而促进供给的扩大，减少需求的增加；供过于求时，价格又会下降，从而增加需求，减少供给。由于价格同供求状况的这种关系，在市场上一种服装产品的价格涨落，就会成为企业了解供求关系状况的信息，这是服装企业营销的手段。

2. 确定定价目标

在服装市场营销过程当中，每个服装企业都有自己的营销目标，企业的营销目标是其一切营销活动的方向，企业的各种营销策略，都必须有利于这个目标的实现。定价策略是服装企业营销组合中一个十分重要的部分，因此，定价目标也必须服从企业的营销目标。

所谓定价目标，就是服装产品的价格在实现以后企业应达到的目的。

其一般目标是,在符合社会总体利益的原则下,取得尽可能多的利润。具体目标多种多样。

3. 分析影响价格的因素

(1) 产品成本 产品成本大致包含以下几个内容:第一是生产成本,生产产品的原材料、辅助材料及人工费、管理费用等。对于中间商来说,它的生产成本就是进货成本,是它向生产企业购进产品的费用。第二是销售成本,是为了销售产品所支出的各种广告推销费用、市场调研开支等。第三是储运成本,也就是服装产品的仓储运输费用。第四是共同成本,就是维持日常营业所需要的各项费用和支出、企业固定资产折旧费等。

(2) 产品的市场供求状况 供不应求时,价格必然出现上升的趋势;当供过于求时,价格又会呈现下降的趋势。

(3) 价格弹性 所谓价格弹性,是指一种服装产品价格的变动对其市场交易量的影响程度。严格地说,价格弹性又可分为价格的供给弹性和价格的需求弹性两种。

价格的供给弹性,是指一种服装产品价格的变动对其供给量的影响程度。其弹性的大小可以用一个供给弹性系数来表达。

价格的需求弹性,是指一种服装产品价格的变动对其市场需求量的影响程度。

(4) 市场竞争的特点 在大多数情况下,产品市场属不完全竞争,可以通过一系列的营销手段为自己的产品创造一个独特的市场地位,从而保持较高的价格,如建立产品的特色、加强广告宣传、改进服务手段等。

(5) 国家的政策法令 完全不受限制的自由价格,有时只能代表少数人的利益,在竞争性的市场中,必然会有某些人利用市场价格的涨落谋求私利,损害大部分人的利益。

二、定价方法

1. 成本导向定价

(1) 成本加成定价法 这是按总成本加上预期的利润来定价的方法。

成本加成定价法一般是先预计出企业能够达到的销售量,再予以加成定价。但不同品种的成本加成定价是有区别的,且变化较大。其计算公式为:

$$价格 = 单位产品平均成本 \times (1 + 成本利润率)$$

$$P = AC(1 + A\pi/AC)$$

式中 P ——目标利润;

AC ——单位产品成本;

$A\pi$ ——单位产品利润。

(2) 边际贡献定价法 边际贡献定价法也叫变动成本加成定价法。即在定价时只计算变动成本,而不计算固定成本,在变动成本的基础上加上预期的边际贡献。所谓边际贡献,就是销售收入减去补偿固定成本后的收益。预期的边际贡献也就是补偿固定成本费用和企业的盈利。由于边际贡献小于、等于或大于变动成本,所以企业就会出现盈利、保本或亏损三种情况。这种定价方法一般在竞争激烈时采用,因为这时如果采取总成本加成定价法,必然会因为价格太高影响销售,导致产品积压。采用变动成本加成定价法,一般价格要低于总成本加成定价法,所以容易迅速扩大市场。这种定价方法,在产品必须降价出售时特别重要,因为只要售价不低于变动成本,说明生产可以维持;如果售价低于变动成本,则生产越多亏本越多。

$$边际贡献=销售收入-变动成本\begin{cases}>0 & 盈利（可以补偿固定成本）\\=0 & 盈亏平衡（不可以补偿固定成本）\\<0 & 亏损　（不可以补偿固定成本）\end{cases}$$

2. 需求导向定价

以产品的社会需求状态为主要依据,综合考虑企业的营销成本和市场竞争状态制定价格的方法称需求导向定价。

(1) 可销价格倒推法　服装产品的可销价格即为消费者或进货企业习惯接受和理解的价格。可销价格倒推法就是企业根据消费者可接受的价格或后一环节买主愿接受的利润水平确定其销售价格的定价法。

(2) 理解定价法　理解定价法是企业根据消费者对服装产品的感觉而不是根据成本来制定价格的定价方法。某些品种,由于消费者对此缺乏比较的对象,一时对产品价格捉摸不透。企业的目标利润很低,消费者可能会认为定价太高;目标利润高,消费者也可能认为价格低。这里就有一个消费者对产品的"理解价值"的问题。理解定价法实际上是企业利用市场营销组合中的非价格变数如产品质量、服务、广告宣传等来影响消费者,使他们对服装产品的功能、质量、档次有一个大致的"定位",然后定价。例如,某企业开发的服装产品是高档产品,只要经过促销宣传使消费者理解到这是一种"高消费"产品,企业即使定价较高,还是能吸引那些对此有"理解"的消费者的。当然利用这种定价方法,必须正确估计消费者的"理解价值",估计过高或过低对企业都是不利的。

3. 竞争导向定价

(1) 随行就市价格定价法　随行就市价格定价法是根据行业的平均价格水平,或以竞争对手的价格为基础来制定价格的定价方法。

(2) 竞争价格定价法　竞争价格定价法是一种主动竞争的定价方法。一般为实力雄厚或独具产品特色的企业所采用。定价时首先将市场上竞争产品价格与企业估算价格进行比较,分为高于、低于、一致三个层次。其次将企业产品的功能、质量、成本、式样、产量与竞争企业进行比较,分析造成价格差异的原因。再次根据以上综合指标确定本企业产品的特色、优势及市场定位。在此基础上,按定价所要达到的目标,确定产品价格。最后跟踪竞争产品的价格变化,及时分析原因,相应调整本企业的产品价格。

(3) 投标定价法　价格由投标竞争的方式来确定称为投标定价法。招标人发出招标公告,报价人同意招标人所提条件的前提下对招标项目提出报价,招标人从中选定价格。

投标企业根据竞争对手的公开报价或预计的可能报价来提出自己的报价。

三、定价策略

1. 心理定价策略

心理定价策略,就是服装企业在制定价格时,运用心理学的原理,根据不同类型消费者的购买心理来制定价格。心理定价策略主要有以下几种。

(1) 尾数定价　尾数定价，是指小于整数的尾数定价策略。如一条休闲裤的价格定为98元，而不是100元。我国对8这个数字具有好感，尾数可以选择8。欧美国家对9这个数字比较喜欢，尾数用9较多。

(2) 声望定价

① 消费者对名牌产品产生了信赖感，价格就可以定得高些。

② 有的消费者为显示自己的身份与地位，希望购买的服装产品的价格能超出一般产品，以体现自己的与众不同。

而对于一般的服装产品，采用声望定价必须十分慎重，弄不好会失去市场。

(3) 习惯定价　由于消费者经常购买，在一段时期内形成了一种习惯价格。销售这类服装产品宜按照习惯定价，不能频繁而又大幅度地变动价格，否则，会引起消费者的不满。

(4) 期望定价　消费者在购买服装产品时，对服装产品的期望价格会有所不同。因此，企业在经营服装产品时，要根据消费者所期望的价格来定价，并根据需求习惯考虑与之相适应的质量和包装，以适应消费者的购买心理。

2. 新产品定价策略

(1) 撇脂定价　在新产品投放市场时，企业采取高价策略，以便在短时期内获取尽可能多的利润并尽快地收回投资。

(2) 渗透定价　渗透定价策略正好和撇脂定价策略相反，即把新产品的价格定得很低，借此将新产品迅速打入市场并提高市场占有率。

这种定价策略由于价格较低，一方面能迅速打开产品销路，增加销售量，增加销售利润；另一方面可以阻止竞争对手的介入，有利于控制市场，因而又叫"别进来"策略。

(3) 满意定价　满意定价是一种折中价格策略，它吸取上述两种定价策略的长处，采取比撇脂价格低、比渗透价格高的适中价格。既能保证企业获得一定的初期利润，又能被消费者接受。由此而制定的价格称为满意价格，又叫作"温和价格"或"中间价格"。

3. 折扣定价策略

(1) 数量折扣　数量折扣是指卖方为了鼓励买方大量购买，根据购买者所购买的数量给予一定的折扣。其主要有以下几种。

① 累计数量折扣。

② 非累计数量折扣。

(2) 现金折扣　现金折扣也称付款期限折扣，这是给予利用分期付款者的一种优惠形式。目的在于鼓励消费者提前付款以加快本企业的流动资金的周转。现金折扣一般会按消费者提前付款的天数给予不同的折扣。

(3) 贸易折扣　贸易折扣是服装生产企业根据各类中间商在流通过程中所负担的不同功能而给予的不同折扣，所以又叫功能折扣。对不同渠道的中间商，企业可以提供不同的折扣，但是对同一类型的中间商，企业应给予同样的贸易折扣。贸易折扣的目的是鼓励中间商乐于向生产商大量进货。例如，某种服装产品的出售价为508元/件，零售商进货只要付406.4元/件即可（折扣20%）；批发商进货只需付365.8元/件（再按零售商付款给予10%折扣）。

（4）季节折扣　季节折扣是服装企业对消费者购买产品提供的一种优惠活动。因为服装产品具有很鲜明的季节性，因而会造成服装产品的销售旺季和淡季，这对企业均衡生产和销售是不利的。为了尽量减少季节性消费给企业带来的困难，鼓励消费者的均衡购买，季节性折扣是经常被使用的手段。例如，夏天是羽绒服销售的淡季，企业为了减少资金积压，合理安排生产，按不同的百分比折扣给予消费者优惠。

4. 差别定价策略

所谓差别定价，也叫价格歧视，是指企业按照两种或两种以上不反映成本费用的比例差异的价格销售某种服装产品或服务。

(1) 差别定价的主要形式

差别定价的主要形式有：

① 以消费者为基础的差别定价；

② 以地点为基础的差别定价；

③ 以时间为基础的差别定价；

④ 以用途为基础的差别定价；

⑤ 以流转环节为基础的差别定价；

⑥ 以交易条件为基础的差别定价；

⑦ 以产品外观、式样、花色为基础的差别定价。

(2) 差别定价的条件

差别定价的条件有：

① 市场能细分，消费者对服装产品的需求有明显差异；

② 需求价格弹性不同；

③ 低价市场的消费者不能将服装产品倒卖；

④ 竞争者不能以低价在本企业的高价市场上竞争；

⑤ 实行差别定价的收益，高于不实行差别定价时的收益；

⑥ 实行差别定价不会引起消费者反感；

⑦ 消费者难以在不同价格市场上自由选购服装产品。

四、价格调整

1. 价格变动时应考虑的因素

（1）利用价格的需求弹性决定升降价　当服装产品的价格弹性系数小于1时，一般表明产品缺乏弹性，企业可采取适当提价策略。因为即使价格小幅度上升也不会影响销售量的很大变化，销售量减少的速度小于提价的速度，企业的收入仍然会增加。而价格弹性系数大于1的产品，因富有弹性，企业可采取降价策略，由于销售量的增加速度快于价格下降的速度，所以会使利润增加。

（2）根据需求的交叉弹性考虑价格变动的方向与幅度　对服装产品的需求不仅取决于它的价格，而且还取决于可以代替它的其他服装产品的价格。如果A服装产品和B服装产品的需求互相关联，那么B服装产品的价格变动就会影响A服装产品的销售，这种互相关联关系的强度可以用需求的交叉弹性来量度。

2. 主动调整

(1) 调低价格　调低价格，是指服装企业在市场经营过程中，为了适应市场环境和企业内部条件的变化，把原有产品的价格调低。

① 调低价格的原因

a. 由于某服装产品供过于求，产品大量积压；

b. 因为在激烈的市场竞争中，企业的市场占有率逐渐降低；

c. 由于企业的成本费用比竞争者低，通过降低价格来提高市场占有率，扩大生产和销售量。

② 调低价格时机选择的五大原则

a. 淡季时降价比旺季时降价有利；

b. 同一产品降价次数太多会失去市场占有率；

c. 短期内降价不足以阻止新品牌的进入；

d. 新品牌降价效果比旧品牌好；

e. 在销量下降时降价效果不理想。

③ 调低价格时要注意掌握适当的降价幅度。降价的幅度可以事先确定，但必须计算要增加多少销量才可以获得与原来相同的利润，可利用需求的价格弹性来计算参考数量。

④ 企业主动调低价格的优点：容易摆脱困境，提高市场占有率。

⑤ 企业主动调低价格的缺点：调低价格会打乱企业原有市场营销策略的协调，要花大气力去调整整个市场营销策略，同时，可能导致同行业内竞争加剧，有时降价不当反而会适得其反，给企业造成损失。

(2) 调高价格　调高价格是在服装市场营销活动中，为了适应市场环境和企业内部条件的变化，把原有的价格提高。

① 调高价格的原因

a. 产品的成本提高，原材料涨价等原因使成本费用不断增加，这是价格调高的主要原因；

b. 因为某种服装供不应求，企业的生产不能满足市场需要，提高价格有利于实现供求平衡；

c. 因为通货膨胀，企业为了应付通货膨胀，有时也不得不调高价格。

② 企业调高服装产品价格的方法：有明调和暗调两种形式。明调就是其他条件不变，把销售价格提高。暗调则是看起来商品标价不变，但实际上价格已经提高。常用的方法有减少使用价与折扣、减少售后服务或对原来提供的服务计价、降低产品质量和减少特色等。

③ 企业调高服装产品价格的注意事项。

a. 要限制提价幅度，不能提得太高，即不能超过消费者愿意接受的范围；

b. 要及时向消费者说明提价原因，对于大宗购买的顾客，还要帮助其解决提价带来的各种问题。

(3) 被动调整

① 同质市场被动调价。在同质服装产品市场上，如果竞争者降价，企业也要随之降价；

否则，顾客就会购买竞争者的服装产品而不购买本企业的产品。如果竞争者提价，其他企业也可能会随之提价（如果提价对整个服装行业有利）。但是，如果某些企业认为提价没有好处，不随之提价，那么，最先发动提价的企业也不得不退回原来的价格水平。

② 异质市场被动调价。在异质服装产品市场上，企业对竞争者价格改变的反应，则有较大伸缩余地，因为购买者采购时所考虑的不仅是价格，还要考虑服装产品质量、服务等因素。在这种情况下，企业可以有多种选择：

a. 不作调整，任凭顾客对本企业产品的忠诚程度决定去留；

b. 修正营销组合中的其他因素加以对抗；

c. 采取完全的或部分的价格变动来应付。

③ 被动调价要研究的问题

a. 对竞争者情况的研究主要考虑以下问题：

ⅰ. 竞争者为什么要改变价格？是为了扩大市场占有率，还是因为成本太高？或是为了整个行业的共同利益带头涨价？

ⅱ. 竞争者改变价格是临时性的还是长期性的？

ⅲ. 本企业对竞争者的调价做出反应后，竞争者和其他企业又会采取什么样的措施？

ⅳ. 提出调价的竞争者的经济实力如何？

b. 对本企业的情况的研究主要考虑以下问题：

ⅰ. 本企业的经济实力；

ⅱ. 本企业的产品的市场生命周期，以及顾客对这类产品价格的敏感程度；

ⅲ. 本企业如果跟随调价以后，会对企业的营销产生什么影响？

第三节　服装分销渠道策略

在现代市场经济条件下，生产者与消费者之间在时间、地点、数量、品种、信息、产品估价和所有权等多方面存在差异和矛盾。服装企业生产出来的产品，只有通过一定的市场营销渠道，才能在适当的时间、地点，以适当的价格供应给广大消费者或用户，从而克服生产者与消费者之间的差异和矛盾，满足市场需求，实现服装企业的市场营销目标。

一、分销渠道概述

1. 分销渠道的定义

菲利普·科特勒认为，市场营销渠道和分销渠道是两个不同的概念。

市场营销渠道，是指那些配合起来生产、分销和消费某一生产者的某些货物或劳务的一整套所有企业和个人。也就是说，一条服装市场营销渠道包括服装产品的供、产、销过程中所有的服装企业和个人，如资源（原材料）供应商、生产商、商人中间商、代理中间商、辅助商以及最后的消费者或用户等。

分销渠道，是指服装产品或劳务从服装生产企业向服装消费者移动时，所取得这种产品或劳务的所有权或帮助转移其所有权的所有服装企业和个人。一条服装分销渠道主要包括商人中间商和代理中间商。此外，还包括作为服装分销渠道的起点和终点的生产企业和消费者，但是，它不包括资源供应商、辅助商等。

2. 分销渠道的职能

分销渠道的主要职能有如下几种。
① 研究，即收集制订计划和进行交换时所必需的信息。
② 促销，即进行关于所供应的产品的说服性沟通。
③ 接洽，即寻找可能的消费者并与其进行沟通。
④ 配合，即使所供应的产品符合消费者的需要，包括制造、包装等活动。
⑤ 谈判，即为了转移所供产品的所有权，而就其价格及有关条件达成最后协议。
⑥ 实体分销，即从事产品的运输、储存。
⑦ 融资，即补偿渠道工作的成本费用对资金的取得与支用。
⑧ 风险承担，即承担与从事渠道工作有关的全部风险。

3. 分销渠道的流程

最主要的有实体流程、所有权流程、付款流程、信息流程及促销流程。

（1）实体流程　实体流程，是指实体原料及成品从生产商转移到最终消费者的过程，见图 6-4。

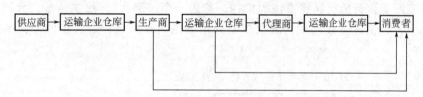

图 6-4　实体流程

（2）所有权流程　所有权流程，是服装所有权从一个市场营销的机构到另一个市场营销机构的转移过程。例如，原材料的所有权由供应商转移给生产商，服装所有权则由生产商转移到代理商，而后到消费者，见图 6-5。如果代理商以寄售的身份保存服装，则不应列入图中。

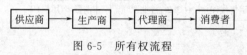

图 6-5　所有权流程

（3）付款流程　付款流程，是指货款在各服装市场营销中间机构之间的流通过程。例如，消费者通过银行或其他金融机构向代理商支付账单，代理商扣除佣金后再付给生产商，再由生产商付给各供应商，见图 6-6，还需付给运输企业及独立仓库（未列在图上）。

图 6-6　付款流程

（4）信息流程　信息流程，是指在市场渠道中，各市场营销中间机构相互传递信息的过程。通常渠道中每一相邻机构间会进行双向的信息交流，而互不相邻的机构间也会有各自的信息流程，见图 6-7。

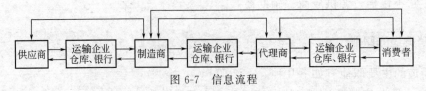

图 6-7　信息流程

（5）促销流程　促销流程，是指广告、人员推销、宣传报道、促销等活动由一企业对另一企业施加影响的过程。供应商向生产商推销其品牌及产品，还可能向最终消费者推销自己的名称及产品以便影响生产商购买其原材料来生产服装产品。促销流程也可能从生产商流向代理商（贸易促销）或最终消费者（最终使用者促销），见图 6-8。

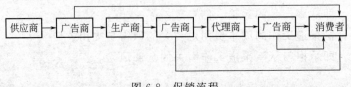

图 6-8　促销流程

4. 分销渠道的结构

（1）分销渠道的长度　服装产品在从生产者流向最后消费者和用户的过程中，每经过一个对产品拥有所有权或负有销售责任的机构，称为一个"层次"。层次越多，分销渠道就越长；层次越少，分销渠道就越短。层次多的分销渠道叫长渠道，层次少的分销渠道叫短渠道，见图 6-9。

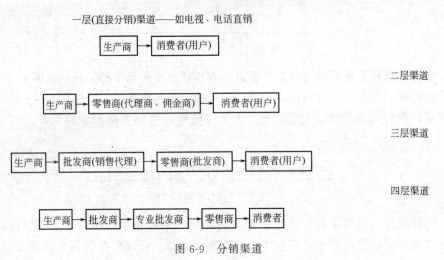

图 6-9　分销渠道

（2）分销渠道的宽度　分销渠道宽度，是指同一渠道层次上同种中间商数目的多少。

分销渠道宽度包括两种：一是宽渠道，即同一层次上同种中间商数量多；二是窄渠道，即同一层次上同种中间商数量少。

同一层次上同种中间商数目——密集分销、选择分销、独家分销。

密集分销——服装市场内在同一渠道层次上选用尽可能多的中间商。

选择分销——服装市场内在选择若干个最适宜的中间商。

独家分销——服装市场内仅选择一家中间商。

5. 分销渠道的作用

① 高销售效率,节省销售费用。
② 调节供应与需求。
③ 生产企业执行一定市场营销职能。

二、分销渠道中的中间商

1. 中间商的作用与功能

(1) 中间商的含义　中间商是处于生产者和消费者之间,参与服装产品流通业务、促进买卖行为发生与实现的独立的流通组织或个人。

(2) 中间商的功能　中间商在销售活动中的具体功能归纳为三种。

① 集中功能。指中间商把分散在各地、各个部门的生产者的同类服装产品加以地理上的集中或管理上的集中。

② 平衡功能。中间商把集中起来的数量庞大的服装产品,按照各个地方不同时间的市场需求情况加以平衡分割,包括产品分级,必要的花色品种的搭配以及各种不同规格的包装等。

③ 扩散功能。中间商将分割好的服装产品扩散到有需求的地方,使消费者能很方便地购买。

(3) 中间商的效用　中间商执行三大类功能,相应地创造了下列三种效用。

① 时间效用。生产企业生产出服装产品的时间与消费者需求的时间往往是不一致的。由于中间商的集中功能使生产者能随时让产品脱手,消费者又能随时从中间商那里购得所需的服装产品。

② 场所效用。甲地生产的服装产品在当地可能没有需求或需求不大,乙地虽有需求但不生产或生产量太小,由于中间商的分割扩散功能使甲地产品流向乙地,甲地的生产者和乙地的消费者都得以实现自己的目的。

③ 占有效用。生产企业生产出来的服装产品是为满足消费者需求的,并不想自己消费这些产品,如果产品所有权一直掌握在生产者手中,产品无法实现其价值。通过中间商的活动使服装产品所有权发生转移,最后为需要产品本身使用价值的消费者所占有。

(4) 中间商的类型

① 按中间商是否持有实际服装产品以及是否持有产品所有权,可分为经销商、代理商和经纪商。

a. 经销商。经销商,是指从事服装产品流通的全部业务,并拥有服装产品所有权的中间商。它靠产品的贱买贵卖之差价获利,它和生产者是买卖关系。

b. 代理商。代理商,是指生产企业委托从事销售业务,但不拥有服装产品所有权的中间商。它只是代替生产者推销服装产品或帮助消费者购买产品,也提供一些服务,如运输、仓储、市场调研等。代理商从委托方收取一定佣金,它和生产者是委托关系。

c. 经纪商。经纪商,既无服装产品所有权,又无现货,只为买卖双方提供服装产品货源、价格及市场情况，为交易双方洽谈销售业务起穿针引线作用。在一般情况下，它与买卖双方均无固定联系，但可同时代表交易双方，在中间起到媒介作用，成交与否，最终仍取决于交易双方。成交后，提取一定佣金，但佣金比例一般较低。

② 按中间商的销售对象划分，可分为批发商和零售商。

2. 批发商的含义与类型

（1）批发商的含义　批发，是指一切将产品或服务销售给为了转卖或者商业用途而进行购买的个人或组织的活动。从事批发活动的组织和个人称为批发商。

（2）批发商的职能

① 销售与促销职能。批发商通过其销售人员的业务活动，可以使生产商有效地接触众多的小客户，从而促进销售。

② 采购与搭配货色职能。批发商代替顾客选购服装产品，并根据顾客的需要，将各种货色进行有效的搭配，从而使顾客节省时间。

③ 整买零卖职能。批发商可以整批地买进服装产品，再根据零售商的需要批发出去，从而降低零售商的进货成本。

④ 仓储服务职能。批发商可将服装储存到出售为止，从而降低供应商和顾客的存货成本和风险。

⑤ 运输职能。由于批发商一般距零售商较近，可以很快地将货物送到顾客手中。

⑥ 融资职能。批发商可以向客户提供信用条件，提供融资服务；另外，如果批发商能够提前订货或准时付款，也就等于是为供应商提供融资服务。

⑦ 风险承担职能。批发商在分销过程中，由于拥有服装产品所有权，故可承担失窃、瑕疵、损坏或过时等各种风险。

⑧ 提供信息职能。批发商可向其供应商提供有关消费者的市场信息，如竞争者的活动、新服装产品的出现、价格的剧烈变动等。

⑨ 管理咨询服务职能。批发商可经常帮助零售商培训推销人员、布置商店以及建立会计系统和存货控制系统，从而提高零售商的经营效益。

（3）批发商的主要类型　批发商按职能和提供的服务是否完全来分类，可分为两种类型。

① 完全服务批发商。这类服装批发商执行批发商的全部职能，他们提供的服务，主要有保持存货、雇用固定的销售人员、提供信贷、送货和协助管理等。他们分为批发商人和工业分销商两种。批发商人主要是向零售商销售，并提供广泛的服务；工业分销商向生产商而不是向零售商销售服装产品。

② 有限服务批发商。这类服装批发商为了减少成本费用，降低批发价格，只执行一部分服务。它们又可分为四种类型。

a. 现购自运批发商。它不赊销，也不送货，顾客要自备货车去批发商的仓库选购货物，当时付清货款，自己把服装运回来。现购自运批发商经营低档次服装，其消费者主要是低收入的消费人群。

b. 承销批发商。他们拿到顾客（包括其他批发商、零售商、用户等）的订货单，就向生产商、厂商等生产者进货，并通知生产者将服装产品直接运给顾客。所以，承销批发商不需要有仓库和产品库存,只要有一间办公室或营业所就行了,因而这种批发商又叫作"写字台批发商"。

c. 卡车批发商。他们从生产者那里把服装产品装上卡车后,立即运送给各零售商店、专卖店、商场等顾客。所以这种批发商不需要有仓库和产品库存。

d. 邮购批发商。指那种借助邮购方式开展批发业务的批发商。他们经营的服装产品,其顾客是边远地区的小零售商等。

3. 零售商的含义与类型

(1) 零售商的含义　零售是指所有向最终消费者直接销售服装产品和服务,以供其做个人及非商业性用途的活动。而零售商或者零售商店是指那些销售量主要来自零售的商业企业。

(2) 零售商的职能
① 分布范围广,销售灵活、方便。
② "化整为零"提供分割服务、拆整卖零。
③ 提供物流服务,可以储存运输、送货上门。
④ 为消费者承担某些风险和信用购买。
⑤ 及时了解和反映消费者的意见和需求。

(3) 零售商的主要类型
① 商店零售商。我国国内贸易局1998年7月将零售业商店分为8类:百货店、超级市场、大型综合超市、便利店、仓储式商场、专业店、专卖店、购物中心。

发达国家最主要的零售商店类型有:专用品商店、百货商店、超级市场、方便商店、超级商店或联合商店和特级商场(MALL)、折扣商店、仓储商店、产品陈列室推销店、服装大卖场。

② 非商店零售商。虽然大多数服装产品和服务是由商店销售的,但是非商店零售却比商店零售发展得更快。

a. 直复市场营销。直复市场营销是一种为了在任何地方产生可度量的反应和达成交易而使用的一种或多种广告媒体的互相作用的市场营销体系。直复市场营销主要有邮购目录、直接邮购、电话市场营销、电视市场营销、电子销售、顾客订货机销售、其他媒体市场营销等形式。

b. 直接销售。直接销售主要有挨门挨户推销、逐个办公室推销和举办家庭销售会等形式。

c. 购物服务公司。购物服务公司是不设店堂的零售商,专门服务于某些特定的消费群体。通常是为学校、医院、工会和政府机关等大型组织提供服务。

4. 代理商的含义与类型

(1) 代理商的含义　代理商是从事购买或销售或二者兼备的洽商工作,但它是不取得服装产品所有权的商业单位。其主要职能在于促成服装产品的交易,借此赚取佣金作为报酬。

(2) 代理商的主要类型
① 独家代理与多家代理。独家代理,是指厂商授予代理商在某一市场(可能以地域、

产品、消费者群等区分）独家权利，厂商的某种特定的服装产品全部由该代理商代理销售。以地域划分的独家代理是指该代理商在某地区有独家代理权，这一地区的销售事务由其负责。

多家代理，是指厂商不授予代理商在某一地区、服装产品上的独家代理权，代理商之间并无代理区域划分，都为厂家搜集订单，无所谓"越区代理"，厂家也可在各地直销、批发服装产品。

② 总代理与分代理。总代理，是指该代理商统一代理某服装厂家某服装产品在某地区的销售事务，同时它有权指定分代理商，有权代表厂商处理其他事务。因此，总代理必须是独家代理商，但是独家代理不一定是总代理，独家代理不一定有指定分代理商的权力。在总代理制度下，代理层次更为复杂，常常称总代理商为一级代理商，分代理商为二级或三级代理商。分代理商也有由原厂家直接指定的，但是大多数分代理商由总代理商选择，并上报给厂家批准，分代理商受总代理商指挥。

③ 佣金代理与买断代理。佣金代理，是指代理商的收入主要是佣金收入，代理商的价格决策权受到一定限制。佣金代理方式分为两种：一种是代理关系的佣金代理商；另一种是买卖关系的佣金代理商。

买断代理商与服装厂家是一种完全的"买断"关系。他们先自己掏钱向厂家进货再销售，而买卖关系的佣金代理商则是先从厂家进货，若收不到货款时，再承担"坏账"损失。因此，买断代理商风险更大，他们对服装产品的销售价格拥有完全决定权，其收入来自贱买贵卖之间的差价，而不是佣金。

三、分销渠道的设计与管理

1. 分销渠道的设计

（1）影响分销渠道设计的因素

① 产品因素

a. 产品的物理化学性质。对一些易腐、易损的服装产品，应尽量避免多次转手、反复搬运，选择较短的渠道或专用渠道。

b. 产品单价高低。价格昂贵的服装产品，应减少流通环节，采用较短的渠道；单价便宜的服装产品，一般选择较长较宽的分销渠道。

c. 产品式样。式样花色多变、时尚程度较高的服装产品宜采用短渠道分销。

② 市场因素

a. 目标市场范围的大小。服装市场范围越大，分销渠道一般相应越长；相反，则可短一些。

b. 顾客的集中程度。如果顾客群大都集中在某一地区，可采用短渠道或直接渠道；如果顾客均匀分散在广大地区，则需要更多发挥中间商作用，采用长而宽的渠道。

c. 消费者购买习惯。消费者对服装产品购买方便程度的要求，每次购买数量、购买地点及购买方式的选择，会影响企业选择不同的分销渠道。

d. 销售的季节性。对服装产品这种销售季节性较强的产品，一般应充分发挥中间商的作用，以便均衡生产，不失销售时机，可以较多采用较长的分销渠道。

e. 竞争状况。通常情况下，同类服装产品的竞争者采取相同或相似的分销渠道，在竞争特别激烈时，则应寻求有独到之处的销售渠道。

③ 企业自身因素

a. 服装企业的财力、信誉。财力雄厚、信誉良好的企业，有能力选择较固定的中间商经销产品，甚至建立自己的销售网点，采取较易控制的短渠道；反之就要更多地依赖中间商。

b. 企业的管理能力。有较强市场营销管理能力和经验的服装企业，可以自行销售产品，采用短渠道或直接渠道；反之，采用较长的渠道，利用中间商的有利优势。

c. 企业控制渠道的愿望。有些服装企业为了有效地控制分销渠道，宁愿花费较高的直接销售费用，建立较短而窄的渠道；也有一些服装企业可能并不希望控制渠道，则可根据销售成本等因素采取较长而宽的分销渠道。

④ 环境因素

a. 经济形势。整个社会的经济形势好、发展快，分销渠道的选择余地较大；而在经济萧条、衰退时，市场需求下降，服装企业就必须尽量减少不必要的流通环节，使用较短的渠道。

b. 有关法规。国家政策、法律，如专卖制度、反垄断法规、进出口规定、税法等，也会影响分销渠道的选择。

(2) 分销渠道系统的设计

① 传统分销系统。传统分销系统，是指一般的分销组织形态，渠道各成员之间是一种松散的合作关系，各自追求自己的利润最大化，最终使整个分销渠道效率低下。它也被称为松散型分销系统。

传统分销模式的优势是具有较大的灵活性，可以随时、任意地淘汰或选择分销渠道。缺陷是成员各自追求自己的利益最大化，不顾整体利益，结果使整体分销效益下降，同时渠道成员之间缺乏信任感和忠诚度，难以形成长期和稳定的渠道关系。

传统分销模式的适应性有"两小"。一是小型服装企业，二是小规模生产，服装产品数量太少，不可能形成一个稳定的分销系统。

② 垂直分销系统。垂直分销系统，是由生产者、批发商和零售商组成的一种统一的联合体，每个成员把自己视为分销系统中的一分子，关注整个垂直系统的成功。垂直分销系统有三种形式：所有权式、契约式和管理式。

垂直分销系统的优势是：合理管理库存，削减分销成本；便于把握需求动向；易于安排生产与销售；渠道控制能力强；有利于组织竞争者加入；服装产品质量有保障，服务水平高。缺陷是：维持系统的成本较高；经销商缺乏独立创造性；制造商有可能出现武断决策。

垂直分销系统的适应性：美国有64%的消费品采用此种系统，无论是大企业，还是小企业，都大量采用垂直分销系统。

③ 水平分销系统。水平分销系统又称共生型分销系统，是两家或两家以上的公司横向联合共同形成新的机构，发挥各自优势，实现分销系统有效、快速地运行。

水平分销系统的优势是：通过合作实现优势互补和规模效益；节省成本；快速拓展市场。缺陷是：合作有一定冲突和困难。

水平分销系统的适应性：实力相当而营销优势互补的服装企业。

④ 多渠道分销系统。多渠道分销系统，是指一家服装公司建立两条以上的分销渠道进

行分销活动。每一种渠道可以实现一定的销售额。渠道之间的竞争既可能促进销售额的共同增加,也可能发生冲突。

 2. 分销渠道的管理

(1) 选择渠道成员 选择合格的中间商,必须明确其应具备的条件和特点。服装企业可以综合考察评估它们的开业年限、经营服装产品范围、盈利与发展状况、财务支付能力、协作愿望与能力、信誉等级等。如果是销售代理商,要重点考核其经营的其他服装产品种类、性质以及销售人员的规模和素质;如果是要求独家经销的公司,则需侧重评价该店的位置、将来发展的潜力和消费者的类型。

(2) 激励渠道成员 激励中间商的基本点是了解中间商的需要与愿望,并据此采取有效的激励手段。激励的方法大致有三种:合作、合伙与经销规划。

① 合作。许多生产者认为,解决问题的办法是设法得到中间商的合作。他们常常采取软硬兼施的方法:一方面使用积极的激励手段,如较高的利润、交易中的特殊照顾、奖金等额外酬劳、合作广告资助、展览津贴、销售竞赛等;另一方面也偶尔使用消极的制裁,如威胁要减少利润、推迟交货,甚至终止关系等。这种方法的缺点是并没有真正了解中间商,简单地套用"刺激—反应"模式,混杂使用各种激励因素。生产者在使用时必须谨慎,否则会产生较大负面影响。

② 合伙。生产者着眼于与经销商或代理商建立长期的伙伴关系。首先,生产者要仔细研究并明确在销售区域、产品供应、市场开发、财务要求、技术指导、售后服务和市场信息等方面,生产者和经销商彼此之间的相互要求。然后根据实际可能,双方共同商定在这些方面的有关政策,并按照他们信守这些政策的程度给予奖励。

③ 经销规划。这是更先进的方法,即建立一个有计划的实行专业化管理的垂直市场营销系统,把生产者与经销商双方的需要结合起来。生产者在市场营销部门设立一个分部,可称为"经销商关系规划部",其任务是了解经销商的需要,并制定营销规划,以帮助每一个经销商尽可能以最佳方式经营。通过该部与经销商共同规划营销目标、存货水平、产品陈列、员工培训以及广告宣传等,引导经销商认识到他们是垂直营销系统的重要成员,积极做好相应工作,从中得到更高的利润。

(3) 评估渠道成员 对中间商的工作绩效要定期评估。评估标准一般包括销售定额完成情况、平均存货水平、向消费者交货时间、损坏和遗失货物处理、对公司促销与培训计划的合作情况、货款返回的状况以及中间商对消费者提供的服务等。

四、新型分销渠道

 1. 连锁经营

(1) [美] 连锁商店 (Chain Store) 定义 由同一服装公司所有,统一经营管理,包括两个或两个以上的商店,这些商店经营管理着类似的服装产品大类,实行集中采购和销售,还可能有相似的建筑风格和标志。

(2) 连锁经营的类型

① 正规连锁 (Regular Chain, RC)

[美] 定义：单体资本经营，两家或两家以上分店，统一经营管理。

正规连锁有以下几个特点。

a. 所有分店必须归一个服装公司、一个联合组织或单一个人所有，各分店不具备法人资格。

b. 连锁总部对各店铺拥有全部所有权、经营权、监督权，实施人财物与商流、信息流、物流、资金流等方面的集中统一管理，分店的业务必须按总部指令行事。

c. 整个连锁集团实行统一核算制度，工资奖金由总部确定。

正规服装连锁商店的上层组织形式主要有两种：一种是由母公司直接管理，不再另设连锁总部；另一种是没有母公司，而是设立总部，由总部统一管理下属各分店成员。

② 自愿连锁（Voluntary Chain，VC）

[美] 定义：由批发企业牵头，成员在保持资本独立的前提下自愿组成的集团。

自愿连锁有以下几个特点。

a. 各成员企业保持自己的经营自主权和独立性，不仅独立核算、自负盈亏、人事自主，而且在经营品种、经营方式、经营策略上也有很大的自主权，但要按销售额或毛利的一定比例向总部上交加盟金及指导费，连锁总部则应遵循共同利益原则，统一组织进货，协调各方关系，制定发展战略，搜集信息并及时反馈给各成员店。

b. 各成员企业向总部上交的加盟费又以另一方式返还给各成员店铺。

c. 以大型服装零售企业为骨干，利用大企业在进货渠道和储运设施方面的优势开设总店，再以自由连锁方式吸收中小企业加盟。

d. 以几家中小企业联合为龙头，开办自由连锁的总店，然后吸收其他中小企业加盟，建立统一物资配送中心，所需资金可以通过在分店中集资解决。

e. 是由某个批发企业发起，与一些具有长期稳定交易关系的零售企业在自愿原则下，结成连锁集团，批发企业作为总部承担配送中心和服务指导功能。

2. 特许经营

(1) 特许经营的定义和特点

① 定义。特许经营（Franchise）是指特许授予人与特许被授予人之间通过协议授予受许人使用特许人已经开发的品牌、商号、经营技术、经营规模的权利。

② 特点

a. 一个特许经营系统由一个特许人和若干个受许人组成，核心是特许权转让。特许人与受许人一对一签订合同，各受许人间无横向联系；

b. 受许人在特定时期、区域享有使用特许人商号、商标、产品或经营技术的权利，按契约规定从事经营活动；

c. 受许人不是特许人的代理人或伙伴，无权代表特许人行事；

d. 契约规定，特许人按受许人营业额的一定百分比收取特许费，分享受许人的部分利润，也分担部分费用。

(2) 特许经营的种类　分为产品、商标型特许经营和经营模式型特许经营。

在经营模式型特许经营中，受许人不仅被授权使用特许人的商号，还有全套的经营方式、指导和帮助。包括商店选址、人员培训、服务质量控制、广告等。

(3) 特许经营的优点与不足

① 优点

a. 把经营失败的危险降到最低；

b. 分享规模效益，使开业成本降到最低；

c. 受许者通常会得到全国性的品牌形象支持；

d. 分享企业技术开发的成果；

e. 获得其他方面的支持与服务。

② 不足

a. 特许经营必须遵循特许权授予者的要求，很少留下创新余地；

b. 特许经营总部若有事故，加盟店会受到牵连；

c. 增强了依赖性。

3. 直销经营

(1) 直销经营的定义　它是指服装产品直接从生产者转移到消费者或者用户手中，没有中间商的渠道环节。

(2) 直销经营的类型　直销经营一般都没有库房销售，直接向消费者进行推销或者客户自选的一种营销方式，常用的主要有三种类型：一是直复营销，二是自动售货，三是人员直销。

第四节　服装促销策略

在现代市场经济条件下，企业开展营销活动，不仅要求开发适销对路的优质服装产品，制定有吸引力的价格，通过适当的渠道提供给顾客，还需要与现有的潜在的目标消费者进行沟通，将企业产品和服务的信息及时传递给消费者，激发起消费者的购买欲望，促进服装产品的销售。促销是市场营销组合策略的重要组成部分。

一、促销概况

1. 促销的定义及目的

(1) 促销的定义　促销即促进销售，是指企业把服装产品和企业的信息通过各种方式传递给消费者和用户，促进其了解、信赖并购买本企业的服装产品，以达到扩大销售的目的。著名的营销学之父菲利普·科特勒给促销的定义是："促销就是企业通过适当方式把商品或劳务的信息传递给消费者，引起消费者的兴趣和注意，激发其购买欲望，促进消费者购买行为的活动。"服装促销就是服装企业用各种方法和手段，把自己的服装产品信息传递给消费者，促进影响服装消费者的购买，达到增加服装产品销售额，赚取更多利润的活动。促销的实质是沟通和传递信息。

(2) 促销的目的　服装企业进行促销活动可以起到改变或加强消费者购买行为的目的，具体说，它有以下几个方面。

① 提供信息。服装企业要了解消费者的需求，同时消费者也要了解服装企业有什么样

的服装产品和服务，双方都需要相互沟通信息。一款服装产品进入市场或即将进入市场，服装企业应及时地向消费者提供新产品的信息。

② 突出特点。在市场上有同类服装产品进行激烈竞争的情况下，有时相互之间只有细微的差别，消费者往往不易察觉，服装企业可以采取促销活动，宣传本企业的产品区别于竞争对手产品的特点，使消费者认识到本企业产品与其他产品之间的区别和独到之处，突出给消费者带来的特殊利益。

③ 刺激需求。服装生产企业向中间商和消费者介绍服装产品，不仅可以诱导需求，有时还能够创造需求。为此，传递信息内容和形式应该与消费者的购买心理、发展过程相吻合，唤起消费者购买服装产品的欲望，并且逐步引导到更高阶段。

④ 稳定销售。由于各种原因，服装产品在市场上会经常出现销售起伏波动现象，服装企业可以通过促销活动，使更多的消费者形成对本企业服装产品的偏好，以达到稳定和扩大销售的目的。同时，由于市场规模扩大，潜在顾客以及中间商的增多等因素，服装企业想要稳定销售，除了有更好的产品和高效率的渠道外，还要靠本企业的促销手段，不断获得顾客的宠爱，才能使消费者在市场竞争中能够清楚地识别本企业的产品。

2. 促销方式

促进销售包括人员推销和非人员推销，主要方式有广告、销售促进、公共关系等。人员推销又包括推销员活动和推销服务机构；非人员推销又包括广告、宣传、营业推广和公共关系。

3. 促销策略决策

所谓促销策略决策，就是把人员推销、广告、营业推广、公共关系等各种不同的促销方式有目的、有计划地结合起来并加以综合运用，以达到特定的促销目标。这种组合既可包括上述四种方式，也可包括其中的两种或三种方式。

服装企业在促销策略决策时应考虑下述因素。

(1) 促销目标　确定最佳促销策略决策，需考虑促销目标。相同的促销工具在实现不同的促销目标上，其成本效益会有所不同。也就是说，促销目标不同，应有不同的促销策略决策。如果促销目标是为了提高服装产品的知名度，那么促销策略重点应放在广告和营业推广上，辅之以公共关系宣传；如果促销目标是让顾客了解服装产品的性能和使用方法，那么促销策略应采用适量的人员和某种营业推广、人员促销，并安排一些广告宣传。

(2) "推"与"拉"的策略　企业采用"推"式策略还是"拉"式策略进行促销，对促销策略也有较大的影响。"推"式策略，是指利用推销人员和中间商把服装产品推销给顾客。"拉"式策略，是指企业针对最终顾客，利用广告、公共关系等促销方式，激发消费需求，经过反复强烈的刺激，消费者将向零售商指名购买这一服装产品，零售商则向批发商指名采购这种服装产品，而批发商必然要向生产企业要货。生产企业就这样把自己的服装产品拉进销售渠道。

(3) 市场性质　不同的市场，由于其规模、类型、潜在顾客数量的不同，应该采用不同的促销策略。规模大、地域广阔的市场，多以广告为主，辅之以公共关系宣传；反之，则宜以人员推销为主，消费者市场购买者众多、零星分散，应以广告为主，辅之以营业推广、公共关系宣传；生产者市场用户少，购买批量大，则宜以人员推销为主，辅之以营业推广、广告和公共关系宣传。服装市场潜在消费者数量多，应采用广告促销，有利于开发需求；反之，则宜采用人员推销，有利于深入接触顾客，促成交易。

（4）产品性质　不同性质的服装产品，应采用不同的促销组合策略。一般来说，广告一直是消费品市场营销的主要促销工具；而人员推销则是服装产品（生产资料）市场营销的主要促销工具。营业推广对这两类市场是同等重要的。

（5）产品生命周期　服装产品生命周期阶段的不同，促销目标也不同，因而要相应地选择、匹配不同的促销策略。在介绍期，多数消费者对新产品不了解，促销目标是使消费者认知产品，应主要采用广告宣传介绍产品，选派推销人员深入特定消费者群体详细介绍产品，并采用展销、示范等方法刺激消费者购买。在成长期，促销目标是吸引顾客购买，培养品牌偏好，继续提高市场占有率，仍然以广告为主，但广告内容应突出宣传品牌和产品特色，同时也不要忽略人的口碑传播与沟通。在成熟期，促销目标是战胜竞争对手、巩固现有市场地位，需综合运用促销组合策略各要素，广告应以提示性广告为主，并辅之以公共关系宣传和营业推广，以提高企业和企业产品的声誉。在衰退期，应把促销规模降到最低限度，尽量节省促销费用，以保证维持一定的利润水平，可采用各种营业推广方式来优惠出售存货，尽量处理库存。

（6）促销预算　服装企业在制定促销组合策略时，还要考虑促销费用的限制。应根据促销预算安排促销策略。如果用于促销的预算较少，自然不能采用费用昂贵的电视广告，可考虑采用其他媒体广告，或依赖公共关系与人员推销，也可使用直接邮寄产品目录、产品说明书、订单等，向消费者传递产品信息、争得订单。对于某些小服装企业，特别是潜在消费者不多的小服装企业，使用邮寄，常常会获得较好的促销效果。

二、人员推销策略

1. 人员推销的含义、特点及任务

（1）人员推销的含义　人员推销是一种古老的推销方式，也是现代产品销售中一种重要的促销方式。它由销售人员直接与潜在消费者接触，以谈话的方式作口头说明、示范和表演，达到销售产品的目的。随着买方市场的形成和市场竞争的日益激化，人员推销在企业推销活动中的作用日益重要。

（2）人员推销的特点
① 可与消费者直接接触、方式灵活。
② 培养关系。
③ 及时成交。

人员推销这种促销方式存在的问题是费用很高，优秀的推销人才的培养不容易，以及对推销人员的管理与控制有困难。

（3）人员推销的任务
① 寻求。推销人员要不断努力寻找和开发更多的新客户。
② 沟通。推销人员应熟练地把企业产品或服务的信息传递给现有的和潜在的顾客。
③ 推销。推销人员应精通推销技术，积极与顾客接洽介绍产品，接受咨询，激发顾客的购买欲望，完成产品的销售。

④ 服务。推销人员应为顾客提供各种服务，为顾客排忧解难。例如，提供技术帮助、代办托运、安排资金融通、加快交货等。

⑤ 收集信息。销售人员可利用与顾客接触的机会收集市场信息，进行市场调整，向企业提供访问情况报告。

⑥ 分配。推销人员要能评估顾客的信誉，如有产品短缺时，向顾客提供合理分配短缺产品的方案。

在人员推销工作中，销售人员还应该了解如何使顾客满意并为企业带来效益，如何分析销售状况，测定市场潜力，收集市场情报，制定营销策略和计划。企业培养与造就一支能力强、素质高的推销员队伍，对完成提高销售量的任务具有极其重要的作用。

2. 推销人员的素质和业务要求及人员推销决策

(1) 推销员的素质
① 思想素质。
② 文化素质。
③ 业务素质。
④ 身体素质。

(2) 推销人员的业务要求
① 熟悉业务，掌握企业、产品、消费者和市场等方面的情况。
② 熟悉行情，精通生意经。
③ 善于察言观色，具有较强的应变力。
④ 善于言辞，具有较好的表达力。现代推销人员应当谈吐文雅，表达力强。

(3) 人员推销决策　人员推销决策，是指服装企业根据外部环境和内部资源条件设计和管理推销队伍的一系列经济过程。大体上有两种：

第一种是战略决策，包括推销队伍的大小，区域设计和访问计划等；

第二种是管理决策，包括对销售人员的招募、挑选、培训、委派、报酬、激励和控制。

① 企业推销规模的确定

a. 销售百分比法。企业根据历史资料计算出推销队伍的各种销售额的百分比以及推销人员的平均成本，然后对未来销售额进行预测，从而确定销售人员的数量。

b. 分解法。这种方法是对每一位推销人员的产出水平进行分散，再同销售预算额相对比，就可判断推销队伍的规模大小。

c. 工作量法。上述前两种方法比较简单，但它们都忽略了推销人员的数量与销售量之间的内在联系，因而实际意义不大。企业可选用工作量法，具体可分为以下五个步骤：

ⅰ. 按年销售量的大小将消费者分类；

ⅱ. 确定每类消费者所需的访问次数（对每个消费者每年的推销访问次数），它反映了与竞争对手相比要达到的访问次数，以及要达到的访问密度有多大；

ⅲ. 每类消费者的数量乘以各自所需的访问次数就是整个地区的访问工作量；

ⅳ. 确定一个销售代表每年可以进行的平均访问次数；

ⅴ. 将总的年访问总人数除以每个销售人员的平均访问数，即所需的销售人数。

② 推销人员的分派。通常有以下四种方式：

a．按地区分派推销人员；
　　b．按产品类别分派推销人员；
　　c．按用户类型分派推销人员；
　　d．复合式分派。
　③ 推销人员的招聘与培训
　　a．推销人员的招聘。企业挑选推销人员的标准主要有如下几点：
　　ⅰ．同感力，即从消费者角度考虑问题，并使消费者接受自己；
　　ⅱ．自信力，即让消费者感到自己的购买决策是正确的；
　　ⅲ．挑战力，即具有视各种异议、拒绝或障碍为挑战的心理；
　　ⅳ．自我驱动力，即具有完成销售任务的强烈欲望。
　　b．推销人员的培训。服装企业在招聘到合格的推销人员后还必须对他们进行培训。必须坚持先培训、后上岗的原则。培训的内容主要有：
　　ⅰ．服装企业的历史、现状、战略目标、战略方案、组织机构、财务状况等企业情况；
　　ⅱ．本企业产品的状况，如服装品种、规格性能、技术特点、工艺特点、价格等；
　　ⅲ．目标顾客的特点、消费心理特点、购买行为特点等；
　　ⅳ．竞争者的状况，如竞争对手的数量、实力、策略、市场占有率等；
　　ⅴ．推销技巧、公共关系、谈判技巧、交易规格、合同条款等；
　　ⅵ．推销工作职责、注意事项、工作程序、企业的报酬规定等。
（4）推销人员的激励与业绩评价
①　推销人员的激励
　　a．物质激励。主要有如下几种方法：
　　ⅰ．销售定额，就是服装企业规定销售人员在一年中应销售多少数额并按服装产品加以确定，然后把报酬与定额完成情况挂起钩来；
　　ⅱ．佣金制度，服装企业按销售额或利润的大小给予销售人员固定的或根据情况可调整比率的报酬。
　　b．精神激励。它在当今人力资源管理中所起的作用越来越大。对销售人员的精神激励主要有：
　　ⅰ．创造一个重视推销、重视销售人员，有利于他们充分发挥才干的组织氛围；
　　ⅱ．采取公正的正面精神鼓励措施。例如，在定期的销售会议上表扬优秀销售人员，每年评选优秀销售人员，开展销售竞赛，提供更多的晋升机会。
　② 推销人员的业绩评价。它是服装企业对推销人员工作业绩的考核与评估。它不仅是企业给推销人员分配报酬的依据，也是企业调整市场营销战略、促使推销人员更好工作的基础。推销人员业绩评价的主要指标有销售数量、销售增长率、访问消费者的次数、新增消费者的数量、销售定额完成率、推销费用率等。

三、广告策略

1. 广告的定义

　　广告是通过特定的媒体传播服装产品或劳务的信息，以促进销售为主要目的的大众传播手段。这个定义可以概括为以下四点。

① 广告对象是广大消费者,通过大众传播,即广而告之,不是人员推销的那种个人传播行为。

② 广告内容是传播商品或劳务方面的经济信息。

③ 广告手段是通过特定的媒体来进行的,对租用媒体要支付一定的费用,它有别于新闻信息传播。

④ 广告是为了促进产品或劳务的销售,取得利润。

2. 广告在营销中的位置

(1) 广告与服装营销的关系 广告是商品经济的产物,在以消费者为中心的买方市场条件下,广告成为传播经济信息和促进服装产品销售的重要手段,广告是促销策略的组成部分,促销策略是市场营销的一部分。

(2) 广告的功能
① 指导消费,刺激需求。
② 加速流通,扩大销售。
③ 有利竞争,改善经营。
④ 传播文化,丰富生活。

3. 广告策略的内容

(1) 确定广告目标 在制定广告目标时,一般应考虑广告的传播对象、内容、时间、地点、媒体——广告策略的五大要素。

① 对象。在五大要素中,传播对象的确定是最重要的。广告策略,应从广告对象的心理活动出发了解广告对象想什么?要求什么?最能满足他们需要的是什么?广告的通病是注意物而不是注意人。因此对象的确定,首先要把可能的消费者按年龄、性别、职业等进行细化,然后确定主要对象和次要对象,针对主要对象,开展广告宣传。

② 内容。要向广告对象传播哪些信息,这就是广告内容的范畴。要明确向消费者作出某些承诺与保证,消费者视听广告所关心的重点是广告服装产品或服务给人们带来什么好处,能满足人们什么要求。因此广告内容除了对服装产品一般介绍外,还要突出这两个方面的宣传。承诺与保证都必须实事求是,内容应为消费者所感兴趣的。

③ 时间。广告发布的时间要为广告目标服务,不同目标的要求,有不同的时间安排。一般有集中时间、均衡时间、季节性时间、节假日时间等几种安排,服装企业要掌握好自己主营服装产品在市场销售中的广告时机是十分重要的。

④ 地点。地点选择也是广告策略要素之一。确定广告地点,首先要考虑该地区对产品需求量的大小,一般来说,需求量大的地区,应集中力量宣传,可能获得较大效益。其次要考虑本企业服装产品的需求量,如果某一地区这类服装产品需求量虽然很大,但本企业服装产品在这一地区却处于劣势,集中在此地区做广告宣传,可能收益不好。因此,必须根据企业销售实绩,选择重点地区。最后要考虑开拓新的重点市场,重点放在争取新顾客、新市场上。

⑤ 媒体。不同的广告媒体,有不同程度的传递性、吸引性、适应性,因而不同的广告

策略应慎重选取能达到广告目标、传递信息的媒介物,把媒体与广告目标、广告对象、广告表现形式以及广告费用结合起来考虑。

(2) 制定广告预算　制定广告预算主要方法如下。

① 随机分摊法。这是一种最原始、不靠任何数据支配的预算方法。它完全凭借企业领导者的"判断"、"经验"和"灵感"确定。

② 销售比例法。这是一种按企业目前或预测的销售额取一定比例作为广告费用支出的方法。这种方法简便易行,但要认真考虑产品售价、利润和广告成本之间的关系。

③ 目标任务法。采用这种方法,首先要在明确广告目标的基础上,具体规定和详细列出为完成广告目标所必须进行的各项工作,然后,计算出完成各项工作的费用,以这些费用之和作为广告预算。此方法较为科学,但广告效益事先无法判断。

④ 竞争平衡法。根据同行,特别是有竞争关系的企业的平均广告支出来预算本企业的广告费用。这也是普遍被采用的方法。但这种方法很难直接与广告目标挂钩。

⑤ 投资效益法。这种方法把广告费用支出当作一种投资,按一定投资效益回收率来确定,然后,根据广告的经济效益测算预算。这种方法的明显缺陷在于,广告效果并不能全部转成经济效益,如知名度提高百分之几可多获销量(或利润)多少。

总之,由于各种具体的广告预算的确定方法都有一定的局限性,因而,在进行广告预算时,应综合利用上述几种方法。

(3) 选择广告媒体

① 广告媒体。又叫广告媒介,是广告者用来进行广告活动的物质技术手段,如报纸、杂志、电视、广播便是广泛使用的广告媒体,统称四大媒体。

② 广告媒体的特性比较

a. 报刊广告。优点是灵活度高、迅速及时、成本较低、传播面广、可信度高。主要缺点是质量选择性差、持续时间短、表现能力差。

b. 电视广告。它是一种声、形、色结合在一起的先进宣传工具,因此电视广告吸引力强,收视率高,艺术感染力强,能反复播放。主要缺点是成本高、时间短、不易记忆、灵活性较差。

c. 广播广告。优点是地理选择性好、适应性强、成本较低。缺点是时间短、没有视觉上的刺激、不易记忆、往往一听而过。

d. 杂志广告。优点是宣传对象明确、有的放矢、读者层稳定、持续时间长、便于保存查阅、可信度高。缺点是灵活性差、传播速度慢、覆盖率低。

e. 户外广告。户外广告的优点是地理选择性好、成本低、持续时间长、灵活性较大。缺点是针对性较差、信息内容少、形式有局限性、有时受公众反对和法律限制。

③ 广告媒体的选择。选择好的广告媒体是开展有效广告活动的关键之一。在选择广告媒体时,应注意考虑以下因素。

a. 产品性质和特点。不同类的服装产品,有不同的销售特点、不同的消费者,有不同的广告表现,因而要求选用不同适应性的媒体。例如,服装类的消费品,重要的是显示款式、颜色,所以电视广告、彩色图片做广告效果较好,单用文字效果较差。对高技术性能的产品,比较适宜邮寄广告、杂志广告,可以详细说明服装产品技术参数、性能,便于消费者比较。

b. 目标客体的媒介习惯。比如,女装广告应刊登在妇女杂志上,或选择大多数妇女爱看的电视节目作为媒介。

　　c. 广告成本。根据广告的综合效果，选择最合算的媒体。

　　d. 媒体组合。为了使有些广告达到理想的效果，仅选用一种媒体是不够的。而将几种媒体交错运用，可产生相辅相成、互相补充的作用。

　　（4）广告内容的要求

　　① 概念明确。广告必须把服装企业的需要与消费者沟通的信息内容准确地传递给消费者，因此，必须在文字和使用语言等方面能准确无误地表达产品、服务等信息。不可使用含义模糊、使人产生误解的表达方式。

　　② 给消费者深刻的印象。好的广告设计能给视听接受者深刻的印象。在广告语言、文字、图形、显示方式等内容方面，要独具匠心，引起消费者的注意，促使消费者记住广告宣传的产品和服务的内容。

　　③ 引起消费者的兴趣。广告要做到有可看性、趣味性，能激发起消费者的兴趣。不仅使消费者对广告内容感兴趣，而且对广告本身的表达也感兴趣。有的广告设计成一段生活小事情或者一段小品，能激发起视听者浓厚的兴趣，为消费者购买服装产品奠定了良好的基础。

　　④ 广告信息内容必须充分。广告中的信息对消费者日后的购买行动有重要影响。信息量必须要满足消费者的要求，以便促成消费者尽快作出购买决策。要把消费者应该知道的主要信息尽量传递给他们。虽然有的广告由于画面、时间等各种原因不能把所有的信息都交代清楚，但是，采用主题鲜明、重点突出的广告内容设计，可以把产品与服务的特点和差异明确无误地告诉消费者，能给消费者以较为清晰的印象。

　　⑤ 吸引力强。良好的广告具有较强的吸引力和艺术感染力，使人百看不厌。这需要语言、文字、图形、场景及表达方式的巧妙结合。其中重要的一条是所宣传的服装产品与服务能与消费者的需求紧密相连，显示服装产品为消费者带来的利益越充分，则吸引力越大。

　　（5）评价广告效果

　　① 广告传播效果测定。广告传播效果，是指广告信息传播的广度、深度及影响作用，表现为消费者对广告信息注意、理解、记忆程度。一般称为广告本身效果的测定，它可以在广告前也可以在广告后。测定广告后传播效果的方法主要有以下几种。

　　a. 阅读率、视听率、记忆率测定法。阅读率为报刊阅读广告的人数与报刊发行量的比率，公式为：

$$阅读率 = 阅读广告人数 \div 发行量 \times 100\%$$

　　视听率指通过电视机、收音机，收看、收听广告的人数与电视机、收音机拥有量的比率。

　　记忆率指记住广告重点内容（如服装产品名称、生产厂家、商标、产品特性等）的人数与阅读视听广告的人数比率。

　　b. 回忆测试法。找一些看过或听过电视、广播的人，让他们回忆广告的内容，来判断其对广告的注意度和记忆率。

　　c. 理解度测试法。在刊登广告的杂志读者中进行抽样调查，看有多少人阅读过这个广告，有多少人记得广告的中心内容，有多少人记得广告一半以上内容，并分别计算出百分比，从而判定读者的认识和理解程度。

② 广告促销效果的测定。广告促销效果，是指广告对服装企业产品销售产生的影响，仅广告促销的一般效果是难以准确测定的。这是因为销售除了受广告的影响外，还受其他许多因素，如服装产品特色、价格、购买难易和竞争者行为等的影响。测定广告促销效果的方法主要有以下两种。

a. 广告效果比率法。即根据广告后销售额增加幅度与广告费用增加幅度之比测定广告效果。其公式如下：

$$广告效果比率 = 销售额增加率 \div 广告费用增加率 \times 100\%$$

b. 单位广告费收益测定法。即根据一定时期内单位广告费用的经济效益来测定广告效果。其公式如下：

$$单位广告收益 = (广告后的平均销售额 - 广告前平均销售额) \div 广告费用额$$

四、营业推广策略

1. 营业推广的概念和特征

营业推广也叫销售促进，它是一种配合广告、人员推销的辅助性的销售促进活动，是以唤起短期需求为目的的各种促销形式。这些促销形式可以归为以下三类。

一是对消费者的销售促进，如赠送样品、提供各种价格折扣，消费信用、赠券、印花，服务促销、演示促销等；

二是对中间商的销售促进，如批量折扣、现金折扣、特许经销、业务会议、代销、试销、联营促销；

三是对推销人员的销售促进，如推销竞赛、红利提成、特别推销金等。

营业推广有这样几个基本特征：①它的非规则性和非周期性；②它的灵活多样性；③营业推广的短期效益比较明显，而不像公共关系、广告那样需要一个较长的周期。

2. 营业推广决策

(1) 营业推广目标的确定 产品营业推广的目标，取决于它的整个营销目标，又因目标市场的不同而异。概括来说，企业营业推广目标主要有三类。

① 对消费者营业推广的目标包括鼓励老顾客重复购买；促使新顾客试用新品牌产品；应付竞争、巩固扩大市场份额。

② 对中间商营业推广的目标包括鼓励中间商大量进货，增加库存，特别是季节性产品；促使中间商参与制造商的促销活动；帮助中间商改善营销工作，建立稳定的产销关系。

③ 对推销人员营销推广的目标包括鼓励推销人员推销新产品，开拓新市场，寻找更多的潜在消费者；大力推销过时积压产品等。

(2) 营业推广工具的选择 服装企业应根据市场类型、营业推广目标、竞争条件与环境以及各种营业推广形式的成本效益来选择营业推广工具，主要形式有以下几类。

① 样品。免费赠送样品，供中间商和消费者试用。

② 代金券。送给消费者的一种购货券，可按优惠价购买某种服装产品。

③ 有奖销售。通常可让消费者用产品的包装来兑换现金，或以发票号码开奖。

④ 服装产品陈列和现场示范。在商店里用示范表演的方法介绍新产品的用途，增进消费者对新产品的了解，并刺激其购买。

⑤ 附送礼品。在消费者购买某种服装产品时，免费附送小礼品，以刺激其购买欲望。小礼品可附于主要产品包装之内，也可另外赠送。

⑥ 交易印花。在营业过程中向消费者赠送印花，当购买者手中的印花积累到一定数量时，可向出售者领取现金或实物。这种方法可以吸引消费者长期购买本企业的服装产品。

⑦ 交易折扣。这一方式主要是针对中间商的。

⑧ 津贴。为促进中间商增购企业产品（特别是新产品），鼓励其积极对购进服装产品开展促销活动等，给中间商一定的津贴，津贴类型主要有陈列津贴和广告津贴。

⑨ 竞赛。此项活动在批发商、零售商、代理商之间开展，或组织企业内部推销员参加，也可以对消费者举办。对中间商开展的竞赛，一般称为经销竞赛，即让中间商开展销售本企业产品的竞赛，向中间商中成绩优异者发奖，奖励的形式如现金、旅游、消费品奖励，甚至赠送卡车、货车、陈列柜等设备。

⑩ 展销会。通过参加各种形式的展销会来促进服装产品的销售。

(3) 营业推广方案的制订实施与评估

① 制订营业推广方案。制订营业推广方案要考虑鼓励的规模、推广的途径、持续时间、选择推广的时机以及推广经费预算等。

② 营业推广方案的实施。首先要在执行方案前进行试点效果测试，来确定鼓励规模是否最佳、推广形式是否合适、途径是否有效。试点成功后再组织全面实施营业推广方案。在执行过程中，要实施有效的控制，及时反馈信息，如发现问题要采取必要措施，调整和修改原定方案。

③ 评估营业推广方案的效果。最常用的方法是比较推广前、推广中、推广后的销售额数据，以评估其效果大小，总结经验教训，不断提高营业推广的促销效率。

五、公共关系策略

1. 公共关系概念、特点及构成要素

(1) 公共关系的概念　什么是公共关系？国内外学者都有许多不尽相同的解释和定义。

《大英百科全书》的定义是："公共关系是旨在传递关于个人、公司、政府机构或其他组织的信息，以改善公众对他们的态度的政策和活动。"

按照菲利普·科特勒所著《市场营销学原理》一书中的定义，作为促销组合之一的公共关系，是指这样一些活动：争取对企业有利的宣传报道，帮助企业与有关各界公众建立和保持良好关系，树立和保持良好的企业形象，以及消除和处理对企业不利的谣言、传说和事件。

各国许多学者对公共关系的定义表述虽然不尽一致，但基本精神是一致的。在现代社会，任何企业的生存和发展都离不开公众和舆论的支持，公共关系就是协调各种关系，争取社会舆论支持的一种传播沟通活动。

(2) 公共关系的特点　公共关系与其他促销方式相比，具有如下特点：

① 可信度很高；
② 影响面较广；
③ 促销效果好；
④ 费用水平低。

（3）公共关系的构成要素　企业是公共关系的主体，传播是公共关系活动的手段，公众是公共关系的客体。

2. 公共关系的活动内容

① 服装企业可以通过各种手段来收集企业环境变化的情况。
② 与新闻媒体建立良好的关系。
③ 举办或参加专题活动。
④ 对外联络协调工作。
⑤ 赞助与支持公益事业。
⑥ 咨询活动。
⑦ 其他日常活动。

思考题

1. 产品整体概念的内容是什么？
2. 产品生命周期各个阶段有哪些主要特征？各个阶段都是采用的什么样的营销策略？
3. 服装企业的定价目标主要有哪些？
4. 影响企业定价的主要因素是什么？
5. 服装企业在采取降价或提价策略时，经常遇到的问题和挑战有哪些？

【案例分析Ⅰ】

商场经历

虽然是下班时间但购物的人并不多，我和小张走在一排排的品牌营销店间，我的目光始终没有离开各式的衣服，一直寻找着目标。各专卖店基本都有一两个导购，有的在招待顾客，有的在聊天，也有的在看杂志，还有的站在店门口观看人来人往。走了二十几米后我还一家都没有进，只是在门外大概浏览一下，留心一数我发现：四个品牌的导购没有看到我这个准客户，三个品牌的导购看了我这个准顾客一眼后就继续忙自己的事情了，还有三个品牌的导购像看怪兽一样目送了我们路过他家门口。一转身我进入了Ａ品牌营销店，导购员小Ａ仍在低头理货，我在店里简单地浏览一圈就出去了，小Ａ就像没有发现我们一样仍然在做着自己的事。我又溜达到B品牌营销店，导购员小B在我看到第三件衣服的时候走了过来："大哥喜欢哪件就试试吧。""嗯，我再看看。"我应答着从另一个方向离开了。看到C品牌营销店里挂着一些西装，我和小张径直走了进去浏览一圈后问道："有没有休闲西装？""没有的，我们这儿的西装都是套装，正式的那种。"导购员小C一本正经地告诉我。无奈，我们又离开了。这时D专卖店的一位大姐微笑着站在店门口向我打起了招呼："进来看看吧，我们这里刚到几个新款。"本来我扫了一下她的店内发现没有我想要的衣服，但经过她这么热情地打招呼我反而有些不太好意思直接走开，就走了进去："大姐，你这里有没有休闲西装？""有，你试试这件。"说着大姐从衣架上摘了一件带拉链的休闲上衣给了我。"不是这样的，是西装，敞口的。"我解释道。"那就试试这款吧，这款也很不错的，最近卖得很好。"然后又指着旁边的一排黑色风衣。"我穿这个？是不是显得太年轻幼稚了。"其实我并没有打算买风衣。"太年轻？您才多大年龄啊，这些风衣正适合您这么大的年龄，现在也正是穿风衣的时候，春秋两季都能穿，即使在正规的场合也很合适的，昨天一个小伙子去面试就选了这款衣服，先试一试吧。"大姐取下一件风衣递给了我。"还是算了吧，我就想要件休闲西装，这件我穿上肯定不合适的。"我直接回绝了大姐。"先试试嘛，不试您怎么知道到底合不合适？"大姐很热情、很实在，也很不甘心，回头又对小张说："您先在这儿坐一下。"她还递过去一张凳子。"好吧，那我就试一试。"我没有回绝的理由了，就脱下外套穿上了风衣。"这边照镜子看看，是不是很帅？这件风衣也不是很大，上面也是敞口的，正配您的衬衫，您穿上正合适，还有点儿上海滩许文强的味道。"大姐在旁边称赞着。"兄弟，您看他穿这件衣服很有气质吧？"大姐没有忘记旁边的小张，笑着问了一句。"还可以。"小张也许是逛累了，坐在凳子上应和着。"是吗，我怎么没有感觉到？"我回应着。"先正身看，再侧身看，是不是挺合适的？"大姐边说边用手调整我的姿势。"好像还行。"我也感觉确实这件衣服很合适，突然又问道："这件多少钱？""就是啊，所以啊，您买衣服一定要先试试，不然怎么知道适不适合您？就这身衣服既休闲又正规，在两种场合都能穿。"大姐不停地称赞。"这件好像有点儿瘦吧，再给我找件大一号的试试。"扣上扣子我确实感到有点儿紧。"现在您穿着毛衣会紧点儿，过几天脱了毛衣就好了，要不您再试试这件。"说着大姐又递给我一件大一号的并帮我穿上了。"这件怎么样？"大姐又问了。"感觉宽松一些。"我如实回答。"这样，你把毛衣脱了，两件都再试一遍。"大姐指挥着我。我照办了。"您要大号的还是小号？"大姐开始让我抉择了。"还是大号的吧。"我选择了大号的，又问道："这件多少钱？""这是最新款式，今年才上市的，全部由顶级设计师设计的，980元一件，不过现在正在做活动，满300返80，活动价是740元，给您省了240元呢！"经大姐这么一说好像我占了多大便宜似的。"这么贵呀，再便宜点儿我就买了。"我试探着问道。"这里是华联，是不砍价的，我是售货员，给您便宜10元就得在我工资里扣10元。""那也太贵了！"我继续砍价，"您是不是华联的会员？会员是可以在最终基础上打9.5折的。"大姐开始问我。"不是的。"我如实回答。"那就难办了，"大姐有些为难，"这样吧，把我的会员卡给您用一下，就可以再打个9.5折了。"大姐边说边开票。"收银台就这边直走就到了。"大姐把票据递到我手中，打着手势告诉我怎么走。付完款，大姐把装好的衣服直接递给了我："您有没有相应的裤子？颜色要深一些的，搭配效果会更好。""好像没有太合适的。"我想了想。"这边××品牌的裤子在做活动，打5折，我带您过去看看。"大姐不失时机地给我推荐了裤子。向右走出五六米后，大姐向该裤子专柜喊道："小李，这位顾客要选裤子，你帮着挑选一下。"十分钟后，我又买了一条180元的裤子，和小张高高兴兴地走出了华联。

案例分析与思考

1. 出于职业习惯笔者突然想到:"我本来是要买一件休闲西装的呀,为什么会买了一件风衣和一条裤子呢?"
2. 将分析结果分为A、B、C品牌导购分析和D品牌导购分析。

【案例分析Ⅱ】

点击购衣——美国 landsend 公司网上服装店

一、背景材料

网络零售业有一个不成文的定律:网上卖时装类产品没戏。确实有许多厂商的实验都以失败告终。可是有一个企业却挑战了这个定律并获得了成功。它就是 landsend 公司。

landsend 公司是一家在服装、箱包和日用百货领先的老牌零用商,过去就开展目录邮购业务,并且特别重视和顾客之间的交流,开通 800 免费电话供顾客咨询交流,并有专门的顾客购物咨询专家。公司在互联网上开展全天候的顾客交互式服务是一种很自然的选择。

二、网上购物

根据 Jupiter 公司的研究,超过 90%的网上顾客喜欢通过某种交互方式购物。landsend 公司的策略绝对正确。一年之内网上销售量暴涨 300%,从 180 万美元增加到 610 万美元。公司电子商务部的总裁 Brass 说:"互联网提供了公司的全球通道和交流范围。1999 年,本公司已经向 175 个国家发货,通过我们分布广泛的基础配送结构,互联网降低了拓展全球业务的费用。"

该公司早在 1995 年就开展了互联网战略,当时有大约 100 种商品,其后,该公司的网站在时机成熟时,逐渐提供了实时的、个性化的交互式导购员,以及"大家一起购物"(能够使不同地点顾客在网上交谈)系统和购物广告。这些技术和服务,进一步扩展了目录购物方式给消费者带来的购物体验,这个网站上活生生的导购专家,可以通过网上聊天方式来帮助你找到自己想要的商品。许多目录邮购商都把业务搬上了互联网,而 landsend 在这一方面无疑要领先一步。

先进的技术和服务功能提升了网站的流量。1999 年,150 万有购买力的顾客访问过该网站。2000 年的前两个季度,已经有 140 万顾客访问该网站。该公司互联网战略的开展也非常讲究顺序。公司的网站一开始并没有用于购物,只是向顾客宣传网上购物。Brass 说:"联机商务必须和公司的完美形象匹配,必须持续提高技术给顾客最愉快的购物经历。随着顾客要求网上购物的热情高涨,我们才开展了一连串的工作让用户有最好的印象。幸运的是:互联网技术的发展,可以使我们站在顾客要求的前面。"该公司绝不是为技术而技术,而是以顾客为中心采用技术。比如,在他所采用的技术当中,最有名的莫过于 3D 模型,顾客可以通过 3D 模型设置自己的体形,将虚拟模特儿的外形改成与自己类似的模样,再将喜欢的衣服穿在模特儿身上,就可知该服装是否适合购买。

案例点评

从 landsend 服装成功的网上营销看得出，随着社会的发展与进步，网上营销将成为未来营销渠道的重要构成部分，而且随着人们生活节奏的日益加快、服务水准的不断提高，服装的网上销售也具有一定的可行性。

不可否认的是，目前我国的现实情况在很大程度上制约着这一业务的开展。消费者传统的服装购买习惯难以改变。服装在某种程度上是一个文化产品，很难将款式、颜色、质感、设计灵感等通过数据进行传输。因而很难将服装的整体信息完整地传递给消费者。虽然目前有许多的 CAD 系统以及扫描技术的改进，使问题在一定程度上得以解决，但面临的困难还是很多的。

案例分析与思考

1. 分析服装行业的特点，你认为我国服装企业是否适合开展电子商务？
2. 怎样实现服装这一传统产业与新经济产业的有效结合？

第七章 服装品牌营销

- 第一节 服装品牌营销简述
- 第二节 服装品牌策划
- 第三节 服装品牌营销战略
- 第四节 服装品牌的视觉形象

学习目标

1. 了解服装品牌营销的概念、构成、分类及特征。
2. 掌握服装品牌策划涉及的内容及品牌营销战略。
3. 理解服装品牌视觉形象营销的内容及设计重点。

第一节 服装品牌营销简述

一、服装品牌的意义

服装品牌，是指用来识别不同服装产品的商业标志，一般包括产品的名称、标记、图案等要素，或者是它们的组合应用。一个好的服装品牌有利于企业提高市场占有率，提升产品的附加值，是企业的一项重要的无形资产。品牌是能给拥有者带来溢价，产生增值的一种无形资产，它的载体是用以和其他竞争者的产品或劳务相区分的名称、术语、象征、记号或设计及其组合，增值的源泉来自消费者头脑中形成的关于其载体的印象。可见，品牌是连接企业与消费者的纽带，对于企业和消费者都具有重大的作用和意义。

1. 服装品牌对于消费者的意义

（1）协助消费者对资讯加以处理　品牌是一种识别系统，它是特定产品和服务的识别标志，品牌的最终目标就是建立起此品牌与彼品牌的差异，这种差异便于消费者区别不同的品牌，并根据品牌挑选自己满意的服装产品。

品牌是企业与消费者沟通的标签。在服装产品高度同质化的今天，品牌已成为同类产品相互区分的主要标志。在人们购买服装的过程中，品牌充当着无声的导购员，对产品信息起着有效的显示作用。品牌揭示了该服装品牌产品与其他产品的不同之处，消费者则依据自己的偏好、需求，在众多服装产品中选择自己喜爱和信赖的服装品牌。

（2）增强消费者购买决策时的信心　随着社会的发展，服装市场给消费者对服装产品提供更加多样化的选择。新产品、新品牌的大量涌现，令消费者无所适从。比如，购买一双运动鞋，有上千个品牌和款式可供选择，到底哪一个品牌值得信赖？加之产品科技含量越来越高，产品结构越趋复杂，消费者很难通过感官了解产品的所有信息。因此，在日益丰富和渐趋复杂的服装产品面前，消费者对服装产品的质量、款式、功能等的要求越来越高，购买的选择度也越来越大，但购买时的抉择也越来越困难，因此，消费者通常通过品牌去了解产品及企业的信息，依据品牌选购服装产品已经成为一种普遍现象。

品牌不仅仅是产品的代名词，它还涵盖了企业声誉、产品质量、企业形象等多方面的内容。

（3）提高消费者的满意度　随着生活水平的提高，越来越多的消费者正从理性消费走向感性消费。理性消费，是指消费者以物质性的满足为主要目的，产品的质量、功能、价格等因素成为着重考虑的对象，在购买过程中以实用与否为主要参考标准。感性消费则指人们在消费过程中除了满足物质性需求外，更加注重服装产品所具有的象征意义和表现能力。对于消费者而言，品牌不只是一个名称、一种标志，或者图像那么简单，它除了代表一定产品的质量，还具有一定的象征意义。一个世界的顶级品牌是生动的，内容是丰富的，并且具有强大的吸引力。因此，消费者购买服装产品是为了穿着，而买品牌，除了使用价值外，还有身价、品位、档次和自我满足，即附加值。

2. 品牌对企业经济价值的体现

品牌对于其所有者的经济价值，最终体现在它所创造的竞争力及由此带给企业的经济效益。具体地说，品牌资产靠以下方式替公司创造经济价值。

（1）创造品牌忠诚度　当消费者对某品牌印象良好时，就会多次重复购买，进而形成品牌忠诚度。

联合利华董事长 Michael Perry 先生在伦敦的广告协会演讲时说："品牌代表消费者对产品与服务的感受而滋生的信任、相关性与意义的总和。"

对品牌所有者来讲，引导消费者认牌消费进而产生品牌忠诚具有极其重要的意义。当消费者对某一服装产品品牌产生忠诚之后，就会信赖该品牌标识下的所有产品，而且，消费者对于他所信赖的服装品牌产品也抱有更多的宽容，使用之后容易达到满足。因此，可能降低服装品牌的营销费用。

对大多数服装品牌而言，建立和维持现有购买者的忠诚度比赢得一个新的消费者要重要得多，也容易得多。吸引一个新的消费者比保住一个老客户要多花费 5 倍的营销费用。在营销界有一个众所周知的"帕瑞托原理"，即一般认为，某一品牌或某类产品的购买情况是 20% 的购买者创造 80% 的消费量，同时也创造 80% 的利润。

同时，品牌忠诚度的建立还可以吸引潜在消费者。在市场信息传播的过程中，品牌忠诚消费者的口碑推荐以及在销售场所的购买示范作用有着不可忽视的影响。在忠诚顾客的影响下，品牌可以积极地沟通各种层次的潜在消费者，为他们提供各种各样的充足的理由来购买该产品。不断加入的潜在消费者将扩大该品牌产品的市场规模，提高该品牌产品的销售量和利润。

品牌忠诚度的建立可以帮助企业从容适应竞争环境，甚至可以帮助品牌拥有者渡过危机和经济困难的时刻。

（2）提高售价　市场遵循的法则是"优质优价"，产品价格的差异主要由产品的质量所决定。但是今天的市场上，情形已经发生了很大的变化，优质未必高价。同样质量、款式、功能的产品，其价格可能相差很远。这就是品牌造成的差别。现在企业界流行这样一句话"一流企业做品牌，二流企业做市场，三流企业做质量"。这并不是说质量不重要。产品是品牌的基础，没有优质的产品，品牌也无法长久。但更为重要的是要在保证质量的基础上做好品牌。品牌产品所体现出来的优良品质，使它具有一般产品难以达到的竞争优势。

服装品牌也是创造产品附加值的最主要的源泉。西方管理学者发现，当产品竞争在质量、价格、售后服务等因素上费尽心机，而再难有很大突破时，文化这种非物质因素一旦融入品牌的核心价值，那么品牌产品的附加值就会大大增加。做品牌就是要做文化，品牌核心价值的建立也为消费者提供了许多附加值。许多知名服装品牌，如金利来意味着"充满魅力的男人世界"，耐克则给人运动的信心与力量等，正是这些附加值的存在使得品牌与众不同，并为其品牌所有者带来高额利润。

（3）品牌扩展——多样化　品牌是其所有者拓展业务的坚实基础和强有力的战略性武器。正确有效地运用品牌的力量，可导致市场份额和盈利能力的增长。

对已成功的品牌的扩展比创建一个新的品牌要容易得多。利用已有品牌进行扩展，可以增加市场成功的机会，可以在一定的预算下，集中宣传一个品牌比分散推广多个品牌更能提升品牌资产价值及知名度，且各产品在市场上互相声援，在行销效果上可以达到事半功倍。

一个企业的品牌就像企业的投资一样，它具有保值增值的功能。一个成功的品牌可以为其所有者带来极强的竞争力，创造高额利润。著名的广告大师利维·莱特曾预言"未来的服装营销是品牌的战争，品牌才是公司最珍贵的资产。在以品牌互竞长短的竞争中，拥有市场比拥有工厂重要得多。而拥有市场的唯一途径就是先拥有具有市场优势的品牌"。我国许多服装厂商具有一流的产品生产能力，却忽视了品牌经营，重新认识品牌的经济价值并付之于行动已经刻不容缓。

二、服装品牌的构成

一个完整的服装品牌不只是一个名称而已，它含有许多信息，只有将信息最大限度地整合起来，品牌才是完整的。品牌的构成要素主要有以下两个方面。

1. 品牌构成的显性要素

这些是品牌外在的、具象的东西，可直接给予消费者较强的感觉上的冲击，主要包括品牌名称、标识、标记、标志字、标志色、标志包装、广告曲。

（1）品牌名称　品牌名称是一个基本而重要的构成要素，是品牌中可以用语言表达的部分，它往往简洁地反映产品的中心内容。品牌名称不仅将产品本身的内容加以概括，而且还反映着企业的经营理念、价值观念、文化等。它在整个品牌中起着提纲挈领的作用，是消费者记忆品牌和品牌传播的主要依据。比如，当你身穿香奈儿的服装时，你可以很确信你身上穿的是真正的香奈儿服装，而当你再次穿着时，又会充满信心，因为它的品质没有变。

（2）标识　它是指品牌中可以识别但不可以用语言表达的内容，包括符号、象征、颜色等，它能给人以更具体、更感性的形象记忆，帮助消费者更好地识别和记忆品牌。

标识可分为两种：一种是文字标识，用独特的形式描写，标示公司的名称和商标。例如，Coca-caca、Starbulk等；另一种是抽象的标识，没有具体的含义，与公司名称或者公司产品毫不相干。例如，奥林匹克的圆环、劳力士的皇冠等，这些没有文字的标识也被称为图标。

（3）标记　是品牌图标的一个特殊类型，它不但具象，而且往往取材于现实生活。标记通常是通过广告推出的。在广告和包装设计中，标记起着非常重要的作用。

标记可以是某种有生命的事物，例如，花花公子的兔子；也可以是活生生的人物，如肯德基上校、麦当劳大叔、万宝路牛仔等。标记可以向消费者充分传递产品的特性和品牌的个性，拉近品牌与消费者之间的距离。

除此之外，品牌构成的显性要素还包括标志字、标志色、标志包装和广告曲，这些要素不一定全部出现在品牌中。品牌的外在形象依赖于这些显性要素的组合，不同的组合塑造出不同的品牌形象。

2. 品牌构成的隐性要素

这是品牌内含的因素，不可以被直接感觉，它存在于品牌的整个形成过程中，是品牌的精神、品牌的核心。它包括品牌承诺、品牌个性和品牌体验。

品牌承诺是一个品牌对消费者的一种保证。产品本身不可能保持不变，事实上许多优秀的品牌都在不断地变化，但仍受消费者的钟情，是因为企业生产者灌注在产品中的经营理念、价值观、文化观始终保持着稳定。好的品牌承诺会使消费者在接触这个品牌时有十足的信心，并且十分满意。

品牌个性，是指品牌自身的风格，将品牌个性化会使消费者更容易接近并接受这个品牌。人们通常会选择自己认同的品牌，如喜爱追求时尚的年轻女性往往会选择真维斯、以纯，而不会去选森马等较男性化的休闲服。企业创造了品牌的个性，而这种个性带来的相关情感暗示，满足了不同消费者的需求。

在品牌的整个形成过程中，消费者扮演了一个把关人的角色，他们对品牌的信任、满意、肯定等正面情感，能够使品牌经久不衰。品牌可以改变人们应用产品的真实情感，而这些往往形成了一种无形的价值。

不同于显性要素，隐性要素是不能一蹴而就的，它要在长期的品牌营销推广中逐步形成。显性要素可以由品牌拥有者完全掌握，而隐性要素还高度依赖于品牌与消费者的互动。

三、服装品牌的分类

在市场中，人们往往依据不同的标准将品牌进行归类。了解品牌所属的类别，有助于品牌建设的规划。

在法国，综合服装的设计特征和生产特征，女装品牌分为三类：高级女装、高级成衣、成衣。这三类品牌，尤其是高级女装有着严格的范围。

（1）高级女装 高级女装的名称受到法律保护而不能任意采用，某一品牌要成为高级女装必须向法国工业部下属专业委员会（高级女装协会）递交正式申请并符合如下条件。

① 在巴黎设有工作室；

② 参加高级女装协会举办的一月和七月的每年两次的女装展示；

③ 每次展示的至少要有 75 件以上的设计由首席设计师完成；

④ 常年雇佣 3 个以上的专职模特；

⑤ 至少雇佣 20 名工人；

⑥ 每个款式服装基本由手工完成。

目前，只有十几家高级女装品牌，如克里斯汀·迪奥、香奈儿等。

（2）高级成衣 高级成衣融合了高级女装的艺术创造性和成衣的批量生产性，这一层次品牌的确立带动了成衣业的发展。高田贤三（Kenzo）、唐娜·卡兰（Donna Karen）等都属该类品牌中的佼佼者。

（3）成衣 成衣是工业化大批量生产的品牌，如贝纳通、里兹·克莱本、鳄鱼等。

意大利、英国等采用了与法国相类似的品牌分类法。

按照商品的流通状况及运作特征，可以将服装品牌分为七种。

（1）国际品牌 该品牌具有国际声誉，在多国有销售。这样的品牌多在 *VOGUE BAZZAR WWD ELLE* 等权威服饰报刊登载广告。目前几乎所有的国际服装品牌都被发达国家垄断，尤其是美国、日本、法国、英国、意大利、瑞典等少数国家，其国际服装品牌风靡全世界，大大增强了这些国家的国际地位。

（2）特许品牌 该品牌是通过与知名品牌签订契约、支付使用费、获得生产经营许可的品牌。

（3）设计师品牌 该品牌多以创牌时的设计师姓名为品牌名，由知名设计师领衔经营设计，强调设计师的声望。但设计师品牌并非都冠以设计师姓名，如日本川久保玲的服装品牌名称为"像男孩一样",同时设计师品牌服装也不一定全由冠名设计师本人设计。

(4) 服装生产企业生产经营的商品群品牌　此类品牌其销售范围及影响通常遍及全国。

(5) 零售商品牌　零售商(企业)品牌是由大型零售商拥有并由特定的零售渠道经营的品牌,也称自有品牌。

(6) 店家品牌　通常是规模较小的零售商店经营的品牌。其雏形可以认为是在先于成衣工业时期的"前店后厂"式服装加工销售。

(7) 个性品牌　个性品牌的商品个性特征明显,是具有强烈差别化形象意识的品牌。例如,以"UNITED COLORS OF BENETTON"为理念的贝纳通品牌。

总体上,按照商品的流通状况及特征可以将品牌分为两类:制造商品牌和零售商品牌。

(1) 制造商品牌　制造商将自己的品牌注明在商品上进行销售,消费者一看就知道该商品是由哪家制造商生产的,该制造商的生产能力和信誉也就会成为消费者选择商品的参考依据。在我国目前服装市场上,服装品牌多属此类,如雅戈尔、三枪等。

(2) 零售商品牌　零售商相对制造商而言具有比较明显的优势:直接接触最终消费者;获取市场反馈信息迅速、准确。零售商品牌是制造商品牌强有力的竞争对手。零售企业处于市场的第一线,最易了解消费者的需求,对市场发展变化也最敏感,可以及时根据消费者的需求调整营销策略。

另外,从服装企业角度看,品牌有主次之分。主线品牌,又称主牌、一线品牌,是企业推出的主要品牌,产品往往特征明显、特色突出,品位及价格档次高。副线品牌,又称副牌、二线品牌,是与主牌有关联的次要品牌,在产品的时尚形象品位、价格档次等方面都逊色于主牌。一个主线品牌可以附属多个副牌。CALVIN KLEIN JRANS 是 CK 的二线品牌;AMRINI JEANS 是阿玛尼的二线品牌之一。

四、服装品牌营销的含义

服装品牌营销是对以消费者提供的价值为核心的综合营销活动,是为了创造出受消费者支持的价值,踏踏实实地做好服装品牌的基本设计,并将其自始至终贯彻到作出评价的一系列活动。在服装品牌营销中,有以下四个步骤需要实施。

(1) 品牌价值的规定　企业明确将来为消费者所提供的品牌价值。

(2) 品牌形象设计　明确象征品牌的名字、标志、语言。

(3) 统一的品牌活动　在公司内外彻底地共有品牌的价值,并贯彻于价格、产品、零售、交流沟通等各种营销活动中。

(4) 品牌管理体制　组织管理其成果,及时发现问题并加以改善。

在品牌营销日益重要的大趋势下,中国的服装企业若是再循规蹈矩走以前的老路就行不通了。以销售额的上升为前提,这会与以生产能力和营销能力为武器的同质型竞争循环往复。不断地投入新产品,而且营销方针也要随之改变。

如果产品已经成为国际性品牌,但营销却仍然局限于本地是不行的,在全球经济水平不断走向成熟、逐渐向信息化社会和知识型社会发展的时代,故步自封根本不可能行得通。

五、服装品牌营销的特征

服装属于日常消费品,大多是单价低、重复购买的产品,消费者通常会形成一定的品牌购买指向。

综观我国服装行业的发展及相关服装企业品牌营销的成功，可以简要概括为：基本深度分销的大众品牌建设。深度分销依赖的是终端的广泛覆盖，以及背后赖以支撑的销售管理系统，在此基础上通过大众传播而建立的品牌知名度。深度分销足以保证产品能够渗透、覆盖第一个尽可能的终端，而大众品牌的建立足以保证市场拉力。推力和拉力的结合促成了企业的快速成长。唯一不同的是，有的企业是自建分销网点，有的则是与经销商达成利益共同体，借助经销商而运作全国市场。支撑大众品牌建设的是在媒体上的高曝光率。

第二节　服装品牌策划

按照消费者对服装的要求，以品牌创设为核心进行新品牌服装产品策划。新品牌的创设模式总结见图 7-1。在总体上划分为七个模块。同时新品牌策划过程还可分为两个阶段：一是确定新品牌的商品策划方针——战略构成；二是确定具体的商品构成——价值构造。

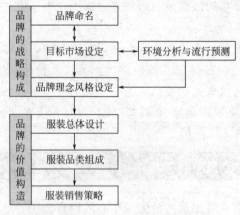

图 7-1　服装产品品牌策划体系

一、品牌命名

品牌命名是创设新品牌的第一步。具有冲击力的命名对新品牌知名度的确立往往事半功倍，但名牌的形成是各方面工作长期积累的结果。而对大多数既存品牌，对上一阶段服装产品销售运作进行的评估诊断是一项前提工作。

二、目标市场的设定

在新品牌立案的初期，须在市场细分的基础上设定目标市场。消费者的价值观和喜好时时都在变化，市场环境也是瞬息万变。因此，必须制定与品牌目标顾客相匹配的策划方针。研究消费者的着装欲求和生活方式是中心工作之一。

三、环境分析与流行预测

在此阶段中，以准确分析品牌面临的各种环境态势为基础，工作的重点是提前对将要流行的时尚潮流进行预测。为此，应分析消费者群体时尚喜好变化及销售的动态变化，收集必要的海内外流行趋势信息和时装发布会信息。

四、品牌理念风格设定

在选定了品牌的目标市场和进行了环境分析与流行预测之后，品牌理念风格的设定成为关键工作。对应一个中长期阶段，设定品牌的理念风格；对应某一季节时期，则将品牌的理念风格衍生扩展为季节形象主题。

五、服装总体设计

在这一过程中，对新品牌在廓型设计、色彩、材料等方面的总体取向和特征进行抉择。

六、服装品类组成

该步的工作是策划品牌商品品类组合，即将设计构想物化为商品。材料的优劣对商品的销售产生直接影响。因此，这一模块的重点就是企划和选择面料。

七、服装销售策略

此项内容是按照所策划品牌的理念和商品的形象，对销售渠道、促销策略、零售店中的视觉陈列和展示方面进行规划。

以此为基础进行服装品牌策划设计的运作管理，不但可以快速有效地传播、共享市场及流行信息资源，而且还能促进服装生产快速反应。

第三节 服装品牌营销战略

一、品牌战略与品牌营销战略

1. 品牌战略的含义

"战略"一词，原来仅是军事术语，系指战争中将帅的智谋、筹划以及军事力量的运作。战略规划对一个企业的生存和发展，具有决定性的指导作用。20世纪60年代，美国企业管理学家H.L.安索夫首先将战略运用于企业管理中，针对日益复杂的企业管理模式和市场竞争状况进行统筹规划和协调指导。随后，由于企业间的竞争越发激烈，许多企业家纷纷从兵书上寻求治理方略，并取得了卓有成效的成绩，由此一股战略潮迅速在全世界范围内蔓延开来。

(1) 品牌战略含义和内容 所谓品牌战略就是企业为了提高自身市场竞争力，围绕产品的品牌所制订的一系列长期性的、带有根本性的总体发展规划和行动方案。在经济生活中，战略与策略是既有紧密联系又有明显区别的两个概念。战略是企业谋事的总体规划和方略，策略则是人们进行某项活动的具体方针及其灵活性。前者往往是企业针对微观和宏观环境而制定的在较长一段时期内的企业发展及如何应对竞争对手的总方略。后者则是根据企业经营的自身条件和市场竞争特点所采取的方式方法。战略指导策略，策略为战略的实现服务。企业的品牌战略包括品牌化决策、品牌使用者决策、品牌名称决策、品牌战略决策和品牌再定位决策等多项内容。因品牌战略的其他方面已在各章中有所讲述，故本章所讲品牌营销战略仅涉及品牌战略决策的有关内容。

(2) 品牌战略的特征

① 全局性。品牌战略是企业为了创造、培育、利用、扩大品牌资产，提高品牌价值而采取的各项具体计划或方案的总方针。它所解决的不是局部或个别问题，而是全局性问题。品牌战略的制定要求统观全局，对各方面的因素和关系加以综合考虑，注重总体的协调和控制。

② 长期性。品牌战略是一个带有较长时间性的概念，它的着眼点不在当前，也不是近期（一年之内）的未来，而是中期（三年左右）和长期（五年以上）的未来。品牌战略并不注重短期品牌经营成绩的得失，主要在于谋划品牌的长期生存大计，所以应具有相对的稳定性。

③ 导向性。由于品牌战略是站在全局高度上制定的宏观总体规划，从而决定了对其下属的各种具体措施和活动计划具有导向作用。在规划实施期间内，所有的具体行动均要与品牌战略的总体要求一致，如有背离，必须及时调整。

④ 系统性。品牌战略的系统性表现为，它包括了品牌的创造、推广、发展、保护、更新、撤退等一系列环节，是一个系统工程，而系统内各个环节与过程都是相互联系和相互影响的，并可以转化和连接。

⑤ 创新性。制定品牌战略是一个创新的过程，每一个企业的自身条件不同，所处的市场环境以及面对的竞争对手也不同，必须有针对性地制定战略，才能起到出奇制胜的效果。品牌战略是现代企业经营战略的核心，它的价值就在于有别于他人的独特性。一个服装企业如果采取简单的"拿来主义"，模仿照搬，那么在激烈的市场竞争中它就会始终处于被动地位，不可能赢得市场竞争的最终胜利。

(3) 实施品牌战略的意义　品牌是一个国家、民族素质的重要象征，是一个国家（或地区）经济、科技和文化等综合实力的重要体现，也是人们生活质量提高的反映。在市场经济条件下，品牌的命运维系着企业的存亡。实施品牌战略对企业具有以下几个方面的重大意义。

① 适应买方市场的需求，扩大市场占有率。随着服装行业的发展和社会主义市场经济制度的不断完善，国内市场态势逐渐由卖方市场转变为买方市场，形成供大于求的局面，客观上具备了"货比三家"的条件。面对激烈的国际、国内市场竞争，品牌意识的形成使服装从业者认识到，在消费者日趋主动的市场环境里，只有实施品牌战略才有助于企业占领并扩大市场。

② 有利于促进企业整体素质的提高。企业的品牌产品是企业科技水平、制造水平、管理水平、营销水平的综合体现。通过创造品牌，将有利于提高我国服装企业产品质量的总体水平，而且有利于促进企业提高管理素质、技术素质和人才素质，并加快企业技术结构和产品结构的合理化和升级化。

③ 有利于企业在激烈的国际商战中摧城拔寨。现代商业竞争的舞台已不仅仅在国内,而已经延伸到国外,面对一个个更为强大的竞争对手,经营有道的成功企业总是以积极的、有章法的谋划对策为要务,以战略眼光分析问题,在激烈的竞争中才能够泰然自若、游刃有余。

2. 品牌战略与品牌营销战略的关系

品牌战略包括品牌命名战略、品牌定位战略、品牌形象战略、品牌设计战略、品牌营销战略和品牌保护战略等多方面内容。品牌营销战略是品牌战略中的一个重要内容,它包括品牌生命周期战略和品牌扩张战略两部分。所谓品牌扩张,是指企业运用品牌及其包含的资本进行发展、推广的活动。具体讲,品牌扩张又包括统一品牌、多品牌、副品牌和品牌延伸等多项战略决策。如果说品牌战略是企业制定的一系列长期性的、带有根本性的总目标和总方针,品牌营销战略则是在这个总目标和总方针指导下的策略和具体战术。

二、品牌生命周期战略

企业创立品牌是一种竞争策略,它不仅是保护产品的关键,而且是促使其发展的重要手段。品牌也像动植物一样,也会经历一个出生、成长、成熟和衰退的过程。一般来说,某种新的品牌产品一旦投放市场,就开始了它的市场生命,而产品从进入到最后被淘汰的全过程,就是品牌生命周期,它包括引入期、成长期、成熟期和衰退期四个阶段。品牌生命周期,是指品牌载体(产品)的经济寿命和市场寿命,而不是指使用寿命。当然,产品有生命周期,而品牌却可以长生不老,甚至返老还童。关键是企业要树立创新观念,不断开发出适应市场需求的新产品。

必须指出的是,服装品牌产品有别于其他一般品牌产品,服装品牌产品生命周期具有短期性。

1. 引入期的企业营销决策

这是服装品牌生命周期的第一阶段。企业把新产品推向市场要冒很大的风险,只有对市场进行周密的调查研究,在确保产品具有一定的优势之后才可以把它推向市场。因为品牌与产品是两个不同的概念,许多品牌会伴随其载体的消长而消长,但更多的品牌,尽管其载体(产品)不断更新,企业主也更换了几代,但品牌却依旧是那个品牌,如美国的福特、日本的松下和中国的同仁堂。为确保品牌在市场上的持久性,在质量上必须得到充分的保证,售后服务更应做到尽善尽美。这一时期企业的主要目标在于打造声势,开展大量的促销活动,为其进入成长期做好准备。

(1) 优良的功能品质 作为某种品牌载体的产品必须具备优良的功能品质,即在某些方面有吸引消费者的地方。作为企业的决策者,在刚刚塑造新品牌、推出新产品的时候,应充分了解消费者的需要。

引入期产品其各方面性能尚未完全稳定,因而还没有形成品牌特征。新产品在商品化初期常表现为技术不稳定,功能不完善,加上开发成本过高而价格昂贵。这一时期企业把价格定得高些,消费者一般会接受。同时,新产品采用高价策略,可以促进企业不断地提高产品的功能,并且高价策略也为以后的定价留有余地。

(2) 广告策略　这一阶段，产品的包装设计、前期广告以及各种促销手段都是为了介绍产品，更好地宣传产品的功能特性，吸引消费者试用或购买。引入期的目标是使消费者认识该产品，需要对产品进行广泛的宣传，以提高产品的知名度。

引入期的产品尚处于被消费者认识和接受的阶段，市场占有率不高，品牌概念也尚未形成，销售量可能会很低。为了扩大销路，需要投入大量的促销费用，对产品进行宣传。

2. 成长期的企业营销决策

当服装产品在引入期的销售取得成功后，便进入了成长期。这个时期是产品被市场迅速接受和利润大量增加的时期。这时，顾客对产品已经熟悉，产品在市场也具有了一定的知名度，品牌影响力在逐渐加强，大量新顾客开始购买，市场占有率提高。

(1) 促销策略　在成长期，企业可以通过直接或间接地给批发商、零售商业务折扣的方式来促进销售。当服装品牌产品处于成长期时，企业要防止假冒伪劣产品的破坏和干扰。大凡一个新品牌成功推向市场，就会有大量的跟随者推出同样色彩、款式的服装，甚至明目张胆地仿制和假冒。这时候，除了运用法律手段加以解决外，企业还需强化促销策略，提高消费者对自己产品的认识和了解能力，使他们具有较强的辨别真伪的能力，假冒伪劣产品也就失去了市场。

(2) 广告策略　在成长期，经过企业不间断地宣传推广就可以建立起对企业品牌感兴趣的消费者群。在品牌生命周期的早期阶段，广告的作用尚不明显，广告对品牌使用价值的累积影响还没有表现出来。在成长期时广告的作用越来越大。成长期广告的目标是吸引顾客，使他们形成品牌偏好，以扩大市场占有率。此时，应进一步加强广告宣传的力度，广告的内容要突出畅销产品的特色和使用价值。

(3) 为品牌注入情感　人是情感化的高级动物，没有任何一个消费者可以完全理性地处于市场环境之中，非理性化时刻在影响着消费者。一个品牌在创立过程中，能否在感情上与消费者建立某种关系，就显得十分重要。因此，品牌管理者在成长期首先要考虑的问题是：我的品牌是否富有感情？消费者在购买我的品牌产品或享受我的品牌服务时，会产生什么样的感情？如果他们对我的品牌缺乏足够的热情，会是什么原因？应该怎样去与消费者进行感情上的沟通？

(4) 改进与提高　成长期的产品需求不断上升，产品市场占有率在提高，品牌的影响力和知名度也在进一步扩大和提高。在品牌成长期，企业可以扩大生产能力，使产品的生产规模化，这就要求有持续不断的投资。产品的销售量会在不断形成的顾客消费群中增长，成本会随之降低，企业的利润逐渐上升。企业的促销费用也会随着销售量和利润的增加而提高。在成长期的后期，企业之间的竞争会日趋激烈，要想保持品牌的影响力，就要不断加强品牌形象。企业应及时做好市场调研，根据消费者的需求及时推出有特色的产品，不断地加以改进和提高，增加产品品种新功能，推出新款式等，因为产品的差异性常常是品牌成功的一个重要因素。

3. 成熟期的企业营销决策

成熟期的产品因已被大多数的潜在购买者所接受而造成销售成长减慢。为了对抗竞争，维持产品的地位，营销费用日益增加，利润稳定或下降。

(1) 强化产品的功能性特征　严格质量管理，以可靠的、优质的产品来赢得消费者的品牌忠诚度。成熟期企业间的竞争空前激烈，迫使竞争者都要努力争取消费者。推出系列产品是强化产品功能性特征的主要方法之一。成熟期企业应注意及时开发产品的新系列。系列产品可以提高市场占有率，扩大品牌与消费者的接触面。但要注意系列产品的开发要与原产品具有关联性，如果缺乏关联性反而会分散消费者的注意力，影响品牌的整体性。

(2) 降低成本　产品在产量上已不可能再有新的增长，这就要求企业在节约成本、提高质量上下功夫，企业在经营过程中，要在市场渗透和市场开拓等方面争取有新的进展。

这个时期生产工艺的改进比新产品的开发更为重要，因为品牌地位已经确立，企业的主要任务应该是提高生产效率，使产品标准化，并降低成本，以便取得价格优势。因为消费者在认可了一种品牌后，就会对价格提出更高的要求。

(3) 营销的再加强　成熟期企业应进一步作市场分析，寻找更细的目标市场，以增加产品的销售量。尽可能利用各种宣传媒体进行组合宣传，加强效果。采取更为广泛的促销手段，必要时可降低价格。成熟期是一个转折点，能否抓住时机尽量延长成熟期的时间，决定着品牌总体价值的大小。广告宣传以突出产品的差异性为主，突出产品的竞争优势，要注重突出宣传企业的整体形象。

(4) 维持现有消费者　成熟期扩大现有用户的数量对企业具有重要意义。企业可以通过提高产品等级、扩展产品系列、提高服务质量等方式来实现。保住企业现有用户要比争取新用户的成本低得多，意义更大。一旦消费者对某一品牌产生信赖感，要使他进行品牌转换也是不容易的。

4. 衰退期的企业营销决策

衰退期是服装品牌产品销售下降的趋势增强和利润不断下降的时期。一部分竞争者因处境困难而退出市场。在此时期，对于大多数企业来讲，应该当机立断，及时实现产品的更新换代。

三、品牌扩张战略

1. 统一品牌战略

统一品牌战略，是指企业生产或经营的产品都使用同一个品牌名称。它一般是企业实施品牌延伸战略的结果，即企业以某一产品（或服务）为载体创出品牌后，再将既有的品牌延伸到开发、生产或收购、兼并的其他产品上。有许多企业实施统一品牌战略都获得了成功。例如，雅戈尔集团拥有从上游到下游的完整体系，其西装、衬衣等产品采用其公司名称"雅戈尔"。与此同时，雅戈尔集团采用一牌多品、副品牌战略，不断丰富产品线，最终形成了企业的统一品牌战略，以期夺取更多的市场份额。再如，全球最大的制造企业——美国通用电气公司，对其生产的所有产品包括医疗设备、航空产品、机电产品、能源设施等都统一使用了"GE"品牌。

(1) 统一品牌战略的优点

① 有助于节约品牌设计、品牌推广等的费用，从而减少了企业开支。品牌不仅仅是一个简单的识别符号，而且包含着企业的经营理念、经营思想、管理原则等。因此，品牌设计绝不是应景之作，一般由专业人员来完成，而采用统一品牌战略就可以大大节省企业的品牌设计费用。实行统一品牌战略能够极大地提高广告宣传效果和节约广告宣传费用，从而减少

企业开支。

② 统一品牌战略有利于新产品打开销路。科学技术的进步，使产品生命周期日益缩短，任何企业都不能靠既有的产品过日子，而必须努力开发新产品。统一品牌战略，将开发的产品冠以在市场上已经成功的品牌名称，将有助于新产品打开销路。

③ 集中力量于一个品牌，有助于企业集聚优势资源。品牌的创造非一日之功，企业要把一个普通产品培育为知名品牌，必须花费相当的费用，耗费巨大的力量。实行统一品牌战略，企业可以将所有的资源和力量都用在一个品牌上，这有助于品牌的健康成长。

(2) 统一品牌战略的缺点

① 企业的产品如果有一个出现问题，就会毁坏整个品牌的声誉和形象。

② 不能很好地满足不同购买者的需要，从而影响商品的销售量（企业可以用副品牌战略来弥补这个缺点）。

(3) 统一品牌战略的类型　按照统一化的程度和范围不同划分，可分为三种类型。

① 产品线统一品牌战略。它是一种局部性的统一品牌战略，是指企业对同一产品线上的产品采用同一个品牌。由于同一产品线的多种产品面对的往往是同一顾客群，它们在功能上互为补充，可以满足同一顾客群体的不同方面的需求。

金利来公司在品牌扩张时，也成功地运用了产品线品牌扩张策略。金利来系列男士用品在高收入男性阶层中备受青睐，"金利来，男人的世界"这句广告语也早已为人熟悉。金利来公司的扩张是对市场做了详尽的调查后，逐步推出了新的男士用品，从而实现了扩张。几年来，金利来陆续推出了皮带、皮包、钱夹、T恤、西装、领带、钥匙扣等男士服装和饰品，以后它又推出了男士皮鞋，从而使"金利来，男人的世界"得到进一步体现，成功实现了企业的品牌扩张。

当然，产品线品牌战略也有其局限性。例如，仅局限于产品线范围之内，不能发挥品牌的潜在价值；新产品开发受到产品线制约而不能扩大到新的领域等。

② 跨产品线统一品牌战略。又称范围品牌战略。它也是一种局部性的统一品牌战略，但其范围要比产品线品牌战略的范围大一些。这种品牌战略是企业对具有同等质量或范围内不同产品使用同一品牌。这种不同的产品是跨越同一个产品线的。例如，一个服装企业，它有多条服装生产线，可以生产不同类型、不同款式、适合不同消费者需求的不同服装，且这些不同类型的服装都使用同一个品牌。

这种品牌战略的缺点是品牌个性不鲜明，品牌透明度不高，新产品开发难以突出新的特色，因而不易被消费者所接受等。

③ 完全的统一品牌战略。又称伞形品牌战略。这种品牌战略的特点是高度统一，即企业生产的所有产品都使用同一品牌。伞形品牌战略实际上是以企业的品牌与产品品牌完全融合一致，企业品牌就是产品的品牌，无论企业生产的产品品种有多少，其产品的性质、功能各不相同，产品的目标市场和定位也不一样，但都使用同一品牌名称。日本许多著名的大公司也采用这种完全统一的伞形品牌战略。例如，佳能公司生产的照相机、传真机、复印机、打字机也都使用"Canon"品牌。

2. 多品牌战略

多品牌战略，是指企业对于其生产或经营的同一种产品使用两个或两个以上品牌的战略。世界著名的大公司大都拥有众多品牌。例如，全球最大的奢侈消费品生产集团的法国LVMH集团实施多品牌战略，旗下有Celine、Loewe、GIVENCHY、Christian Dior、Kenzo、Fendi、CK等；国内较早采用多品牌战略的企业杉杉集团，目前已拥有杉杉、法涵诗、玛珂·爱萨尼、Le coq、莎喜、菲荷、卡莎迪娅、菲莱、梵尚等品牌，不仅在国内注册数个品牌，还在巴黎注册了5个品牌，并将继续和意大利、法国、美国、日本等的著名服装品牌公司或国际代理机构合作，引进更多的国际品牌。

(1) 多品牌战略的优点

① 有利于企业全面占领一个大市场，扩大市场覆盖面。一个大市场消费者是由许多具有不同期望和需求的消费者组成的，推出一种产品只能迎合某一消费群体，而不能赢得其他消费群体，这样，其市场占有率也就很有限了。如果根据不同消费群体的不同消费需求和期望，推出不同的品牌，就可以吸引各类不同的消费群体，从整体上提高企业的市场占有率。

② 有利于适应细分市场的需要，推进品牌的个性化和差异化，满足不同消费者群体的不同需要。

实施多品牌战略，采用不同的品牌，可以突出每一种产品的特色，从而在消费者心目中形成比较明显的产品差别，以适应不同消费群体的品牌爱好和消费特点。

③ 有利于企业获取品牌转换的利益。实践表明，虽然消费者心目中存在着品牌忠诚信念，但却很少有消费者对某一品牌忠诚到绝对的程度，而不会对其他品牌毫无兴趣。这就要求企业善于转换成本。所谓"转换成本"，就是使客户从原使用品牌转向另一个品牌时企业所要付出的代价或投资。在一定条件下，多品牌战略提供多个品牌，是获取"品牌转换者"的主要办法，甚至是唯一办法。

④ 有利于激发企业内部活力，提高企业的效率。由于一个企业内部有多个品牌，一类产品就有一个品牌，使每位品牌经营者都会感到竞争的压力，努力搞好自己承担的品牌营销和市场开拓任务，由此推动企业效率的提高。

(2) 多品牌战略的缺点　主要表现为：导致企业的成本开支增加；由于品牌过多，不利于企业培育出优势品牌，使公司资源分散。

(3) 多品牌战略中的策略　多品牌战略可以从不同的市场细分上寻求各品牌之间的差异，从营销组合的角度看是找准"卖点"。卖点也称为"独特的销售主张"（USP），这是美国广告大师罗瑟·瑞夫斯提出的一个具有广泛影响的营销理论。其核心内容是：广告要根据产品的特点向消费者提出独一无二的说法，并让消费者相信这一特点是别人没有的，或是别人没有说过的，且这些特点能为消费者带来实实在在的利益。

3. 副品牌战略

"副品牌"是指企业在生产多种产品的情况下，给其所有产品冠以统一名称的同时，再根据每种产品的不同特征给其取上一个恰当的名字，这就是"副品牌"。主副品牌，如同文章中的标题和副标题，以主品牌展示系列产品的社会影响力，以副品牌凸显各个产品不同的个性形象。

采用副品牌策略后，品牌的广告宣传中心仍是主品牌，副品牌从不单独对外宣传，都是依附于主品牌联合进行广告活动。这样，一方面能尽享主品牌的影响力；另一方面副品牌识别性强、传播面广且张扬了产品的个性形象。

4. 品牌延伸战略

品牌延伸，是指采用已取得成功的品牌来推出新产品，使新产品投放市场伊始即获得原有的品牌优势支持。品牌延伸的目的是实现品牌整合支持体系，从消费者的品牌联想到制造商的品牌技术、服务支持形成一个整合的链条。如生产服装的厂商展开鞋类、箱包的生产与销售；生产彩电的企业进入洗衣机、空调、VCD等领域。

运用品牌延伸战略，使用企业已经具有良好市场声誉的品牌，借助其影响力，推出新产品，可以达到事半功倍的效果。品牌延伸是企业发展的重要手段，如果运用得当，会大幅度提高产品的竞争力和企业效益，并反过来促进品牌的进一步升值。

品牌延伸是反映市场需求，顺应消费者变化的一种低成本、低风险的方法。通过在一个品牌名称下不断推出顺应时代发展、适合消费者需求的产品，会使该品牌变得更亲切、更生动、更有吸引力，因而能保证该品牌的地位和利润。目前服装企业品牌延伸战略的模式主要有如下几种。

(1) 品牌名称的延伸　如 United the Color of Benetton 品牌的内衣产品系列，就采用品牌名称的延伸 Under the Color of Benetton。

(2) 伴侣产品延伸　如 Adidas 由最初的鞋类产品延伸到背包、袜子、帽子、围巾等产品。

(3) 关联产品延伸　如美特斯邦威从休闲装产品延伸到背包、皮夹、笔袋等产品。

许多实施多品牌战略的企业，其单个品牌也在实行着这样或那样的品牌延伸战略。例如，当罗蒙集团想把"罗蒙"延伸至女装时，发现行不通，就采用新的品牌名称 XLMS。服装企业实施多品牌战略的同时，旗下的某个具体品牌可能采取的就是品牌延伸战略。当企业实施品牌延伸战略到一定程度，也会实施多品牌战略解决不同的问题。两种品牌战略是品牌发展的必然趋势，相互转化，相互依存。

第四节　服装品牌的视觉形象

心理学研究表明，在人所接受的全部信息当中，有83%源于视觉，11%来自听觉，其他6%分别来自嗅觉、触觉和味觉。视觉给人的知觉、记忆、思维等认识活动提供了最广泛的素材，也给人的情绪体验创造了丰富的条件。借助视学形象这个无声的语言，实现与顾客的沟通，以此向顾客传达产品信息、服务理念和品牌文化，达到促进服装产品销售、树立品牌形象的目的。

一、品牌形象的内容

品牌形象的内容包括产品形象、卖场形象及服务形象。产品形象主要是指产品的风格、规格及价格；卖场形象包括道具形象、广告形象及标志形象；服务形象指人员形象、销售形象及形象代表。这里主要介绍品牌的卖场形象及服务形象。

1. 品牌的卖场形象

"人靠衣裳马靠鞍",卖场也是一样的。生意兴隆的店铺首先有着吸引人的外观,同时还有与外观形象相匹配的货品、内部装饰和商品布置。打造畅销的店铺、打造受欢迎的卖场,是商家们追求的永恒主题。

(1) 道具形象　用于陈列和销售商品的道具,主要有衣架、展示台、收银台、衣夹、更衣室、穿衣镜、休息椅、模特等。应用道具烘托气氛既能够突出品牌的形象,也能强调一种创意的氛围。道具作为销售产品的调味品,可以在很大程度上促进销售。比如,通过采用枯叶和手推车作为道具,来营造秋季的主题;采用马鞍和马镫来烘托皮带;采用毛巾、爽肤液、太阳镜以及沙滩遮阳伞作为背景来促销"与家人共度暑假"的主题。

在选择陈列道具时,要注意道具不能比服装产品抢眼,应该使用一些精品,避免使用有尖角的东西,木材等是可以给人以安全感的材质;陈列用具不可过大,最好是可移动的。

(2) 广告形象　用于宣传商品的物品,主要有样本、灯箱、广告画、包装袋等。品牌的宣传用品在卖场的陈列中起到画龙点睛的作用。在卖场的促销活动中,大量制作的广告能起到烘托现场气氛的效果,从而刺激消费者的购买欲望,增加现场销售;采用的宣传品大多形式新颖,有强烈的视觉冲击力,能够吸引消费者在商品前多加停留,从而诱发购买欲望、产生购买行为。

(3) 标志形象　标志形象指卖场最显眼位置的标志性品牌形象设置或卖场内最显眼的品牌象征物。为了给顾客留下深刻的品牌形象,卖场里的标志物往往起到令人过目不忘的作用。标志物的选择与品牌风格有关,在设计构思时,可以采用协调原则或对比原则。

2. 品牌的服务形象

近年,对于卖场来说,让顾客满意服务或者让顾客感动的活动越来越重要。这并不只是指顾客对卖场营造出的那种能够让他们气定神闲的安心购物环境感到满意,店员的外貌、衣着、语言、行为也对消费者的购买行为起着极为重要的作用。另外,品牌的退换、商品的规定、促销活动和会员卡等促销手段及售后服务、形象代言人等也会对品牌产品的销售起到一定的引导作用。

二、品牌形象设计

1. 道具形象

道具形象是用来体现品牌风格的主要手段。根据品牌定位的风格,确定卖场的装修风格,装修的目的是促进销售,与品牌风格背离的装修只能起到事倍功半的效果;根据装修风格决定装修材料,应尽可能选择新颖的装修材料,获得材料的美感,但要注意避免新材料的过分堆砌而落入俗套,在符合品牌风格的前提下,个性鲜明的装修效果更容易成为引人注目的目标。

2. 广告形象

样本是非常重要的广告形象，其作用主要有两个方面：一是联系商场的敲门砖。品牌服装公司欲进某商场设柜销售前，商场必须对该品牌的产品风格有所了解，此时，产品样本就成了品牌风格的无声代言人。二是指引消费者的导购册。产品的推出是根据产品最佳销售时段而逐步进行的，不可能将所有产品全部同时推出，为了让消费者对产品有一个全面的认识，印制精美的产品样本很有必要，可以使消费者对产品更有信心。

3. 标志形象

标志形象，是最能体现卖场品牌形象的局部装饰，一般会放置 Logo、广告画等内容。无论在设计处理还是材料选择上，通常是卖场装修中的一个亮点。

4. 营业员形象

营业员是品牌形象很重要的一部分，是与顾客直接接触的销售最前线，也是品牌的活体形象，在一定程度上也代表企业形象。因此，对营业员外形的选择非常关键。选择时，首先应该有一个理想化的营业员模型，然后在应聘者中选择一个准模型，根据准模型的外形条件，如身高、体重、脸型、肤色、发式等，最后，再选择与准模型比较接近的应聘者作为录用的营业员人选。

营业员工作时的服饰一般由商场统一规定。只有当商场的合作者是有名的大牌公司，其销售业绩在商场内举足轻重时，才有可能允许其穿着代表该公司品牌形象的服装。

除了营业员的外形要与品牌风格接近外，还需有匹配的服务技能。营业员的语言和行为对销售起着非常直接的作用，其服务技能培训是品牌服装公司人力资源部的一项主要工作。

5. 销售方式

销售方式在一定时期内应该有一个相对稳定的形式，尤其是折扣方式，不能经常调换服装产品的价格，也不能在相近的时间内，将正常价格和折扣价格的差距拉得过大，否则，会影响顾客对品牌的忠诚度。

三、品牌形象实施

品牌形象拟定之后，必须要有一个好的实施方案，确保品牌形象得以顺利推广。在品牌企划中对品牌形象应该有一个系统的企划。如果资金实力欠缺，卖场装修、广告形象及形象代表可以分阶段实施；对投资不大的小型品牌来说，应该集中有限资金根据卖场开出的先后顺序，开一个成功一个的原则，做好每一个卖场的装修。尤其在品牌开创初期，必须给外界一个好的品牌形象；在资金充足的情况下，可以全面展开品牌形象的实施工作，给人耳目一新、出其不意的感觉，并且，由于形成一定规模的制作，可以降低成本。

思考题

1. 试述服装品牌构成的显性要素及隐性要素。
2. 简述服装品牌策划的方法及步骤。
3. 请你根据本章服装品牌营销战略的内容,为你所关注的服装品牌制定详细的品牌营销战略。
4. 试述服装品牌视觉营销对品牌打造的重要性。

【案例分析】

品牌延伸的理由与好处
——拉尔夫·劳伦·波罗品牌的扩展

1999年,美国的拉尔夫·劳伦·波罗(Polo)在世界最有价值品牌排行榜中名列第54位。它是如何在短短三十年时间里成长为世界知名服装品牌的呢?

1974年拉尔夫·劳伦通过引入新品牌Chaps进入中档男装市场,只在百货商场销售。Chaps体现的是平易近人的美国个性,这与更高档的Polo拉开了距离。之所以可行,部分原因是Chaps的产品仍具有拉尔夫·劳伦的古典风格。新品牌成功进入了低档消费市场,而且还打入了更低层的零售市场。如果当时扩展的是Polo品牌,那么它被削弱的可能性就要大得多。

20世纪80年代,拉尔夫·劳伦品牌延伸到高档女装市场:拉尔夫·劳伦的Collection品牌向顾客承诺最新的时尚以及拉尔夫·劳伦特有的格调;而同类品牌拉尔夫·劳伦Collection Classics的服装设计则较大众化,针对更为广泛的消费群体。这两个新品牌只通过高级时装精品店和本公司的专卖店销售,使拉尔夫·劳伦品牌得以维持多种价位,避免了过度垂直延伸。

20世纪90年代通过分别引入拉尔夫和劳伦两个品牌,以建立较低价位的品牌。像Chaps一样,"劳伦"品牌只在百货商场而不是高级精品店销售,面向的顾客群是那些收入不高的妇女。相反,"拉尔夫"的目标消费群是那些想走在潮流尖端又有品位的时髦、干练的年轻女郎。这个品牌的风格可以描述为稍有改变的Collection Classics——剪裁更贴身,细节更为大胆。"拉尔夫"在Polo店和高级百货商场销售。

20世纪90年代拉尔夫·劳伦的最新设想是将Polo扩展到以年轻人为目标、更有现代感的消费领域。Polo牛仔是男女现代牛仔装,Polo运动装是时髦的男式运动装。同类型的女式Polo运动装通过Polo运动装这个亚品牌使Polo品牌扩展到休闲、年轻的女式运动装市场。这一系列的扩展,扩大了拉尔夫·劳伦的潜在顾客基数,并增加了Polo品牌的资产价值。这种品牌策略使Polo得以迎合越来越休闲和舒适的生活方式,并使之更年轻、更有活力。在女装市场使用Polo品牌将高级服装(拉尔夫·劳伦)和中等休闲装市场(Polo)清楚区分开来,削弱了拉尔夫·劳伦在女装市场形象的危险性。

在现代男女装市场,拉尔夫·劳伦于1993年开发了看起来很旧的高级牛仔装Double RL。这个品牌把户外生活的原始和艰难与美国式的折中主义结合起来,形成了自己的个性。由于

Double RL 与拉尔夫·劳伦的联系很弱，且进入市场较晚，所以这个品牌仅仅局限于较小的市场。

为了把代表现代生活的产品 Polo 运动装（Polo Sport）和 Polo 牛仔（Polo Jean）联系起来，并将它们与古典的品牌区分开，公司另外设计了品牌标志。用新的标志表明这些品牌具有休闲、现代的品牌个性，与 Polo 和拉尔夫·劳伦截然不同。这些新品牌相互之间也有明显的差异：Polo 牛仔更为新潮、时髦；Polo 运动装更偏向高层消费，风格和设计更现代。1999 年春，公司开发了 RLX Polo 女运动装系列，包括专业运动装和户外装，在运动装专卖店中销售。

拉尔夫·劳伦通过名称相关的不同品牌（如拉尔夫和劳伦）、副品牌（如 Polo 运动装和拉尔夫·劳伦 Collection）以及受托品牌（如拉尔夫·劳伦 Polo）扩大了市场区域和产品种类。这些策略使新产品可以利用拉尔夫·劳伦和 Polo 现有的品牌资产，同时又可以建立不同个性化的品牌。新品牌和副品牌不仅利用了现有的品牌资产，而且为品牌注入活力。其品牌结构逻辑清晰，原则明确——Polo 是男装的台柱，而设计师的名字拉尔夫·劳伦是女装的核心。

案例分析与思考

通过对以上案例的分析，请你根据本章所学品牌营销战略的内容，谈谈拉尔夫·劳伦·波罗品牌是如何进行品牌延伸的？

第八章　服装企业文化

- 第一节　服装企业文化建设概述
- 第二节　服装企业文化的创新
- 第三节　企业形象识别系统(CIS)

学习目标

1. 能够使学生认识到企业文化建设的重要性和必要性。
2. 了解企业文化的含义、特征、功能和内容，以及服装企业文化的创新发展与趋势。
3. 理解什么是企业形象识别系统（CIS），CIS的要素分析及设计的过程。
4. 熟悉企业形象策划等方面的内容。

我国加入 WTO 以后，服装企业文化对企业经营业绩的影响逐渐引起国内企业界的普遍关注与重视。为了保持企业能够长远和可持续发展，越来越多的企业将企业文化建设列为企业的重大发展战略进行考虑，并在企业经营及生产实践过程中进行着积极的探索。

企业文化反映了一个企业内部隐含的主流价值观、企业宗旨、道德规范和行为规范。这种价值观、企业宗旨、道德规范和行为规范可以使一个企业保持相对长期的繁荣。

企业文化虽然不能直接给企业带来经济效益，但它是企业能否繁荣、昌盛并可持续发展的一个关键因素。前 GE 公司 CEO 杰克·韦尔奇曾经说："健康的企业文化是一个企业战无不胜的动力资源。"我国著名的经济学家于光远也说过："关于发展，三流的企业靠生产、二流的企业靠营销、一流的企业靠文化。"新郎服装公司董事长王桂波认为，一个企业只有根据自身实际情况构筑起独具特色，并与企业发展相适应的企业文化，才能走出一条依靠企业文化凝聚人心、以企业文化指导竞争、用企业文化提升企业管理层次与发展的途径。企业一旦有了优秀的企业文化，就等于给企业的技术、设备、信息、规章、人员嫁接了高大宽广的平台，输入了一泓永不枯竭的源流。它使企业充满活力与创造力，并使企业的各种生产要素得到最佳组合，从而创出最佳效益，推动企业持续、健康、快速地发展。

第一节　服装企业文化建设概述

现代服装企业的竞争已经深入文化层面。人们越来越认识到企业文化的重要性，它是企业的核心竞争力，体现在企业的各种规章制度、生产经营管理和员工的行为规范中。企业借助企业文化营造一个良好的企业氛围与环境，增强员工的工作能动性、积极性和主动性，以共同的价值观推动企业的生存、发展与壮大。同时，企业文化也是一种重要的管理手段，是一种价值观。这些价值观构成企业员工活力、意见和行为的模范。

服装企业文化是服饰个性的精神提炼，是在服装品牌的发展过程中不断发展并沉淀起来的，是服装企业不断适应市场经济发展和消费者需求并与之进行广泛沟通而建立起来的。

一、企业文化的含义

北京一位高级咨询师对企业文化的理解是这样的：作为一种文化氛围，企业文化不是管理方法，而是形成管理方法的理念；不是行为活动，而是产生行为活动的原因；不是人际关系，而是人际关系反映的处世哲学；不是工作状态，而是这种状态所蕴含的对工作的感情；不是服务态度，而是服务态度中体现的精神境界。总之，企业文化渗透于企业一切活动之中，而又流溢于一切企业活动之外。

企业文化是指一个企业在长期经营实践中逐渐形成的一种企业价值观、企业精神、文化氛围、团体意识和广大员工普遍认同遵循的道德规范和行为方式的总称。企业文化建设的水平，决定着企业的精神素质和现代化水平。

企业文化有以下丰富的内涵。

① 企业文化是在生产经营活动中逐步形成的规范。

② 企业文化是一个企业所信奉的主要价值观。

③ 企业文化是企业寻求生存与发展的竞争"原则"。

④ 企业文化是在企业长期发展实践中形成的某种文化观念、共同的价值取向和道德规范。

⑤ 企业文化是经济意义和文化意义的混合。

⑥ 企业文化是指导员工从事工作的行为指导与哲学观念。企业所倡导的理念文化和行为方式一旦达成共识，成为企业的文化，则这些理念和行为方式必将得到广大员工的自觉遵循。

⑦ 企业文化是在一定的社会历史条件下，在企业生产经营和管理活动中所创造的具有本企业特色的精神财富和物质形态。它包括文化观念、价值观念、企业精神、道德规范、行

为准则、历史传统、企业制度、文化环境、企业产品等。其中价值观是企业文化的核心。

二、企业文化的特征

企业文化通常是在一定的生产经营环境中，为适应企业生存发展的需要，首先由少数人倡导和实践，经过较长时间的传播和规范管理而逐步形成的。它一旦形成，将会对企业产生巨大的影响，对企业的生存发展发挥着重要作用。它主要有以下几个特征。

1. 个体的独特性

每个企业的发展轨迹和创业途径不同、经营理念不同，由此便会形成不同的企业文化，每个企业都会用适合自己企业的价值观念和思维方式来对待企业的发展，促使每个员工无论企业是在兴旺时期还是衰退时期，都会万众一心、心系企业，以维护企业的长远发展。正因为不同企业面临的经营环境、市场定位、发展背景等因素的差异，其企业文化必然会不同。企业只有突出自己鲜明的特色，才能使本企业有别于众、起到树立企业特色形象的作用，从而增强企业核心竞争力与可持续发展，在品牌战略上更胜一筹。

国内外的优秀企业，都是具有鲜明的文化个性的企业。提到IBM公司就想到"IBM就是服务"的企业精神，提到沃尔玛就知道"低价销售、保证满意"，它们的成功是由于企业文化适合企业现状和未来的发展。

2. 相对的稳定性

服装企业文化是企业在长期的经营发展实践中逐渐积累起来的，具有较强的稳定性，不会因企业内部的组织调整、战略转移或产品结构变化而发生"断代"与大的"跳跃"。一个企业中其精神文化要比物质文化稳定得多。

对于一个成熟的企业而言，保持企业文化的稳定性是非常关键的。稳定性的基础来源于员工个人价值观与企业整体价值观的融合。这需要企业内部有一种制度来确保企业和员工的沟通，企业可以及时地了解员工需要什么，员工也及时地了解企业需要自己如何发展。总之，企业要保持对员工的一种控制力，但是这种控制力是建立在互相不断地理解和调整的基础上的。

3. 继承性

每个服装企业都是在特定的文化、经济及历史背景下形成的，继承传统文化就是要取其优秀文化，去其糟粕。历史的发展是连续的，企业文化的发展也是连续的，它有巨大的影响力，其中优秀文化更是经受了历史的考验和社会的认可。

企业文化是继承性的，它是企业在长期经营活动中逐渐形成的，是企业管理认识论和方法论的高度概括。所以对其发展历史、个性形成历史的梳理是企业文化建设非常重要的环节，是对现有文化体系的强有力的支撑。

企业文化是具有传承性的，如果一个老企业没有自己的文化传统可能就离关门不远了。比如，具有53年历史的霍英东家族企业，在霍震寰接班后，他一直强调公司企业文化的传承性与延续性，并不断弘扬发展，而正因为有了企业文化的健康继承与拓展才有了今天的可持续辉煌发展。

4. 发展性

世界万物，皆处于"运动"之中，企业文化也不是一成不变的，它随着企业的变化而变化，并且企业文化大都需要经历一个逐步完善、定型与深化拓展的过程。在长期经营实践中，通过吸收集体的智慧，不断补充、修正，逐步趋向明确和完善，以适应企业可持续发展。企业文化的变化应当遵循"核心不变，始终在变"的原则。随着企业的发展，企业文化会进行微调，但是核心的理念不会大变，这也是企业具有良好适应性和相对稳定性的表现。社会总是在发展，企业文化亦如此，始终处在一种"动态"变化与发展之中。在企业的逐步发展中，企业文化会变得越来越先进，越来越适应当前经营及企业发展的需要，新的理念与活力，新的文化的发展，会让企业文化具有更强的包容性，发挥它最大的作用，更能够顺应时代的要求。企业文化不但需要建设，还需要不断调整与完善。

三、企业文化的功能

企业文化建设的根本目的，就是用文化推动生产力，增强凝聚力、执行力和创造力，进而提升企业核心竞争力。企业文化在企业管理方面发挥着重要功能，主要功能有以下几点：企业文化的导向功能、提升功能、凝聚功能、激励功能和约束功能。

1. 导向功能

有企业就有企业文化。任何企业文化都有它的思想性。它体现了企业职工共同的价值取向、心理取向和文化定式，在企业文化建设中发挥着重要的主导作用。其导向功能就是通过企业文化对企业经营者、职工及消费者起引导作用。

企业文化的导向功能主要体现在两个方面：价值观念和经营哲学。价值观念决定了企业的价值取向，使员工对事物的评判达成共识，有着共同的价值目标，企业的领导和员工为他们所认同的价值目标去奋斗；经营哲学决定了企业经营的思维方式和处理问题的原则，这些方式和原则指导管理者进行正确的决策，指导员工采用科学的方法从事生产经营活动。企业员工就是在这一目标的指导下从事生产经营活动的。

服装企业文化可以为企业经营决策提供正确的指导思想和健康的精神氛围，为企业指明发展方向，从而为企业作出正确的经营决策、获得健康的发展目标提供方向。

2. 提升功能

先进的企业文化能够提高企业的知名度和美誉度，可以给人一种人格力量，一种审美的感受；可以增加品牌的附加价值，提高企业的形象和美感。比如，万宝路的文化比登喜路明显高出一筹，万宝路立意于一种人格力量和审美的情趣，而登喜路仅着眼于烟的口味，故而万宝路的形象价值是登喜路的几十倍。

3. 凝聚功能

企业文化的凝聚功能，是指当一种价值观被该企业员工共同认可后，它就会成为一种

"黏合剂",把全体员工团结起来,从而产生一种巨大的向心力和凝聚力。企业文化是全体成员共同创造的群体意识,因而企业成员对这种群体意识产生了认同感和归属感,它所包含的价值观、企业精神、企业目标、道德规范、行为准则等内容在发挥企业文化凝聚功能过程中起着重大的作用。曾经有人到德国西门子公司参观考察,恰逢周五,到下午4点,只见不少妇女儿童涌进厂里,经了解才知道是该厂惯例,每逢周五厂领导与职工、职工家属联欢聚餐。在这种文化氛围作用下,职工对本职工作有一种使命感、自豪感,不仅培育了"精神家园"使职工产生归属感,而且在意识深处产生一种对企业的向心力,进而形成强大的凝聚力。

4. 激励功能

企业文化的激励功能,是指企业文化具有使企业成员从内心产生一种奋发进取的精神,它对人的激励不仅仅是一种外在的推动,而且最重要的是一种内在的引导。它不是被动消极地满足人们对实现自身价值的心理需求,而是通过企业文化的塑造,在企业群体中产生一种责任感和使命感,使每个企业员工从内心深处自愿地产生为企业走向成功而努力拼搏的献身精神。

企业文化应当是个多内容、多方位、多层次、多角度的综合文化体,能从多方面满足职工的各种文化需要,使它具有多方面激励职工的能动作用。比如,优秀的企业精神统一了企业职工的信念和意志,使人处于良好的精神状态和高尚的精神境界之中,激人向上,催人奋进;企业不断攀升的经营目标与激励机制,会促使职工不断为此而自觉地学习科技知识与专业知识,不断提高政治思想素质,在实践中自学成才;良好的企业形象,使职工产生了自豪感和荣誉感,同时也加强了责任感和事业心,焕发职工的积极性和创造力;平等竞争机制的建立,形成了优胜、劣汰的压力氛围,鼓励优秀人才脱颖而出,促使职工钻研技术,苦练硬功,尽快成才;良好的奖励系统,注重培养先进典型,会促进广大职工争学先进、努力工作,很好地起到以点带面的作用,促进企业的全面发展。

5. 约束功能

企业文化的价值观、企业理念、行为规范、道德规范及企业精神的建立,对企业员工起到良好的约束作用,能够使企业员工把强制约束和自我约束结合起来,把心理约束和对工作的约束保持一致,最终建立一支具有统一的价值观念、过硬的专业素质以及一切行动听指挥、遵纪守法的企业员工队伍。企业文化的约束功能主要是通过完善管理制度和道德规范来实现的。企业制度是企业文化的重要内容之一。它是企业内部的法规,企业的管理者和企业职工必须遵守和执行,从而形成约束力。道德规范是从伦理方面的角度来约束企业员工的行为。如果员工违背了规范的要求,就会受到舆论上的谴责,心理上也会感到内疚。

企业文化的约束功能使职工自觉把个人前途与企业前途结合起来,把感情和行为同企业整体利益联系起来,增强了工作意识,提高责任感。使职工明白该做什么,不该做什么,应该怎么做,不应该怎么做,自觉防止行为出错,抵制消极因素的影响,树立开拓进取的精神,自觉维护企业形象。

四、企业文化的内容

1. 企业价值观

　　一个企业的灵魂，就是其价值观。价值观是企业的核心内容，价值观是企业员工从事工作生产、为人处世以及从事经营活动的价值尺度。它虽不是具体的管理制度和行为规范，但却是企业和员工行为的最高指导原则，从根本上决定着他们的行为与思维方式，推动和发展着企业的经营管理活动，成为企业可持续发展的原始驱动力和决定企业兴衰成败的重要因素。企业家张瑞敏曾在分析海尔经验时说："海尔过去的成功是观念和思维方式的成功。企业发展的灵魂是企业文化，而企业文化最核心的内容应该是价值观。"

　　可以这样认为，企业价值观对企业和员工的行为取向，对企业兴衰具有决定性作用。正如日本"经营之神"松下幸之助说的那样：公司可以凭借自己高尚的价值观，把全体员工的思想引导到想象不到的至高境界，产生意想不到的激情和工作干劲，这才是决定企业成败的根本。

　　随着企业的不断发展，企业价值观也在不断地变化。它一般要经历三个阶段：第一阶段是企业存在初期。由于企业规模小、经营能力差，其指导思想也只能是为了企业或员工能够生存与发展。第二阶段是企业成长期。企业经营能力逐步增强，规模逐渐扩大，为了能够在竞争中立于不败之地，以取得企业的长足发展，它的价值观便开始追求"一切为了用户""顾客第一、服务至上"的经营服务。第三阶段是企业进入成熟发展期。它的价值观便更加超越思维，跨越了用户和顾客，变为为社会服务，追求进步，对人类文明作出贡献，提高人们的生活质量，促进人类物质和精神生产，个性全面发展等。不同时期的企业价值观引导和制约着企业员工的行为取向，进而也决定着企业的兴衰。

2. 企业精神

　　企业精神是企业文化中的本质要素，是团结企业职工、增强凝聚力、促进企业发展的精神动力，是企业员工的集体意识，它反映了企业员工集体志向的决心和追求。在企业精神理念的引导下，企业会逐步形成自己的产品文化特色，并促进企业的发展。企业精神具有正反两重性：要么积极进取、自信乐观，要么悲观丧气；要么勇于开拓进取，要么保守落后、故步自封。成功的企业都有自己积极进取、富有鲜明个性的企业精神。庄吉集团组建于温州服装发展的低潮时期，基于为"温州服装正名"和"为民族服饰工业争品牌"的共同信念，在众多温州服装品牌"隐姓埋名"不打温州牌的情况下，庄吉率先在产地一栏中鲜明地标明产地"温州"，并高瞻远瞩，树立"弘扬服饰文化，根植高雅观念，追求时尚品位，争创一流品牌"的企业精神理念，不断提升服装设计水平，紧跟国际时尚潮流，聘请意大利著名设计师毛里齐奥巴达萨里先生担任集团首席设计师，并在世界时尚之都米兰设立庄吉服装设计工作室，将欧洲经典时尚的服饰文化与中国古老而优秀的民族文化有机融合在一起，创造出经典优雅、简约舒适的庄吉服饰文化精髓，通过不断地创新和发展，企业精神理念的高速驱动，庄吉已稳步地发展成为中国的名牌服装企业。

　　企业精神的表现形式还有一个重要特点：语言精练、恰当，富有动员性。表现形式简明扼要，常常用一句口号表示，如"名门之秀五粮液""科技发展以人为本""服务超群，追求卓越"等。创建企业精神必须从实际出发，决不能搞假、大、空，口号再响亮，但空洞无物，对企业来说是没有实际意义的，等于没提。

3. 道德规范

企业文化不仅要注重企业价值观及精神理念的塑造与提炼，同时也有它独特的道德规范要求，有各自的职业道德要求。职业道德不仅指企业规定的道德行为规范要求，而且也包括企业对社会所承担的道德责任和义务。良好的职业道德规范将对企业的推动发展及提高员工素质起着非常重要的作用。企业道德规范是企业文化建设的基本组成部分，是职业道德的具体体现，是维护职业道德的基本保证。它是促使人们遵守职业纪律的基础和动力，也是企业可持续发展的原始驱动力之一。

"人类因梦想而伟大，企业因文化而繁荣。"一个没有文化的企业是没有灵魂的企业，这样的企业也就从根本上失去了发展的方向性、目标性和战略性，失去了立足于现代市场竞争的前瞻性、能动性和适应性。分析国内外先进企业成功的经验，突出企业文化管理，充分发挥人才优势，调动人的积极性，具有完整的文化体系和深厚的文化内涵，是一个重要的保证条件。

第二节　服装企业文化的创新

"创新是一个民族的灵魂、是国家兴旺发达的不竭动力。"企业的发展，从起初的经验管理到科学管理，再到如今的文化管理，创新是现在企业发展的必然趋势。一些成功企业之所以能在竞争中取胜，关键就在于他们能够在多变的市场环境中牢牢把握正确的航向和注重创新优良的企业文化。所谓文化创新，是指在企业的管理中，不断地改善现有文化，将新文化因素合理运用到企业管理的过程中，给企业管理带来意想不到的效果的行为。海尔文化堪称企业文化创新的一个代表，张瑞敏对海尔文化是这样表述的，概括成两个字：创新；概括成四个字：不断创新；概括成六个字：永远不断创新。毋庸置疑，企业正面临着一场文化理念的革新，这种革新相对于人们过去对企业意识形态方面的理解，应该说是一个很大的进步。著名服饰品牌庄吉的文化最突出特征就是"以人为本，务实创新"，庄吉在组建之初就跳出了家族式管理的怪圈，实现管理文化创新和经营理念创新，随着企业规模的不断壮大，目前已形成了企业全体员工共同遵循的制度文化，构建了独具特色的服装文化体系。

一、企业文化的发展趋势

企业文化是在企业经营管理过程中逐渐发展起来的，它作为一种新型的企业管理模式，必须为企业的经营管理服务。企业文化将是未来企业最具竞争力的决定因素，对于企业文化重要作用的认识已越来越广泛地被现代企业所认同。从国外比较著名的大公司如IBM公司，到近年来业绩颇佳的国内知名企业如青岛海尔、庄吉、报喜鸟等，无一例外地都拥有自己的一套企业文化。

1. 以双赢为目标，推动企业合作发展

在传统市场经济条件下，企业常常是奉行非赢即输、你死我活的单赢价值观。这种价值观迫使企业既要面对实现技术和产品更新的压力，又会滋生为打垮对方而不择手段的恶性竞争弊端。随着市场经济的发展和以高科技为基础的知识经济的崛起，使这种狭隘价值观受到致命冲击，许多企业开始奉行与新的经济发展要求相适应的双赢价值观。一个企业只有以双赢为目标，才能不断地从合作中受益并获得新知识、新信息等资源，提高自身的竞争实力，从而在激烈的竞争中左右逢源，立于不败之地。雅戈尔的经营宗旨奉行"让消费者满意，使合作者盈利"的价值观，与经销商方面，共同改善商店销售阵地，营造良好的购物环境；支持配合商场的各种促销活动及商业文化活动；与商场共同挖掘潜力，改善经营服务，降低销售费用，提高赢利能力；与消费者方面，以情感人，"一针一线总关情"是雅戈尔人的基本作业精神，一些或胖或瘦、或高或矮的特殊体型消费者常为买不到合身衣服而苦恼，雅戈尔每年要多次推出"心系消费者服务周"和"情钟消费者"活动，专门从宁波调集裁剪大师到各大中城市的专卖店、商场为特体消费者量体裁衣，负责人坐堂亲自接受消费者的提问，现场处理雅戈尔产品质量问题。

2. 推行自主管理模式

传统旧的企业管理经营模式，将人作为企业运营过程中遵循既定规则要求的个体，忽略了人的自主创造精神，企业员工的能动性、创新性、发展性得不到充分发挥，为工作而工作，有一定的消极作用。在企业管理过程中，较多地依赖硬性的权力、管理制度，没有弹性。随着市场竞争的加剧，企业经营管理者，越来越发现人的主体价值在企业运营中的重要作用，旧的模式也越来越难以适应新的发展形势，而体现人的主体性要求的自主管理模式逐渐成为企业的自觉选择。新模式充分尊重体现人的价值，以人为本，注重发挥每一个员工的潜力、自主精神、创造精神和责任感，在企业内部形成一种强烈的认同感和巨大的凝聚力，实现员工在企业统一目标下的自主经营管理，从而形成企业创新的动力和创新型管理方式。某钢铁集团公司采用的是建立在"人人是主人"的企业理念基础上的管理模式，就是这一创新趋势的具体体现。

这种新的管理模式把企业的生产经营权交给每一个员工，每个岗位都规定着相应详细的职责，形成员工自主经营、"人人都是管理者"的局面，企业员工的工作主动性和能动性都得到极大的激发，给企业发展带来旺盛的生机和活力。

3. 重视"以人为本"

企业文化的发展和企业员工本身的进步总是相辅相成的，"科技以人为本""管理以人为本""生产以人为本"，现在越来越多的企业开始注重员工人性化的需求，注意消费人性化的需求，雅戈尔服饰就非常注重人才的发展及以人为本的思想发展理念，提出了"人才与事业共长""物质与精神齐飞"的理念，落脚点就是"以人为本"。雅戈尔认为，一种有效的激励机制，应保证组织成员的收益与其对实现组织目标的贡献大致处于均衡状态。在现实经济生活中，通过建立一套制度、创造一种氛围，使组织成员的收益与贡献大致均衡。注重以人为本，让每个员工都能在雅戈尔实现自己的人生价值，对企业产生归属感、自豪感、认同感。

曾有企业试图以诱人的条件聘请雅戈尔的几位营销副总,但很少有人为之动心。正是由于雅戈尔多年来推行以人为本的双优文化,提高人的素质、重视人的社会价值、尊重人的独立人格,才使得公司员工有成就感及对公司的认同和归属感,调动了他们的积极性,促进了企业的生产经营全面发展。

4. 建设富有个性的企业文化

对于企业文化来说,有个性,才有生命力。一般来说,企业文化的个性越鲜明,企业文化就越有自己的特色。它只为这个企业所有,只适用于这个企业,是企业生存、发展及其历史延续的反映。国内外许多的优秀企业都具有鲜明的企业文化个性。我国企业文化的建设刚刚开始,一般企业还不具备自己独特的企业文化风格,因此,在企业文化创新上,更需要重视其个性的发展,如北京同仁堂的企业精神是"同修仁德、济世养生",古训是"炮制虽繁必不敢省人工,品味虽贵必不敢减物力";杭州胡庆余堂的"戒欺"等。这种个性化的表达方式所起的宣传效果比一般的标榜"品质一流"要引人注目得多。任何一个企业都会有自己的文化积淀,要根据社会发展、企业战略发展的需要不断进行调整与提升,要追求企业自身优良传统与现代先进文化的有机结合,要不断进行企业管理和文化理念的创新,形成具有自己特色的文化体系。

5. 提高企业家的综合素质

在现代的服装企业中,员工的个体素质、积极性、能动性是服装企业文化可持续发展的动力,但由于企业家在企业中处于领导地位,因此,企业家素质的高低、管理水平的高低直接影响到企业的发展,是企业文化创新的关键。自改革开放以来,我国出现了一些企业家快速崛起又快速倒下的现象,其原因是多方面的,除了市场及社会形势和市场营销环境等外在因素外,企业家的综合素质不能适应社会形势的变化,也是根本原因之一。随着经济全球化发展,知识经济的到来,对企业家的素质提高提出了严峻的挑战,单靠专业知识和管理经验已难以胜任创新管理企业的任务。一个合格的企业家,只有具备了融通古今中外科技与人文知识,提高自身全面的综合素质和管理经验,以及善于应对各种市场环境变化的措施,才有能力做到企业文化的全面创新,获得市场竞争的主动权。

二、企业文化创新的主要内容

1. 观念创新

观念创新,是企业一切创新活动的前提。企业的观念创新应该以引导企业向更好的方向发展为目标。这并不是说企业的价值观念本身变化莫测,价值观念维持稳定性同样具有重要的意义。因此,企业应该摒弃只顾眼前利益的价值观念,并使之满足长远性、综合性、社会性、积极向上性;尤其要确立包括"对消费者负责、为消费者服务、使社会满意、使投资者满意、使经营者满意"等内容的价值观念,而且在实际的经营管理过程中形成与价值观念相应的行为模式,实现技术创新。

2. 技术创新

技术创新，是企业 21 世纪的通行证。现在是知识经济时代，市场竞争日趋激烈。企业只有通过技术的改革创新，使所生产的产品不断更新换代，满足不断变化的市场需要才能有所作为。因此，企业必须加大科技开发力度，建立有效的促进技术创新的管理机制，加强与社会各方面的交流与合作，以充实和完善企业文化塑造，达到企业经济效益和社会效益的双丰收。

3. 制度文化创新

制度文化创新，是企业文化创新的核心内容。企业制度文化创新包括企业制度创新和制度体系创新，它们是一种相互依存和互动的关系。在企业制度文化创新实践过程中，一方面要重视以理性和效率原则为基础的规章制度文化的创新，另一方面也不能忽视以情感和人性为本的非正式制度文化的培植。

事实上，企业制度文化创新与员工的素质、企业性质和目标相关。理性化的规章制度文化是通过行为规范、制度、原则来约束员工的行为，当代管理体系中的"以人为本"理念实质上要求在制度文化创新中实现制度化与人性的统一，形成以制度为基础，谋求制度化与人性、制度化与战略、创新的有机统一。

第三节 企业形象识别系统（CIS）

企业形象是企业的生命。在企业文化建设中，应充分考虑企业形象的设计，一个企业的良好形象，对外是一笔巨大的无形资产；对内则是企业发展的原始驱动力和凝聚力的重要源泉。企业文化、企业形象都是企业的差别化战略。

进入 21 世纪，随着市场经济的快速发展，文化多元化的步伐加快，企业竞争也在不断加剧，企业为了有效控制过程运作中企业信息的传递，越来越多的企业开始重视企业形象识别系统的建设，逐渐形成了完善的 CIS 系统。例如，报喜鸟集团自建立伊始就非常注重自己企业文化的营造，1996 年报喜鸟广告语："报喜鸟——喜报千万家"的问世，标志着报喜鸟企业文化的开端。随后，集团的高层领导分析市场，审时度势，制定了一系列的发展目标实施 CIS 工程，为更好地彰显企业文化，在总部三楼投入 100 多万元建成了面积达 500 平方米的"文化长廊"，集中展示报喜鸟的精髓、气质。经过多年的努力拼搏，报喜鸟的事业飞速发展，现在的报喜鸟已从最初的几百人的服装厂扩展到现在的几千人的集团公司，拥有两大工业园区、两大设计中心、三条国际一流生产流水线、四大品牌的跨行业的集团。

一、企业形象识别系统（CIS）的概述

企业形象识别系统（Corporate Identity System，CIS 或 CI）包括企业理念识别（MI）、行为识别（BI）和视觉识别（VI）三个子系统。它起源于 19 世纪的欧洲，是市场经济的产物，是把企业文化、企业价值观、经营理念、行为规范等融入现代商业管理、策划、设计及生产经营中，使之系统化、规范化、标准化。对内规范企业行为，强化员工的认同感、归属

感、工作积极能动性、增强凝聚力和向心力、提高工作热情、降低经营成本；对外传播和弘扬企业理念与企业精神，树立品牌形象，使社会公众对企业产生认同感，确立牢固的认知感，使之取得更大的经济效益与社会效益。

1. 理念识别系统（Mind Identity System, MIS 或 MI）

企业理念是指企业在生产经营过程中，在一定的市场经济及社会环境和意识形态影响下长期形成的一种文化理念和精神成果。在精神层面它是指企业员工共同信守的理念、价值标准、职业道德等。企业理念是对企业灵魂的高度总结与提炼，它包括企业价值观、经营理念、经营方针、企业道德和各种规章制度等内容，企业理念无形中会对员工产生潜移默化、指导的作用，使员工能够增强凝聚力，肯定自己在公司工作的意义，进而提高士气。

企业理念识别是CIS系统的最高决策层，是导入CIS的原始驱动力，是企业的精神精髓所在。企业理念识别系统不是固定不变的，它是动态发展的，随着诸多因素的变化而变化。

企业理念识别系统在企业形象策划中占有非常重要的地位。整个策划就是在提炼与找寻适合于企业发展的价值观念、企业精神、经营理念、道德规范、企业宗旨、企业作风等。

（1）企业价值观　企业价值观是企业在生产经营过程中所推崇的基本理念和奉行的目标。企业价值观是企业理念识别系统的根基，它是在企业长期的经营发展中而形成的精华，是指明企业成功之道的理念。企业价值观是企业文化的核心，它决定和影响着企业存在的意义和目的，企业各项规章制度的价值和作用，企业中人的各种行为和企业利益的关系，为企业的生存和发展提供基本的方向和行动指南，为企业员工形成共同的行为准则奠定基础。企业的其他理念都受其影响和约束，企业各种行为的选择都明显受到企业价值观的支配。通常来说，企业价值观有三种基本类型：一是以人为本型，如惠普公司"尊重个人价值"、诺基亚"以人为本"等；二是以客为本型，如IBM的"最佳服务精神"、海尔的"真诚到永远"等；三是不断创新型，如丰田公司"家庭创新精神"、明尼苏达矿产制造公司的"开拓创新精神"等。

（2）企业目标　企业目标特指企业的"最高目标"，它是全体员工的共同追求，是企业观念形态的文化，具有对企业的全部经营活动和各种文化行为的导向作用。企业目标是企业凝聚力的焦点，是企业价值观的表现，每一个企业为了自己存在的目的和所要完成的任务，都会制定相应的目标，确定企业的使命与宗旨，激发员工动力，集中意志向目标前进。同时，企业目标也反映了一个企业追求的层次、方向和抱负，促进企业向着良好的方向可持续健康地发展。提炼企业目标一定要高瞻远瞩，充分考虑它是企业长期的发展目标，而非短期、中期的经营性目标，大量的研究表明，世界卓越企业的目标往往定位于"服务社会""创造一流""以人为本"等更高的精神层面而绝非经济目标。例如，长虹的企业目标是"产业报国，民族昌盛"，海尔的企业目标是"创造中国的世界名牌"，雅戈尔的目标是"创国际品牌，建百年企业"。

（3）企业精神　企业精神是企业文化的精髓和灵魂。企业精神是企业的发展历史写照，内涵丰富而深刻，意义重大而深远。企业精神是对企业现有观念意识、传统习惯、行为方式中的积极有利因素的总结、提炼和倡导，企业精神具有强大的凝聚力、感召力和约束力。例如，松下电器的七大精神是"产业报国、光明正大、奋斗向上、礼节谦让、适应同化、感激报恩"，IBM的精神是"最佳服务精神"。

(4) 企业经营理念　企业经营理念是企业经营的指导思想，一种思想观念，是企业所特有的基本信念、价值标准和行为准则等的总和。它是对企业经营管理理论和成功经验的总结和高度概括，它贯穿于企业的全部活动，指导企业的方向，影响企业全体成员的精神面貌，决定企业的素质和竞争能力。它是深层次的带普遍性的企业运行规律和原则，是对企业运行内在本质最好的诠释。例如，"不断改变现状，视今天为落后"（二汽）；"开拓则生、守旧则死"（深圳光明华侨电子公司）；"仁心待人，严格待事"（瑞士劳力士手表公司）；"伟大，在于创造"（格兰仕）等。雅戈尔的经营企业理念——"装点人生，服务社会"，十分清楚地表述了企业与消费者、合作者以及企业与社会的关系。

(5) 企业宗旨　企业宗旨是关于企业存在的目的或对社会发展的某一方面应作出的贡献的陈述，有时也称为企业使命。它是企业对存在价值及其作为一个经济单位对社会作出的一种承诺，它是企业价值观的高度反映和最高目标体现，企业宗旨不仅仅包含企业对外的承诺，许多企业还规定着对内的承诺。例如，铁路局的宗旨是"人民铁路为人民"；北京市煤炭总公司的宗旨是"为首都生产建设和人民生活服务"；长春百货大楼的宗旨是"顾客第一、服务第一、信誉第一"；海信的经营宗旨是"理性、效益、安全"；雅戈尔的经营宗旨是"让消费者满意，使合作者盈利"。

(6) 企业作风　企业作风也常表述为企业风气，或者说企业气氛。一个公司企业作风的好坏是衡量企业文化是否健康的重要标志。在一个有着良好完善的文化的企业里，企业风气就会非常地健康，员工群体会自觉积极地抵制不良社会风气，主动团结起来，树正气，与企业同呼吸共命运，保证企业健康发展。企业风气是通过企业员工的日常行为反映出来的，是影响企业形象的一个重要因素，如首钢的企业作风是"认真负责、紧张严肃、尊干爱群、活泼乐观、刻苦学习"；海尔的企业作风是"迅速反应，马上行动"。

在上述几个基本的理念识别系统当中，"企业价值观"是所有企业理念的核心，其他理念都是这个根本理念的衍生与外延，企业价值观定义了企业的价值和意义，而这种企业的"最高价值观念"往往就是企业所追求的最高目标；企业宗旨是为获得企业目标而对社会或对企业内部作出的一种郑重承诺；企业精神是在各种文化理念指导下，通过企业行为反映出来的一种精神状态；企业作风则是一种公司风气和气氛。

2. 行为识别系统（Behavior Identity System，BIS 或 BI）

行为识别系统，是在企业发展过程中，对企业行为和员工行为实行系统化、标准化、规范化的统一设计和统一管理，是对企业理念的落实和直接显现，也是企业贯彻理念和发展战略的基础，涵盖企业活动的全部过程。它以生产经营理念为基本出发点，建立完善的组织体系、行为规范、职员教育和品牌传播方式，通过传播媒介和企业公益性文化等活动及各种公共关系、营销活动等方式来传达企业理念，从而获得社会公众对企业识别的认同。其构成要素主要包括：组织机构、工作氛围、对内外的行为规范、管理方法、工作礼仪等。

(1) 企业内部 BI 识别系统　企业内部 BI 识别就是体现企业文化理念和精神、能够对企业员工形成普遍影响与共识的组织行为，包括企业组织管理、人才资源管理、文化活动熏陶以及创造良好的工作环境。企业内部 BI 识别系统可以使员工在具体的工作中逐渐对企业理念形成感性的深厚认知，增强与企业的共生存、共发展的意识，对企业的价值观形成认同共识，从根本上改善企业员工的精神状态和工作态度，以保证企业的高效发展和员工个体的工作成效突出。

① 工作环境。企业工作环境的构成因素很多，主要包括物理环境和人文环境，物理环境主要指办公场所设计布局、自然环境、装饰特点等；人文环境，主要指企业的精神风貌、工作氛围与竞争环境等。

良好的工作环境对企业的发展有非常重要的辅助作用，它不仅仅是企业对外形象宣传的一种重要方式，更重要的是它营造了一种干净整洁、积极向上的工作环境，激发了员工的工作能动性与主动性。

② 人力资源管理活动。现在越来越多的企业开始注重"以人为本"的人才建设，人力资源管理也被看作企业管理的一个重要组成部分。企业的管理就是人的管理，企业通过人力资源规划、员工招聘选拔、绩效考核、薪酬福利管理、激励、培训与开发、劳动关系协调等工作来实现企业的人才合理调配与资源管理。

③ 员工行为规范化。行为规范是企业员工共同遵守的行为准则。它是企业在生产经营过程中所制定的适合本企业发展的对员工的行为要求，包括仪表、见面礼节、电话礼貌、迎送礼仪、说话态度、说话礼节和体态语言等。

④ 企业内部文化性活动。企业内部的文化性活动是增强企业凝聚力，向员工宣传和传播价值观的一种很有效的途径，比如，开展企业运动会、举办节日晚会、各种座谈会及其他文体活动等。

(2) 企业对外识别活动　是通过对外的业务交往、服务过程、促销活动、领导形象展示、客户拜访等来展示良好健康向上的企业形象信息，从而提高企业的知名度与信誉度。

① 客户交往行为规范。它是指企业的营销业务人员在同客户交往的过程中从履行与提高企业形象的角度出发应当遵守的行为规范。企业员工对外的交往过程中所表现出的行为不仅仅代表自己，更重要的是代表着企业的对外形象，所以客户交往行为规范的建设与发展也显得尤为重要。客户交往行为规范主要从客户拜访、客户来访接待、客户业务商谈几个方面来规范。

② 服务活动。它是企业生产经营中非常重要的一环，它直接与社会公众、与客户打交道，优良的服务最能博得消费者的好感，而差的、不完善的服务会使企业在社会公众中的形象大打折扣。服务活动就过程内容而言，包括三个阶段：售前、售中和售后服务。服务应以诚信为本，而不是只摆花架子，服务的好与坏也直接决定了企业发展的命运。

③ 公共关系行为规范。它是企业行为系统的主要内容。任何一个企业都不是独立存在的，都有其社会性的一面，与社会有着千丝万缕的联系，被各种社会公共关系所包围。企业应当重视各种公关活动给企业带来的信誉度、知名度的宣传。良好的公关活动可以消除公众的误解，将不良影响降低至最低程度，取得公众的理解和支持。公关活动的主要内容包括专题活动、文化活动、新闻发布会、媒介会、展示活动等。

④ 领导形象规范。作为企业的领导，其一言一行及对外的形象都代表着整个企业的风范和形象，这种风范和形象是企业形象的重要组成部分，因此，加强领导形象规范建设也是企业CIS建设中的一个重要部分。企业领导是企业的核心，是员工效仿的典范，也是电视媒介、新闻媒体、舆论界的被采访人物。在被采访中及企业领导出席外界的各种场合中，企业领导所表现出的良好形象规范，会给企业带来非常重要的宣传效果，也会向公众积极地传递着企业健康发展的信息，并将对企业的经营发展产生深远的影响。

3. 视觉识别系统（Visual Identity System，VIS 或 VI）

视觉识别系统，是以企业标志、标准字体、标准色彩、象征图形为核心展开静态的、完整的视觉传达体系，是将企业理念、企业目标、服务宗旨、企业规范等抽象含义转换为具体符号的概念，塑造出独特的企业视觉形象。视觉识别系统分为基础要素和应用要素两方面。视觉识别在 CIS 系统中最具有传播力和感染力，最容易被人们接受。其构成要素主要包括企业名称、商标、厂容厂貌、广告、建筑、包装、装潢（字体、色彩、图案）等。

企业视觉识别系统的设计分为基本要素和应用要素两大部分。

（1）VI 基本要素

① 企业标志设计。标志是将抽象的企业精神理念，以具体的图案形式表达出来的视觉符号。主要包括企业标志及标志创意说明、标志效果图、标志标准化图、标志坐标制图、标志预留空间与最小比例限定、标志色彩效果展示。

图 8-1 所示标志的设计以公司品牌意境作为设计构思，来表现旭日东升、蒸蒸日上的企业理念。特点：写意形象，充满时尚气息。

图 8-1　某地东升服装有限公司的标志设计图

② 企业标准字体。企业标准字体是将企业或产品的名称加以提炼，组合成具有独特风格的统一字体（见图 8-2）。主要包括企业全称中文字体、企业简称中文字体、企业全称中文字体制图、企业简称中文字体制图、企业全称英文字体、企业简称英文字体。

图 8-2　企业标准字体

③ 企业标准色（色彩计划）。标准色是通过某一特定色彩或一组色彩来传达企业精神理念的视觉识别要素。主要包括企业标准色（印刷色）、辅助色系列、背景色使用规定、色彩搭配组合专用表、背景色色度、色相（见图 8-3）。

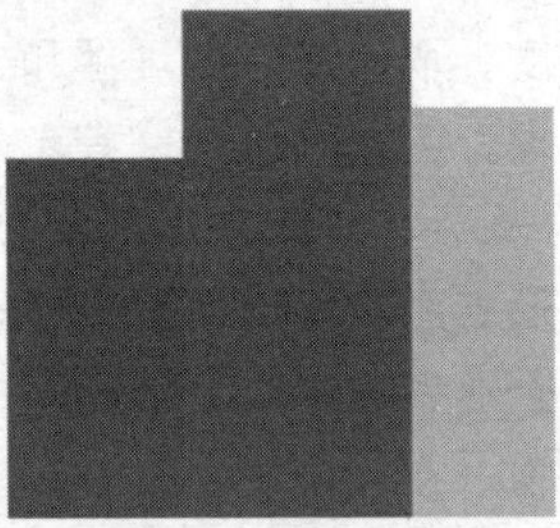

图 8-3　企业标准色

④ 企业造型（吉祥物）。主要包括吉祥物造型及说明、吉祥物立体效果图、吉祥物基本动态造型、企业吉祥物造型印刷规范、吉祥物展开使用规范（见图8-4）。

图 8-4　企业造型

⑤ 基本要素组合规范。主要包括标志与标准字体组合多种模式，标志吉祥物组合多种模式，标志与标准字体、象征图形、吉祥物组合多种模式，基本要素禁止组合多种模式。

（2）VI应用要素

① 办公用品：个人名片设计（见图8-5）；信纸、信封、便笺设计等。

图 8-5　企业员工名片

② 员工常用品：员工制服设计；员工出入证及胸卡设计（见图8-6）。

图 8-6　企业员工胸卡

③ 广告媒体开发设计。
a. 招牌设计：公司大门招牌设计；公司内部指示牌设计。
b. 产品包装：外包装箱、包装袋、服装吊牌等设计。
④ 交通工具外观设计。
⑤ 公司各种汽车外观设计。
⑥ 专卖店设计：店内装潢、店面布置等。

4. CIS 的发展

1907 年，德国现代设计的奠基人贝伦斯为德国电器工业公司（AEG）设计出了西方最早的完整企业形象和标志，是现代企业形象设计系统化的开端。

1947 年，意大利平面设计师平托里为欧洲一家大型企业 Ollivertti 设计了新的企业标志，这是继 AEG 之后，西欧设计出的最完整和最具有视觉效果的一个杰出企业形象系统。

1955 年，美国 IBM 公司设计顾问保罗·兰德（Paul·Rand）设计了新的企业标志，导入了 CI 系统，IBM 由此成为世界计算机业的"蓝巨人"，并被一部分学者认为是 CI 的正式发轫。

1970 年，美国可口可乐公司导入 CI，整合、统一了世界各地的可口可乐标志，采用了统一化的识别系统，从而在世界范围内推动了 CI 热潮。

20 世纪 70 年代，CI 理论引入日本，日本马自达、松屋百货等少数有远见的企业先行导入 CI，并逐渐产生了功效，日本逐渐在美国式 CI 的基础上形成有自己特色的 CI 理论和实践。

20 世纪 80 年代末，CI 传入中国大陆。中国南方一些企业开始尝试 CI。广东太阳神集团被认为是中国最早导入 CI 系统的企业，通过视觉识别系统的展现，较好地体现了企业经营理念和经营风格。

二、CIS 的功能

1. 识别功能

识别功能是 CIS 最基本的功能。识别功能就是将企业本身及其产品、品牌与竞争对手区别开来。CIS 识别的优势在于将整个企业作为行销对象，将企业的文化、理念、产品、行为规范等形成统一的形象理念，借助视觉符号表现出来，全方位传播，让社会公众从多角度、多层面地对企业进行了解，加以评价，而不管从哪个角度、哪个方面，都能感受到相同的、一致的企业信息，最终形成统一的形象评价结果。

CIS 的识别功能主要是通过语言、图像、色彩三个识别要素发挥作用的。

语言识别是指用象征企业精神的口号、品牌广告语等达到识别目的。其中，最具影响力、最具激励意义的是企业价值观，称之为"关键语"，即用言简意赅的语句表达企业形象、经营理念，代表企业的思想行为。比如，IBM 的"IBM 就是服务"、润华的"诚心润中华"、海尔的"真诚到永远"、太阳神的"我们的爱天长地久"等。

图像识别是指用象征本企业的图案，如标志、辅助图案、吉祥物图案等，形象地表达识别的目的；是建立企业知名度和塑造独特企业形象最有效的方法，这正是中外企业导入 CIS 普遍重视企业标志的原因所在。比如，麦当劳大写的"M"标志、太阳神用人字托起太阳的标志等，都产生着巨大的视觉冲击力而具有良好的识别功能。

色彩识别是指用象征自己企业形象的色彩（企业标准色）达到识别的目的。它利用了色彩能够引起人们愉悦、美好印象等审美心理的效果，设计出符合企业理念个性特征的标准色，起到强烈的区别性识别效果，如柯达胶卷的黄色、富士采用的绿色标准色等。

2. 管理功能

CIS对外不仅塑造了良好的企业形象，扩大了企业知名度，而且提高了企业的信赖度和美誉度，这些都是CIS强大的识别功能，同时在规范企业内部管理方面CIS也发挥着重要的作用。

CIS系统的主要功能之一，就是规范企业内部的管理，使之统一化、标准化、规范化。企业行为识别系统就是从思想和行为上对员工进行全方位标准化的管理，另外，企业在处理对内、对外关系的活动中，体现出一定的行为准则和规范，并以实实在在的行动体现出企业的经营理念和价值观。因此，导入CIS是推动企业实现管理创新的有效途径。

CIS的管理功能，还体现在给管理者确定了一个明确的企业形象塑造目标，提供了处理纷繁杂务的既定原则，使管理人员迅速准确地作出正确的判断。但是，CIS的管理功能不是独立存在的，它同企业原本的质量管理、成本管理、财务管理等结合，相辅相成，才能有效地发挥作用。

3. 传播功能

导入CIS塑造企业形象的过程，主要是通过传播途径予以实现。正是因为CIS系统具有准确、有效、便捷的传播功能，才能达到树立良好企业形象的目的。

4. 协调功能

企业导入CIS系统有助于信息传播的真实性、可信性和统一性，使企业的公共关系活动得到顺利发展，达成企业同社会各方面的协调与平衡。

企业的公共关系包括员工关系、顾客关系、商业关系、合作关系、竞争关系、政府关系、新闻界关系等，各种关系形成不同，但CIS均能发挥独特作用。CIS系统的贯彻能进一步改善企业同政府的关系、消费者的关系、合作关系、新闻界的关系，创造企业与社会协调一致的外部经济环境。这就是CIS发挥的协调功能。

5. 竞争功能

在激烈的市场竞争中提高企业的竞争能力，是CIS系统的核心功能。以上的识别功能、管理功能、传播功能、协调功能在一定程度上都是为提高企业的竞争功能服务的。

CIS战略的竞争性，是指成功地导入CIS系统有利于提高企业的形象，提高企业综合素质，进而增强企业竞争力。将使企业在复杂多变、竞争日趋激烈的市场经济环境中立于不败之地。

三、CIS设计的基本原则

进行CIS策划设计必须把握同一性、差异性、民族性、有效性等基本原则。

1. 同一性

为了达到企业形象对外传播的一致性，应该用完善的一体化视觉设计，运用统一设计和大众传媒，将企业形象个性化、明晰化、有序化，做到形象统一一致，这样才能使企业形象得到更加集中的宣传与强化，使信息传播更为快速有效，使企业形象更具影响力。

对企业识别的各种要素，从各个方面全方位的要素予以标准化，采用统一的规范设计，并坚持长期一贯的运用，不再进行大的改变。

实现CIS设计的标准化导向，应当采用简化、一致、通用等手法对企业形象进行综合的整形。

（1）简化　简化是指对设计主体的内容进行"复杂问题简单化"，设计时取其精华，加以提炼，使设计所要推广的主体系统尽可能条理清晰、层次简明、结构更加系统。

（2）一致　为了使信息传递更加容易被大众所接受，应该把品牌和企业形象的构成要素和不一致的因素加以调整。尽可能地统一，给人以一致的视听印象，如北京牛栏山酒厂的华灯牌北京醇酒，厂名、商标、品名不太统一，播出广告时很难让人一下记住，如全部统一，传播效果会更好。

（3）通用　CIS的设计必须具有良好的适应性，如标志不会因小、大变化出现视觉上的偏差，线条比例必须适度，识别效果良好等，而不是故弄玄虚，背离大众的审美观。

同一性原则的运用能使人们对企业形象有一个统一良好完整的认识，增强了形象的传播力，而不是产生认识上的障碍。著名服装企业报喜鸟集团借鉴国外先进的连锁专卖体系的经营模式，实现"形象统一、管理统一、价格统一、服务统一"的同一原则，使消费者无论身处何地，均会认知"报喜鸟"齐整的外在形象，起到了良好的宣传效果。

2. 差异性

企业形象为了能获得社会大众的认同，能够让人们印象深刻，使其更具影响力，那么必须是个性化的、独特的，而不是千篇一律的，因此设计的差异性十分重要。

差异性首先表现在不同行业的区分，不同行业的形象特点在公众心中是截然不同的，设计时必须突出行业特点，才能有利于与其他行业有不同的特征和区分，利于公众认同感。其次，应突出与同行业其他企业的差别，做到别具一格、脱颖而出。

中国的几大名牌电器企业——TCL、海尔、海信、长虹等，其企业形象均别具一格，十分个性化，有效地得到了大众的认同，效果都非常不错。

3. 民族性

企业形象的塑造与传播应该依据不同的民族文化，反映其各自的民族特征。一些发达国家的许多企业的成功与发展，与其民族文化的驱动是分不开的。驰名于世的麦当劳和肯德基独具特色的企业形象，带给大家的就是美国生活方式的快餐文化。

作为中国服装企业，要想塑造能在世界立足的中国服装企业的形象，弘扬中华民族文化优势，中国元素的合理运用是必不可少的。有许多值得吸收的精髓，有助于我们塑造具有本民族特色的企业形象。

4. 有效性

有效性是指企业策划、设计的CIS系统能得以有效地推行运用。CIS是解决企业问题的，不是企业的装扮物，其可操作性是一个十分重要的问题。

CIS 系统具有有效地发挥树立企业形象的作用，首先在其策划设计过程中必须根据企业自身的情况、企业的市场地位，在推行企业形象战略时确立准确的形象定位，然后以此定位进行发展规划。协助企业导入 CIS 计划的机构或个人在这点上负有重要的职责，一切必须从实际出发，不能迎合企业领导人一些不切合实际的想法。

要保证 CIS 计划的有效性，一个十分重要的因素就是企业的管理者要有良好的现代经营意识，对企业形象策划也有一定的了解，并能尊重专业 CIS 设计机构或专家的建议和意见。因为没有相当的投入，所以无法找到具有实力的高水准的机构与专家。而后期的 CIS 战略推广更要投入巨大的费用，如果企业的管理者在导入 CIS 策划的必要性上没有十分清晰的认识，不能坚持推行策划方案，那前期的策划设计方案就会失去其有效性，变得毫无价值。

四、CIS 设计开发

企业形象设计主要是对企业的 MI、BI、VI 等子系统基本要素的设计。

1. 企业形象识别系统的设计

企业形象识别系统的设计，包括基本要素系统和应用要素系统两部分。
(1) 基本要素系统　基本要素系统包括以下三方面。
① 企业价值观、企业目标、企业精神、企业经营理念、企业宗旨、企业作风。
② 企业内部、外部行为规范。
③ 企业视觉形象设计。
(2) 应用要素系统　应用要素系统包括以下几个方面。
① 办公用品。
② 员工常用品，如员工制服、出入证等。
③ 广告媒体开发设计，如招牌、产品包装。
④ 交通工具外观设计。
⑤ 专卖店设计，如店内装潢、店面布置等。

2. CIS 手册的设计

(1) CIS 基本要素系统
① 企业标志：代表企业形象的企业标志、图案、含义。
② 企业名称标准字
a. 通常是指公司的正式名称。
b. 中文字体、英文字体、字体的意义。
③ 企业的标准色：用来象征公司的指定色彩（如富士软片的绿色、柯达的黄色等）。通常以 1～3 种色彩为主，也有采用多种颜色的色彩体系。
④ 企业标语：对外宣传企业的经营理念、企业精神、经营宗旨等。
⑤ 企业吉祥物：图案、含义。
(2) CIS 的应用系统　CIS 的应用系统包括：①办公用品系列（样本图片）；②员工常用品（样本图片）；③广告媒体开发设计（样本图片）；④交通工具外观设计（样本图片）；⑤专卖店设计（样本图片）。

思考题

1. 企业文化的内涵是什么?
2. 简述企业文化有哪些功能?
3. 企业理念识别系统的内容有哪些?
4. BIS 包括的内容有哪些?
5. VIS 包括的内容有哪些?
6. CIS 设计的内容应包含哪些?

【案例分析】

雅戈尔服装公司企业文化的发展

一、整合背景

雅戈尔集团股份有限公司的前身是浙江宁波"青春"服装厂,公司经过 17 年的艰苦奋斗,从 2 万元起家的小企业发展到现拥有资产 6 亿多元,销售总额 10 亿元的大型乡镇企业。集团公司现有下属企业 25 家,涉足制衣业、房地产业、贸易、商业、金融业、印刷业、建筑业、广告业和教育等诸多领域。1995 年按国际惯例组建了三大中心。生产中心以衬衫、西服为龙头,推动其他产品,如西裤、时装、童装、针织服装;营销中心从事产品的开发和市场销售,目前遍及全国的营销网络已经形成,产品知名度和市场占有率不断提高;投资管理中心主要从事集团资本经营、筹资及项目投资,从而加大对服装和房地产业的投资力度,促进了企业的快速稳步发展。

现集团公司拥有员工 5000 人,年产衬衫 500 万件,西服 35 万套,童装 200 万件,针织时装 20 万打,童装、针织品全部销往日本等国际市场。公司主导产品"雅戈尔衬衫"历年被国内贸易部(现为国内贸易局)评为最畅销国产商品"金桥奖",1994 年、1995 年两年荣获"中国名牌衬衫第一名",同时被服装质量检测中心授予中国衬衫业第一家产品质量免检单位。公司被评为中国服装工业八强企业,中国服装工业利税超亿元三强企业。被国家经济贸易委员会、国家统计局列入综合评价最佳 500 家企业之一。

1997 年 4 月 14 日,国家工商局(现称国家工商总局)认定一批驰名商标,雅戈尔服装名列其中,这是中国服装首次被确认为驰名商标。1997 年,雅戈尔衬衫、西服双双荣登全国百家大商场最畅销品排行榜,雅戈尔成了全国服装行业唯一获此殊荣的企业。

雅戈尔从 1991 年以来做过三次 VI 导入,前后有三个不同的标识,从 CI 本意来说,企业标识应当统一,因此有必要进行整合。

二、推行方针

在原有的企业理念基础上提炼新的 MI,从整合企业标识入手确立企业新标识,最后向社会推出新标识和新视觉形象。

通过 CI 导入与整合,进一步增强企业自身的凝聚力,从而使企业员工的言行与企业整体形象达到最大程度的统一。

三、细化路线

确定企业宗旨——服务社会、贡献社会、装点人生、创造人生。

提炼企业精神——第二次创业，名牌不是终点，步步是台阶，年年是起点。

总结经营哲学——品牌与品质同步，人才与事业共长，精神与物质并重。

弘扬企业文化——人际关系家庭化、组织纪律军事化、学习工作学院化、开拓与稳健并重。

实施经营战略——名牌战略、名企业战略、争创国际一流、兼并与收购、把企业做大。

推行广告战略——以设计带动生产、加强产品设计、以企业形象烘托名牌。

策划市场战略——产品定位：西服、衬衫；品牌定位：一流企业、一流产品、一流服务。发展国内市场，开拓国际市场，向国内市场纵深发展；向多品种、多规格、多花色发展，开拓配套产品、系列产品；向华东、西南、西北、全国铺开；建立国际市场电脑信息网络，收集海外信息，向国际市场进军；把欧洲国家、美国、日本作为高价位市场，把周边国家、东南亚、中东作为低价位市场；实施营销人员培训计划，加强风险管理。

重申六大经营原则——竞争原则、盈利原则、用户至上原则、产品质量原则、创新原则、优化服务原则。

明晰战略分类——风险回避（多种经营、收购兼并）、产品增长（地域扩展、市场渗透）合理化（降低成本、投资）、竞争（市场领先、市场挑战、市场跟踪）战略。

四、VI设计

VI设计以体现圆满、成功、青春、热情、朝气为基调，融入儒家文化为核心的管理文化意蕴，处理好人缘、地缘、血缘的人际关系，处理好企业与企业、企业与社会、企业与政府的关系。中国企业管理研究会CI导入课题组聘请了中央美术学院设计系、中央工艺学院的专家进行了新标识设计。与MI、BI的设计一样，VI设计也属企业无形资产的创造性工作，它的形成往往需要花费大量经费、大量时间和高素质、高水平的劳动。知识、科学、技术、设计等智力活动，其创造价值的风险性是不确定的，产出率和成功率低是正常的，但成功的那一个所创造的效益是超常的。

现代企业文化是一个有机的系统，是由众多要素组成的有机统一，在企业内部、处处都存在着文化的因素，这一因素及力量渗透在企业运转的各个环节，只有拥有高品位文化的企业才能让人感觉到它的厚度。我们的企业如果要迎接入世的挑战，就要用文化的视角去审视现代企业的竞争之道和管理之道。须知，根深才能叶茂。

案例分析与思考

1. 雅戈尔的成功与CI导入所带来的无形资产增值有关吗？从某种意义上，是否可以说是CI导入孕育了该企业，使它进入了全国驰名商标的行列？

2. 从企业的发展战略来看，成功的CI和品牌策划有什么具体作用？

3. 企业销售额与企业形象有何具体关系？企业选择CI导入之后，应如何把CI操作与提升企业认知率结合起来？

第九章　服装企业营销人员的职业素养

- 第一节　良好的职业道德素质
- 第二节　过硬的专业素质
- 第三节　健康的心理素质
- 第四节　较强的应变与沟通能力

学习目标

1. 了解作为一名优秀的服装营销人员应当具备哪些良好的职业道德素质。
2. 了解作为服装营销人员应当具备什么专业知识。
3. 了解在服装营销过程中，营销人员应当保持并具备何种心理素质与应变沟通能力。

出色的服装营销人员是服装企业宝贵的人力资源，营销人员所扮演的角色，对企业起着举足轻重的作用；他们是公司利润的最终实现者；他们的个人素质和能力，将直接影响到服装产品的销售状况，直接关系到企业的利益；营销人员是市场信息的提供者和收集者；他们向客户提供有关产品的信息，同时了解客户对销售产品的反应，为修订营销战略提供非常重要的决策依据。

同时，服装营销人员又是公司形象与品牌的宣传者和公司管理水平的传达者；他们代表着企业的形象、企业的信誉与诚信，是企业和消费者之间联系的纽带和桥梁；企业与消费者之间的沟通以及对客户的服务承诺，都需要营销人员以优秀的素质、规范的服务、娴熟的技巧来实现；服装营销人员素质的高低，将给服装产品的市场形象和企业的品牌形象带来长久影响。那么一名优秀的市场营销人员应具备什么样的素质呢？

第一节　良好的职业道德素质

中国有着优良的道德传统，是注重"诚于中而行于外"的文明古国、礼仪之邦。约定俗成的礼仪规范是社会公德的主要内容，也是人们思想道德素质中最基本、最起码的要求。

营销活动是一项塑造企业形象、建立企业声誉的崇高事业。它要求服装营销人员必须具有优秀的道德品质和高尚的道德情操，诚实严谨的态度和廉洁奉公、公道正派的作风。能够在代表企业进行社会交往和关系协调中，不谋私利、不徇私情、处事公道；在日常本职工作中，尽心尽责、恪尽职守，能充分履行自己的社会责任、经济责任和道德责任。那种损公肥私、见钱眼开、扰乱市场、败坏企业形象、乱搞不正当竞争的思想和行为，都是背离营销人员职业道德的。

一、具有高尚的品德

优秀的服装营销人员，首先应该是一个品德高尚、有才能的人。品德不正就不会得到消费者的信任，也不会得到领导和同事的信任。一般企业在招聘营销人员时，营销人员的品德都被列为第一重要条件，因为消费者、客户、社会大众一般都是通过服装营销人员来认识这个企业以及企业的素质和层次的。服装营销人员是这个企业与社会接触的第一人，是企业的一面镜子，社会大众对其营销工作的认可度大都也反映在对所在企业及所营销产品的认可度上。因此，营销人员的选择与提拔，对企业而言，道德素质方面的要求是尤为重要的。

优秀的服装营销人员应该忠实于消费者、忠实于公司。要以诚信为本，尽量满足消费者的合理要求，从消费者的需求出发，与其维持长久的相互信任的合作关系。忠实于公司就是要对公司负责，尽量维护公司利益。同时还要有团队精神，能够融入团队、以诚待人，共谋公司大发展。

服装营销人员单独的业务活动量较多，很多情况下都是划区域销售，个人素质的高低直接影响到所分管区域的销售水平与品牌的形象好坏。因此，在工作中应具有高尚的品德，绝不能利用职业之便坑蒙拐骗消费者，不能侵吞企业的利益。必须遵守国家的政策法规，抵制不正之风，依照有关法律规范推销产品。

二、具有较强的事业心和责任感

服装营销人员是企业的代表，有为企业推销产品的职责，同时营销人员又是消费者的参谋。服装营销人员应具有高度的事业心和责任感，事业心主要表现为：营销人员应充分认识到自己工作的价值，要爱岗敬业。爱岗就是安心、热爱本职工作，是对岗位价值的认同，也是激发职业热情、敬业精神的前提。把营销作为实现自我价值和社会价值的人生舞台，对自己的工作充满信心。敬业是爱岗的升华，表现为对本职工作的精益求精、一丝不苟、不辞辛苦、任劳任怨、脚踏实地、积极进取、耐心服务，有献身于营销事业的精神，全心全意地为消费者服务。

服装营销人员的责任感主要表现为：忠实于本企业，忠实于消费者。本着对所在企业负责的态度，为树立企业良好的形象和信誉作贡献，不允许发生有损于企业利益的行为。本着对消费者利益负责的精神，帮助消费者解决实际困难和问题，满足消费者的需要。尽职尽责，勇于承担责任，竭尽全力履行应尽的义务；遵守商业道德、忠实于本企业，保守商业秘密，切实维护企业自身的合法权益。

服装营销人员的一言一行、一举一动都代表着公司，公司形象靠营销人员来向社会大众展示，可以说他们就是企业的外交官。因此，服装营销人员必须有强烈的责任心，产生更多的销量，为企业创造更多的效益；同时通过自己的工作来向社会展示企业的形象、企业的精神面貌、企业文化和理念。

服装营销人员应办事公道、平等待人、坚持真理；明辨是非标准，分辨善恶美丑；不计个人得失，不徇私情，乐于接受他人的批评，善于提出诚恳的意见；能正确地评价他人的贡献，不贬低同事、同行和其他相关企业或个人。应具有高度的社会责任感，和奉献社会、服务于社会、为社会及企业创造价值的崇高精神；应具有高度的事业心，不仅体现在自身的提高上，而且还要努力帮助团队成员和同事提高专业知识和业务能力。

三、诚实守信

诚实守信是服装营销人员职业道德的基本要求。服装营销人员在工作中应做到正直、坦诚、尊重顾客，正直与坦诚是性格的标志，有独特的人格魅力。忠于职守，恪守信义；对企业忠诚，把维护企业的利益、实现企业价值最大化作为自己的责任和目标；忠实于本企业，包括对本企业提出建设性的意见；以充满信任、公平的态度同消费者和业务伙伴进行合作，对待同事也采取同样的态度；严守企业的商业秘密。在生活中能够保持良好的习惯，品行端正、注意自己的言行、对人的态度应真实可信。

在营销过程中，服装营销人员与消费者之间由相互不相识，到营销人员为顾客的购买活动提出建议、当好参谋、彼此合作，靠的就是诚实守信。为顾客推荐商品，应实事求是，诚实评价，不夸大其词，当营销人员以消费者的需求为导向，把消费者的利益摆在第一位，诚实地讲出商品的适当用途时，消费者才会感到满意。商品卖出后，也不应"就此为止"，而是要注重与消费者建立长期的合作与沟通关系，建立企业良好的信誉。

诚信对于个人而言——是高尚的人格力量；诚信对于企业而言——是宝贵的无形资产。一个人如果没有诚信，就没有信誉，一个没有信誉的人，在社会交往、工作中，就会得不到认同，被孤立。一个没有诚信的营销人员，在销售工作中，会越来越得不到支持和消费群体的认可，最终会被市场经济的大潮淘汰出局。

四、具有较强的服务精神

众所周知，每个企业都希望自己的员工表现出让消费者满意的服务态度，而这种服务态度取决于企业及员工的精神境界。现在大部分公司为了解决营销人员与客户在营销关系中发生的一些难以把握的情况制定出了具体的行为准则——"四为主原则"，即售出商品可换可不换的以换为主；可修可不修的以修为主；可退可不退的以退为主；责任分不清的以我为主。这样，对营销人员的服务精神就提出了更高的要求，不仅要能吃苦、任劳任怨，还要有

"服务主动性",在注重强化提升自我服务精神上下功夫。营销人员的服务精神与态度,同时也是在树立良好的企业精神,展现优秀的企业文化与企业形象,增强企业品牌认可度,因此,加强服务精神文明建设是企业营销工作中很重要的一环。

消费者通常在购买商品时对他们的选择不是很确信,尤其是商品很昂贵时,服装营销人员应当消除消费者的疑虑,使他们对所购买的商品感到满意,可以这样说,"相信您穿上了这件服装会感觉舒适满意的",或者说,"如果您需要任何帮助,可以随时打电话来找我"。如果顾客对如何洗涤保养不清楚,营销人员应耐心地提供介绍洗涤保养方法供顾客参考。

做好售后服务也非常重要,服装营销人员应主动向已购消费者介绍使用常识,如产品的保养、常见问题的处理以及国家"三包法"和生产厂家的承诺。如果有条件的话要送货到家,让消费者感受到产品以外的其他东西。做好售后服务工作是保证"回头客"和树立企业信誉的关键,让客户来宣传是最好的宣传方式。

五、具有良好的自身修养

服装营销人员的自身修养已显得越来越重要。积极进取、吃苦耐劳的精神,统一的着装,整洁的外貌,端庄的仪表,良好的气质,使用标准的日常用语,自然亲切的态度等,对营销人员来说都是非常必要的。

1. 积极进取

优秀的营销人员应该具有积极进取的精神与态度,要不断地学习与锻炼,勤于思考,在营销过程中不断进行总结、分析、归纳、提炼,不断改进工作方法,进行自我完善。"学为中,弃为下,悟为上。"勤于思考,才能领悟,才能提高,才能做得更好。营销行业的竞争如同逆水行舟,不进则退。要在营销队伍中保持领先位置就必须对自身业务素质有更高的要求。持之以恒、不断进取,努力学习最新专业技能知识,更好地服务于企业与消费者。

2. 具有吃苦耐劳的精神

营销人员要能吃苦耐劳。营销工作是一项很辛苦且备受挫折的工作,有时还需背井离乡、阔别亲人、远隔一方,充当企业市场开拓急先锋。没有吃苦耐劳的精神是干不下去的,起码是干不好的。能吃苦耐劳是营销人员必备的素质,同时也是一位营销人员的资本。

世上没有免费的午餐,天上更不会自己掉馅饼,一个人的成功和荣耀必然是由辛勤的汗水浇灌而成的,只有那些在工作中不怕吃苦、不怕受累、乐于奉献的人才可能做生活和事业上的强者。

3. 培养集体主义感

一个公司就犹如一首乐曲,由众多不同的音符所组成,这些音符有机和谐地组合在一起就构成了一首美妙动听的音乐,反之则不然。服装营销人员要为企业奉献才智和力量,把自己的经验与同事一起分享。把经验掩藏在心里只会加深自己和同事之间的隔阂,而且同事也不会把自己的经验与你共同分享,整个企业就会变得冷漠无情。没有一个良好的工作氛围就不会取得长足的发展。

4. 良好的气质

气质在一个人的行为和活动中的体现，跟人的身心健康以及生活环境都有着密切的联系。如果一个人在工作中表现得有条不紊，生活中严于律己、宽以待人、严守纪律、遵守社会公德，这就有利于提高自己的人格修养。"胆大而不急躁，工作迅速而不粗心大意，爱动而不轻浮，服从上司而不阿谀奉承，身居职守而不刚愎自用，胜而不骄，自重而不自傲，豪爽而不欺人，刚强而不执拗，谦虚而不假装"，这些都应该成为营销人员共同的信条和宣言。

同时，公道、严谨的工作作风也是服装营销人员重要的行为素质准则，公平合理地处理营销事宜，按章办事，不从私人的角度考虑问题，平等地对待各种消费者的需求，自然会赢得消费者的信赖与合作。优秀的销售人员总是善于制订详细、周密的工作计划，并且能在随后的工作中不折不扣地予以执行。成功的营销并不存在什么特别神奇的地方，有的只是严密地组织和勤奋地工作。这些均为营销获得成功创造了条件。

一位成功的总裁如是说：销售人员最需要的优秀品格之一是"努力工作"，而不依靠运气或技巧（虽然运气和技巧有时也很重要）；或者说，优秀的销售人员有时候之所以能碰到好运气，是因为他们总是早出晚归，他们有时会为一项计划工作到深夜，或者在别人下班的时候还在与客户洽谈。

第二节　过硬的专业素质

面对激烈的市场竞争，以及国际化竞争的需要，服装营销人员时时刻刻都需要学习，向客户学习客户领域的知识、产品与应用；向技术人员学习产品与技术；向上司和同事学习公司的营销策略与销售风格，以及成功与失败的经验；服装营销人员每天都在重复销售与购买的过程，对于做销售的人，平时要多读书，读的每一本书都有可能在工作中派上用场，会提高其销售层次。

广博的知识是服装营销人员做好营销工作的前提条件，较高素质的营销人员除了具备相应的文化知识外，还应具有过硬的专业素质。一名优秀的服装营销人员应具备以下知识。

一、企业知识

服装营销人员应了解和熟悉企业的历史、现状及发展方向，清楚本企业的规模以及在同行业市场中的地位，尤其要对产品生产的各个环节、产品的特点以及企业的经营方针、服务项目、交货方式、定价方法、付款条件等方面熟练掌握。

二、产品知识

优秀的服装营销人员，应该是产品方面的内行。要懂生产，知道企业从原材料到最后是怎样加工成产品的，关键技术工艺在哪里；要懂技术，要能回答消费者对产品提出的各个方面的技术性问题；还要懂财务，要了解原料的成本是多少，成品的成本是多少，营销的成本是多少等。要熟悉产品的特色，"特色"是一件服装区别于其他产品的特点，能够满足消费者对服装的特定需求，带给消费者特定的利益。还要熟悉产品的价格、用途、洗涤保养方法以及竞争者的产品情况。

对于一件服装来说，消费者可以通过试穿来观察穿着以后的效果。当消费者并不清楚什么颜色更适合自己时，营销人员可以帮助其试穿不同颜色的衣服，以选择更适合的颜色，并建议其如何搭配更有魅力。

服装现在越来越讲究搭配，营销人员应适当地掌握服装的流行趋势以及搭配方法，如果在消费者购买服装时，不失时机地向他们推荐饰品，消费者一般会比较欣赏与其购买的服装相关的服饰配件的建议。

作为服装专业的营销人员，对服装专业知识的把握主要从以下几个层面掌握。

(1) 服装面料知识　服装都是由服装面料做成的，虽然现在科学技术的进步使得面料的更新更迅速，但对于营销人员来讲，必须掌握必要的服装面料保养、鉴别、洗涤等方面的知识，才能在营销过程中有助于销售。

(2) 服装的色彩知识　色彩是服装的第一视觉要素，这就需要服装营销人员对色彩知识的掌握要知晓和熟悉。要掌握色彩的配色原则，特别是服装色彩搭配原则等。

(3) 服装标牌指示　服装标牌是服装的身份信息的集合体，一般服装标牌都是由吊牌和标头组成，要熟悉价格吊牌、成分吊牌、领标、洗水码等。

(4) 服装搭配的方法　一个合格的服装营销人员要对自己和顾客的服装审美和搭配提供良好的建议。掌握脸型与服饰的搭配，身材与服饰的搭配，气质与服饰的搭配等方面的专业知识。

三、市场知识

首先，要了解行业情况，了解竞争对手，了解竞争产品的相关情况，进行市场调查和情报收集工作，并及时反馈给公司。作为销售人员，应该对国内外市场行情有所了解，不仅对产品本身的特点了解透彻，而且对产品的发展趋势也应有足够的了解，还要对竞争产品的优势、劣势有清醒的认识，能把自己的产品与竞争者的产品进行客观的、实事求是的比较，同时还要能为顾客提供建设性的意见，使顾客对产品产生信任感。

其次，了解市场和营销方面的专业知识。应掌握市场经济的基本原理、市场营销的策略与方式、市场调研与市场预测的方法、供求关系变化的一般规律、增加购买量的途径、潜在客户的情况、购买力、市场环境及市场容量等。现在是网络经济时代，一切都在瞬息万变，有人说"这个世界唯一不变的就是一切都在变化"；现在又是一个竞争的时代，生存竞争将危及每个企业及每个人；现在还是一个需要时刻思考如何适应外界变化、如何适应竞争压力的时代。思想是行动的先导，作为营销人员，必须不断更新观念，才能在职场保持不败。

四、心理学知识

营销人员必须有敏锐的观察力，善于洞察消费者的心理变化。详细了解消费者的需求，包括心理价位、购买动机、购买条件、购买方式、购买时间、购买力水平等内容，根据消费者的年龄、职业、性别的不同推荐不同产品，激发消费者的购买欲望，并把握好价格尺度和利润杠杆，达到营销目的。

了解并能够适当运用心理学知识，来研究消费者的心理变化和需求，以便采取相应的应对方法。例如，大多数消费者是通过浏览开始其购买过程的，这时候营销人员接近消费者的目的是缩小其注意范围，将消费者的注意力从泛泛的兴趣缩小到对一些特定商品进行认真的考虑。

在许多情况下，消费者会有些焦虑不安，特别是当他们浏览价格较贵的服装时。这时，营销人员太主动，他们反而会感到不愉快。营销人员可以通过微笑或者谈一些与消费者正在观看的商品无关的话题，使消费者紧张的情绪得到缓解，建立与消费者最初的融洽关系。

当消费者受到某些不确定因素的影响时，通常对购买都有保留或者抵制心理。营销人员应当预先考虑消费者潜在的保留心理，并做出正确的反应。例如，接近消费者时，消费者可能不愿意同营销人员谈话。当介绍商品时，消费者也可能产生保留心理。常见的消费者保留心理包括消费者对商品价格、服务质量以及消费者并不想在当时购买等。价格可能是使消费者持保留心理的主要因素。有些消费者可能认为商品的价值与价格不符，价格过高或者与其他零售店的价格不一致。消费者可能会想等到打折时再来买或者想买件便宜些的服装。

对待有保留心理的消费者，安慰比施加压力更有效。有经验的营销人员知道消费者有可能出现的保留心理，他们了解自己卖的服装价格比竞争对手的贵，也知道服装的款式、颜色可选的范围有限，既然不能够消除消费者所有的保留心理，营销人员在作商品介绍时就能预见并处理消费者的抵制心理。例如，营销人员可以这样说："这件衣服是有点贵，但它的面料和做工都非常好，穿上去很舒服，而且很时髦。"

第三节　健康的心理素质

服装营销人员在承担繁重的销售任务时，要适应各种环境，除了具有良好的身体素质，还要具备健康的心理品质。营销人员要乐观开朗、意志坚强、善于交际，更要机智灵活、善于应变。良好的心理素质是现代企业市场营销人员所必须具备的又一个基本条件。

心理素质渗透于人们的各种活动中，影响着人们的行为和活动。优秀的服装营销人员应具备的心理特征是：有浓厚的职业兴趣，它可以增强服装营销人员开拓进取的精神，使营销人员在奔波劳累之中乐此不疲，以持久的热情从事营销活动，探索营销的成功之路；另外，营销人员要有充分的自信心，这是决定营销工作能否成功的内在力量。

健康的心理品质包括以下几方面。

一、保持乐观向上的情绪

健康情绪的标志为情绪稳定、心理愉快、反应适度。营销人员应保持乐观向上的情绪，使自己的心情开朗、轻松安定、精力充沛，对生活充满乐趣与信心。在与消费者沟通时，将自己自信、愉快的情绪感染给消费者。

1. 培养个人的幽默感

幽默感是一种特殊的情绪表现，也是人们适应环境的工具。幽默感表现了人的自信与镇定。营销人员应具有适当的幽默感，无论面临什么样的情境，都能以幽默的态度应对消费者，保持乐观向上的情绪。

2. 增强生活适应能力

人的情绪总是在某种客观刺激的作用下产生的。在同样的环境中，有的人不管生活怎样起伏变化，都能保持愉快、乐观的情绪，而有的人在生活变动时会产生急剧的情绪波动。这除了与人们的生活态度、信念、理想、需要上的差别有关外，还与个人适应能力的高低有关。因此，营销人员应增强生活适应能力，以保持稳定、健康、乐观的情绪。

二、和谐的人际关系

心理健康的营销人员乐于交往，多用尊重、信任、友爱的态度与消费者、同事相处，既能理解和接受别人的观念，又善于表达自己的感情，既能取悦消费者，又能愉悦自己，他们能与集体保持一致，在集体中广交朋友。积极与公司领导和同事交流。

要把问题和建议积极地提交给领导，并提出自己的解决办法。不要喋喋不休地抱怨，任何公司和产品都不可能是完美无缺的。而且抱怨只会产生负面效应，它会使你的心态处于一种对公司或领导的不满之中，这种心态往往会扰乱你的正常工作。对同事要善意地提出意见、交流心得，搞好正常的同事关系。良好的人缘对服装营销人员的成败具有不可忽视的作用。拥有良好的人缘会让你如鱼得水，如果营销人员不能与集体融为一体，不愿与人交往，或者不能以诚恳、公正、宽厚的态度待人，不能容忍别人的过失，那么将使你孤掌难鸣。

三、健全的人格

健全的人格是指人的心理和行为达到和谐统一。健全的人格包括人格要素无明显的缺陷；具有清醒而正确的自我意识；以积极进取的人生观和价值观作为自己人格的核心，支配自己的心理和行为；有完整统一的心理特征。营销人员健全的人格表现在以下几个方面。

1. 信心

没有信心，则一事无成。信心首先来自知识，包括知人、知物、知事、知情、知己和知彼等，而不是盲目的自信。自信是营销人员必备的素质，信心应包括三个方面：第一是对自己要有信心，相信自己一定能干好，是一位优秀的营销人员，那么你就能克服一切困难，干好你的工作；第二是对企业要有信心，相信企业能为你提供好产品，给你发挥才能和实现价值的机会；第三是对自己的产品要有信心。

对自己所说的话必须有绝对的信心，客户才会相信你。必须对你推销的产品、你的公司都充满信心，才有可能取信于客户。自信是一切行动的原动力，没有自信就没有成功。要对自己服务的企业充满自信，对推销的产品充满自信，对自己的能力充满自信，对未来充满自信。自己是将优良的产品推荐给消费者去满足他们的需求，我们的一切活动都是有价值的。很多营销人员自己都不相信自己的产品，又怎样说服别人去相信呢。

当持有相信自己能够接近并说服消费者、能够满载而归的观念时，服装营销人员拜访消费者时，就不会担忧和恐惧。成功的服装营销人员的人际交往能力特别强，服装营销人员只有充满自信才能够赢得消费者的信赖，才会产生与消费者交流的欲望。

2. 爱心

爱心是力量的源泉和成功的保证。只有热爱生活和工作的人才会信心百倍，勇敢地去面对一切。真诚待客，热情服务，这正是营销精神的一大支柱，不计一切地去帮助他人。营销人员的主要职责就是：帮助消费者选择其所需要的产品，此时，你若能站在消费者的立场帮其选购的话，你一定能够成为广受欢迎的推销员。

3. 热诚

热诚是全世界营销专家公认的一项重要的人格特征。营销人员要热诚，只有具备热情，才能促使你发挥自己的全部力量和才能。一个人的能力有差异，但关键是看你能发挥多少，这就取决于热情。用自己的热情来点燃对方的斗志。热诚是可以传递的，一个人全力投入工作，他可以带动周围的人，感染他们全力去工作。热诚能驱使别人赞同你的观点，为你的产品做义务宣传员，甚至成为你的义务推销员。热诚就是你表现出来的自信，引起消费者的共鸣，而对你的话深信不疑。赞美消费者是表现热诚的主要方法之一，但是赞美要恰到好处，掌握分寸，一要真诚，二要把握时机。

4. 友善

对人表示友善的最好方法就是微笑。友善就是真诚的微笑、开阔的心胸，加上亲切的态度。真诚而自然的微笑代表了礼貌、友善、亲切与欢快。它不必花成本，也无须刻意追求，但它使人感到舒适，乐于接近你。只要你养成逢人就展露你亲切微笑的好习惯，保证可以使你的工作事半功倍。

5. 耐心

耐心非常重要。"百问不烦，百选不厌"这句话说起来容易，做起来却比较困难。要做成一笔生意，并不是一帆风顺，要遇到许多问题与障碍；这时就要求我们对所遇到问题想办法解决。营销人员一定要有韧性、有耐心，有百折不挠的勇气。胜不骄，败不馁，对所遇到的问题要想方设法解决，经常总结工作中的得失，不断提高自己。

现在是市场经济高度发达、营销竞争越来越激烈的年代。竞争无处不在、无时不在。而竞争最明显的体现就是市场占有率的多少。所以，营销人员的耐力和耐心就显得非常重要。任何一个营销人员，都应该有打败对手、抢占市场份额的不服输的精神。这往往需要长久的努力和足够的耐力。

第四节　较强的应变与沟通能力

一、应变能力

市场营销环境复杂多变，产品推销的对象更是变化莫测。营销人员在促销的过程中会遇到各种情况，有些是可以预见的，有些则无法预先确定，实现促销目标，营销人员应对各种变化要反应灵敏，因势利导，并利用各种条件为企业的营销创造机会。营销人员要准确地了解顾客的需求、爱好和购买习惯，从顾客的需要出发，尽可能地解决顾客的疑难问题。

应变能力是判断营销人员基本素质的一项重要指标，它与营销人员的天赋有很大的关系，但经过培训也能达到一定要求。有人说营销人员要具备狐狸的狡猾、猎鹰的机敏。营销人员应善于发现周围的每一个有用的信息，对周围每一个细小变化都能很快做出反应，并且要思维敏捷。一个生意的谈判过程就是一个反应速度的比赛、一个斗智的过程。

在促销过程中应变能力表现为：要善于与顾客沟通，要善于选择适当的洽谈时机，要把握已被他人忽视或不易发现的推销机会。对产品介绍中出现的差错要能灵活应对，对产品的不足之处要能"避重就轻"，正确地对待顾客的抱怨，对不满意的顾客要让其有所期待。

在各种复杂的特别是突如其来的情况下，营销人员仅用一种姿态对待顾客是很难奏效的，这就要求营销人员具有灵活的应变能力，做到在不失原则的前提下，灵活应变，达到自己的目的。营销人员应思维敏捷、清晰，能够快速地分析综合问题，能够及时察觉消费者需求的变化对营销效果的影响，并针对变化的情况，及时采取必要的营销对策。

二、沟通能力

语言是营销人员最基本的工具。营销人员的沟通技能是指在营销过程中用言语说服顾客及克服交际障碍的能力。在营销活动中，营销人员在推销商品的同时也是在推销自己，这就要求营销人员应注意礼仪、举止适度、仪表端庄、谈吐文雅、口齿伶俐，对商品要真实客观地介绍、恰如其分地评价，既需要有对商品的了解，又要有很好的言语表达能力。

营销人员应该具备的沟通能力，主要体现在以下三个方面。

第一，要具备良好的语言表达能力，营销工作实质就是公关过程。对于一名优秀的营销人员来说，要学会和各种各样的人接触，抓住一切可能存在的机会来结交生意伙伴与朋友。交流是生意的基础，是做好营销工作的第一步，交流沟通的好坏有时直接决定生意的成败。交流是建立感情的基本途径。要把握语言交流的技术与艺术，学会如何和客户交流、和业务伙伴交流、和老板交流、和同事交流。

通过交流营造良好的人际关系，建立网络资源，这是营销人员的一种财富、一笔无形资产。人们经常说营销"人脉广博"，就是指人际关系方面处得非常成功，这对营销工作非常重要。营销人员要争取把每一个客户都变成相互信任的朋友，有了朋友才有回头客，才会有更多的朋友，每一个朋友都可能是潜在的客户。

第二，营销人员要掌握必要的沟通技巧。营销人员每天都要面对不同的客户或消费者，有时还要扮演不同的角色，来做好营销工作，这都需要具备较强的沟通技巧，才能获得营销工作的成功。我国著名民营企业侨兴集团的企业理念就是"成功在于沟通"，沟通对于营销人员来说是很基本的也是很重要的技能之一。

第三，在当今的关系型营销环境中，优秀的营销人员要成为解决客户问题的能手和与客户发展关系的行家。通过与客户的交流沟通，营销人员要能够学会分析、识别客户的潜在需求及真实需求，及客户的各种问题，能够做好服务客户的工作。现在经常提"客户至上""让客户最大化满意""客户永远是对的"等口号，但如何才能真正做到让客户满意，与客户发展良好的关系，这都需要营销人员与客户建立良好的沟通。

思考题

1. 服装营销人员应当具备哪些职业道德素质？
2. 服装营销人员应具备哪些专业知识？
3. 在服装营销过程中，营销人员应当具备哪些心理素质？
4. 为什么服装营销人员应具有良好的应变与沟通能力？
5. 结合实际情况，试述一名合格的服装营销人员应该具备哪些基本素质？

【案例分析】

服装营销人员职业素质案例

国内某服装有限公司是全国服装行业中新兴的一家"黑马"企业，随着公司规模的发展壮大，在某省设立了分公司。并派了公司总部的营销人员张平去继任营销工作，公司负责人李总也于成立时走马上任。李总和张平同年不同月。因此，张平自认为无论是年龄、资历还是经验自己都不亚于李总，于是心中不服，产生了一种高傲情绪，工作中常耍"小聪明"，不以为然、倚老卖老，李总考虑创业之初，公司应以团结为重，况且张平也是由总部指派，随着工作加深，张平也应会收敛，因此，没有对此深究，也未点穿张平的某些行为。

由于张平在总部积累了许多经验，因此，到分公司后，工作近一段时间后，服装销售做得不错，掌握了不少客户资源，业绩与利润也节节升高。但是，任何知识结构都在不断丰富和更新，市场格局也在不断变化。2年之后，李总通过不断的总结与学习，认真做好营销工作，审时度势对分公司原有的营销策略和模式进行了改革。由此，分公司的业绩取得了突破性进展，李总也因此被总部评为公司优秀经理。而张平却心态失衡，不能主动适应市场变化，并且极端地认为自己以前的功劳都被李总抢走了。于是他不服气，失去了工作的主动性，甚至开始向李总发难，把时间和精力用在和李总作对上，服装销售业绩一落千丈。后来因公司发展需要，李总从当地招聘了几名应届大学生，很快，这些大学生由于可塑性强、理论知识扎实，又肯吃苦，逐渐成为公司的业务骨干。此时张平觉得自己在公司的地位逐渐被削弱，觉得李总忘恩负义，对李总就更加不满了。在工作中更加懈怠，给公司工作的正常开展带来了相当大的麻烦。

随着公司规模的不断扩大，分公司又在当地成立了一家品牌专卖店，张平自恃公司元老，而且经验丰富，认为专卖店负责人非他莫属，可公司最后的决定并非如他所愿。于是他开始抱怨李总不念旧情，抱怨社会不公平，认为李总故意压制他，别人的升职是因为会拍领导马屁的结果，认为总公司和李总不是他这匹"千里马"的"伯乐"。他愤然辞职，开始谋求新的工作起点。但他始终没有悟出自己在分公司失败的主观原因，没有认识到自己的失败是由于自身没有树立正确的营销观，没有端正的工作作风与良好的职业营销道德所致，而把全部责任归咎于公司和李总身上，并且他还通过网络、杂志等媒体大肆宣扬，变相地批评李总的为人处世，并且将公司的服装发展规划、设计资源业绩利润等重要机密泄露，以这样的方式来发泄其心中的不满，闹得整个公司沸沸扬扬。

在原有思想的支配下，张平开始寻找新的工作。由于行业内人士对他的职业道德素质行为早有所耳闻，没有哪个单位愿意录用他。于是他只有跨行业跳槽，结果他重蹈覆辙，年复一年的轮回，弄得他身心疲惫，对自己失去了信心。随着年龄的增长，家庭生活重担越来越重，没有更多选择机会的他为了养家糊口，不得不委曲求全地做着自己不愿做的最基层的工作……

从这个案例中可以看出，因为张平自视清高，使得他开始走向失败；因为他缺乏基本的职业道德，使他迈向了职业生涯的低谷；也正是因为他原有思想的支配，使得他整个职业生涯彻底灰暗，在别人上升的时候他自己却还在原地打转。由此可见，无论对企业还是对员工本身，营销人员具有良好的职业素质是多么重要！如果当初在公司改革时张平能积极配合领导，主动通过学习完善自己以适应公司发展；如果他在几经折腾后能自我反省，改变原有的看法，端正自己的思想，那么他的职业生涯将会是截然相反的。

案例分析与思考

通过对以上案例的分析，结合实际，谈谈营销人员除具备基本的专业素质外还应该具备哪些素质？

第十章　服装营销运作案例分析

- 案例一　新式策略的玩家——ZARA
- 案例二　Kitterick不同风格、定位明晰的多品牌营销战略

案例一　新式策略的玩家——ZARA

一　背景介绍

1975年，一位普通的铁路工人的儿子——阿曼奇奥·奥特加·乔开创了一家名为ZARA的小店铺，如今，这个小店铺已经成为一个在全球拥有2000多家分店、市值超过80亿美元、西班牙排名第一、世界第三大服装集团公司——Inditex。

作为Inditex公司的旗舰品牌，ZARA已在全球50多个国家拥有分店并且以每年新增70家左右的速度增长，被认为是欧洲最具研究价值的品牌之一，而且全球盛行，引领和掌控着快速服装业的潮流，深受各国著名模特儿、明星的喜爱，而且众多普通消费者也对其情有独钟。

如今，在纽约的第五大道、巴黎、伦敦的摄政街和东京的shibuya购物中心都能找到ZARA的身影。2004年5月21日，ZARA在香港开设了它的第641家分店，这也是ZARA母公司Inditex在全球开设的第2000家分店。选择ZARA作为服装营销的案例，是因为它是被时装界公认的速度之王，它的运营模式有很多独到之处。

二、ZARA 的定位

1. ZARA 的顾客定位

ZARA 的目标消费群是收入较高并有着较高学历的年轻人，主要为 25～35 岁的顾客层，这一购买群体具备对时尚的高度敏感性和高消费的能力，而且作为时尚、年轻的消费者在全球的时尚文化和生活方式上有着趋同的追求，使得 ZARA 在进入一个新的国家时只需稍微调整它的商业模式即可。Inditex 的首席执行官 Castellano 说："在中东的店中出售的时装与巴黎、伦敦或纽约店中的服装是一样的，唯一的区别是南半球和北半球之间的差异。"这就大大节约了设计成本。

2. ZARA 的产品结构

ZARA 的产品款式结构丰富而单款数量少，在提供更多选择的同时增加了流通速度。主要表现在两个方面。

一是款式种类丰富。ZARA 的产品每年推出 20000 种新款式，分为男装、女装和童装。ZARA 的女装分为三个系列，分别是以晚装及上班服为主的 ZARA Women、流行便服的 ZARA Basic 和运动感觉的年轻系列 ZARA TRF。ZARA Women 的设计洋溢着女性化的味道，是时尚女士的不二之选；ZARA Basic 则走流行便服路线，设计集当季流行元素于一身，营造不一样的女性魅力；ZARA TRF 则是针对年轻人市场而设计的系列，当中最具代表性的是其牛仔服饰，都以收身的剪裁来凸显女士性感年轻的一面，而 ZARA 的时尚配饰，更为其造型添上摩登的味道。

这些设计理念极大地丰富了 ZARA 的产品结构，给不同的时尚消费者提供了广阔的选择空间，而且同一消费者还可以通过不同的选购和搭配以适合不同的场合，展现自己不同的魅力。

ZARA 并不讲求每种款式生产更多的数量，而是注重款式的多样性。ZARA 每年生产的服装款式超过 20000 种，每周要为其商店供货两次，同时因为很少有对售完款式的再定购，商店总能给人一种新鲜感。紧跟时尚趋势、频繁地更新和更多的选择，创造了 ZARA 对顾客的独特吸引力。

二是单款数量少。与其他服装零售商相比，ZARA 每一款服装的生产数量都非常少，这样不仅减少了单款的陈列，同时也人为地创造了一种稀缺。而且 ZARA 一种款式不同尺寸只有 12 件，好卖的话最多补两次货，减少了撞衫的机会。对于消费者来说，如果遇见心仪的产品而不及时购买就很容易错过，这种人为造成的商品紧俏更能激发人的购买欲。

3. ZARA 的价格定位

ZARA 的服装从几十元到几百元不等。女性购物心理的变化是 ZARA 考虑的重要因素之一。ZARA 低价位及中等品质的策略让消费者尽情享受到购物的乐趣，ZARA 的衣服人们只穿一季，下次再买更流行的新货。

三、ZARA 的行销策略

ZARA 的品牌运作策略：快速反应（quick response）机制，完善的生产与流通以及多元化扩张策略。

1. 减少前导时间，实现对时尚、对顾客需求的快速反应

在现今竞争激烈的商业社会，效率和速度对企业的成功越来越重要。企业如掌握了效率和速度，就能把握市场的先机，捕捉稍纵即逝的赢利机会。ZARA 以独特的运营模式，缩短前导时间，对市场需求变化快速反应，从而成功在服装业中崛起，带领服装业的潮流。

前导时间是指一件服装由设计到出售所需的时间。越时尚的服饰需求就越不稳定，所以越快的前导时间就能让服装公司更能对市场潮流做出快速反应，这既可提高服装的价值，还可让公司不用预先做好大量成衣，减少存货费用和存货风险；此外，较短的前导时间也可使公司减少对潮流的预测，避免生产出不受顾客欢迎的服装，从而避免公司因估计错误而令服装囤积，也可避免以折扣来促销所导致的损失，最终提高集团总体的利润率。

（1）对时尚的快速反应　ZARA 不是创造者，而是快速的反应者。ZARA 不热衷创造潮流，而是对已经存在的时尚潮流实施快速反应。ZARA 的快速反应模式之所以成功，正是因为他们在流行趋势刚刚出现的时候，准确识别并迅速推出相应的服装款式，从而快速响应潮流。ZARA 会派人在世界各地专门记录年轻时尚者们的穿着打扮，也会从行业协会、时装发布会等媒体收集各种关于时尚的信息，以确保自己能迅速准确掌握顾客品位的转变。ZARA 强大的设计师队伍从各地收集的时尚服装信息中获得设计灵感，这使得每年可生产极多款式的时装。ZARA 的设计师、市场专家和采购专家联合组成了一个"商务团队"，他们密切合作，以缩短设计的酝酿期。借助现代的信息技术，从设计到生产，最快可以 2 天完成，其前导时间最快为 12 天。

（2）对顾客需求的快速反应　ZARA 以拷贝各家每季最畅销的流行单品为主。"消费者要什么"成为公司经营最重要的参考依据。全球零售点的第一线工作人员十分注意聆听消费者对产品的建议，包括从颜色、款式到价格，并将这些信息进行收集和整理，每天传真回总公司，设计部门立即进行分析，2 星期后，依顾客建议而制作的商品就可以在店内找到。ZARA 所做的事情便是真正地从顾客自身意愿出发，将顾客的想法和需求转化成他们所期望"流行"的服装，所以 ZARA 能以最快的速度生产消费者最想要的款式。正是由于这种快速反应机制，使得 ZARA 可以将款式不断推陈出新，也使得强大的设计和开发能力转化成每年20000 件以上的新款服饰成为现实。

2. 整合供应链

ZARA 没有依靠高科技的信息系统来做整合的桥梁，而主要是通过高度整合、高效灵活的供应链来减少前导时间。ZARA 采取垂直整合的模式，它拥有自己的纺织厂及服装加工厂，而且还在欧洲一些主要地区建立独立的物流运输企业，几乎全权控制了服装设计、生产、物流以及销售的整个供应链。

（1）生产线的整合

灵活快速的原材料供应，加速了 ZARA 采购的速度，配合了 ZARA 弹性生产所需要的灵

活性，同时，ZARA 还有庞大的供货商，保障了原材料的稳定、快速和低价供应。ZARA 还有一个很特别的地方就是超过 50% 的所采购布料都是未染色，这样可以保证它能为最新的款式提供所需的面料，以最快的速度生产出顾客最想要的款式。

内外配合的协作生产及高度自动化工序，加速了 ZARA 对实时的应变。ZARA 的自有工厂拥有高科技的生产设备，都是机械化的工序，只负责染布、剪裁等非劳工密集的工序并以机械代替手工，除了人力密集的缝纫工作外，ZARA 50% 的服装都是由自有工厂生产，大大保证了快速、灵活的特性。服装缝制等一些劳动密集型的生产工序，ZARA 采用外包给合作厂商的运作模式，从而使工厂能更灵活、更快速地调整生产规模。

ZARA 的采购和生产集中在欧洲。采购上，有 95% 服装的面料都来自欧洲，这大大减少了采购需要的时间。生产上，ZARA 的生产地也集中在欧洲，绝大多数的时装生产商都会基于成本的考虑，将生产线转移到一些低劳工成本的发展中国家。而 ZARA 大约 80% 的服装都在欧洲地区生产，只有约 20% 的服装在低成本的地区生产，集中于欧洲的采购和生产大大加快 ZARA 的生产和配送的速度。

(2) 物流的整合

ZARA 拥有自动化的物流配送中心。一方面，该公司所有门市部门均具有现代化产品供货物流系统，使顾客可以一次购足所进的服饰款式，节省顾客往来奔波之苦。另一方面，表现在 ZARA 的分销管理。ZARA 在国内分销设施非常先进，运行时需要的人数非常少。大约 20 千米的地下传送带将商品从 ZARA 的工厂运到位于 La Coruna 的货物配送中心。为了确保每一笔订单准时到达它的目的地，ZARA 没有采取耗费时间的人工分检方法而是借用了光学读取工具，这种工具每小时能挑选并分拣超过 60000 件的衣服。ZARA 通过减少对人的依赖，货品运输的出错率仅为 0.5%。由于其高速、高效的运作，这个货物配送中心实际上只是一个服装的周转地，而不是仓库。ZARA 高技术含量的分销系统确保各种款式的服装都不会在总部停留太久，在分销中心快速分拣到运往商店，24～48 小时即可完成。每一个商店每星期收到 2 次供货，因此，生产完成后，服装在运输途中最长不会超过 1 个星期。就是因为这极具效率的物流配送中心，ZARA 快速的时装周期才得以实施。

ZARA 对前导时间的有效控制是业内的顶尖分子。其前导时间比同业大大缩短，这有赖于供应链高度的垂直整合。由设计到零售，ZARA 都作出高度的控制。在生产上，外包的生产和高度自动化的自有工厂互相协作配合，使生产更快速、灵活。物流方面，高效的物流配送中心大大提高了配送速度。快速、灵活的供应链使 ZARA 能够以惊人的速度，快速响应顾客的需求。

3. 增加成本效益

毫无疑问，要成就 ZARA "廉价的时尚"，它就必须降低成本，这样才能创造巨大的利润。为了弥补创造极速前导时间时所提高的成本，在增加成本效益的大方向下，ZARA 采取了以下四种方法。

(1) 款多量少　由于 ZARA 每件款式的产量少和不停推出新款的策略，使顾客的购物欲望得以提升，同时，ZARA 丰富的产品线结构，给不同的时尚消费者提供了广阔的选择空间。ZARA 并不讲求每种款式生产更多的数量，而注重款式的多样性。ZARA 每年生产的服装款式超过 20000 种，每周为其商店供货 2 次，因为很少有对售完款式的再定购，商店总能给人一种新鲜感。紧跟时尚趋势、频繁地更新和更多的选择，创造了 ZARA 对顾客的吸引力。除此之外，为了节省成本，ZARA 不会用星级的设计师，因为它们只是潮流的快速跟随者，根本没有必要去聘请名牌的设计师。

(2) 减少广告成本　ZARA 几乎不打广告，靠消费者的口碑进行宣传，其也不会有庞大的宣传攻势，其宣传成本只占总销售额的 0.3%，远低于行业平均水平的 3%～4%。值得一提的是，ZARA 吸引顾客的巧妙之处是依靠商铺优越的地理位置。另外，ZARA 对店内商品展示和橱窗设计十分讲究。优越的地理位置、有特色的橱窗设计以及独具一格的店内展示，都使得 ZARA 不用打广告也极具吸引力。

企业要赚取最大的利润，除了增加收入之外，成本控制也是其中的关键。ZARA 选择节省在营运成本方面的开支，利用顾客良好的口碑去代替高昂的广告宣传费，多款少量的策略减少了折扣成本。

案例点评

从以上案例可以看出，大型服装企业要在竞争激烈的时代突围而出，跟随过往只追求量多款少，以实现规模经济的策略已不合时宜。企业要实现规模经济效益，款多量少也一样做得到。ZARA 成功之处就在于对市场运作模式的快速反应。其快速的生产方式可以随时更换产品的数量、设计、面料、色彩、生产程序或重新设计样式，而且在生产、营销、宣传、物流等各方面大大降低了产品的生产成本，增加了产品的利润，加快了时装消费和淘汰的速度，速度是 ZARA 占领市场的法宝，但速度的背后也体现了 ZARA 集约式的高效管理。

ZARA 成功的运作模式创造了它高成长奇迹。

案例二　Kitterick 不同风格、定位明晰的多品牌营销战略

一、背景介绍

Kitterick 的四位投资人兼设计师 Tommy、Gary、Daniel 和 Dena 都是香港理工大学设计系的毕业生，各自拥有自己的工作，从 1992 年起四人在尖沙咀的百丽商场开设了第一间专营年轻人服饰的专门店，由于看准年轻人的爱好，时尚与独特的设计很快被年轻人所接纳。经过 9 年的稳步发展，公司已拥有七个品牌：Kitterick、F.C.K、Indu、a.y.k、K-2、Z'By Kitterick 和 red's，分别针对不同的目标市场。从一间服装小店开始，到现在在香港各主要商业中心拥有 12 间专卖店及旗舰店，并已着手开拓海外市场。

以 Kitterick 为例，它是最早发展的系列，以年轻人为目标顾客，由于年轻人喜欢有自我风格、与众不同，具有反叛心理，而服装则是他们表现自我的重要方式，Kitterick 是 F.C.K 七大系列中最具个人品牌风格的创作，无论款式、选料、裁剪和细节都经常让人喜出望外，Kitterick 的男女服装结构反映着 F.C.K 的独特个性。

二、Kitterick 的成功经验及分析

1. Kitterick 的形象创意

Kitterick 的名字很简单，并无任何深意，但因其字体、造型极有性格且兼带中性感，

故被采用。Kitterick采用了一个光头小男孩作为品牌标志,代表"new point"(新观点)之意。由于形象独特,视觉效果强烈而使消费者印象深刻。它经常出现于Kitterick的各种宣传资料、贵宾卡、网站上,起到了很好的宣传作用,是CI的成功运用。

2. 准确的市场定位

20世纪90年代,香港的时装连锁店是大多数人的穿衣选择,但对于这一代的年轻人,大部分时装店出售的是流水作业式的"大路"款式,而当时市场上的设计师品牌又因价高而无法负担,市场无法满足喜欢有自我风格的年轻人的服装需求。Kitterick正是在这一时候创立,看准这一市场,为年轻人提供了时尚的服饰,而且价格合理,被媒体誉为"在市道低迷的环境下闯出了一条新血路"。它的产品理念是:向传统挑战,无拘无束,崇尚自由的精神与价值观。所以从市场定位看,Kitterick生产的是时装,而非成衣。它的成功靠的是设计,而不是规模。

设计师创立品牌时经常进入的误区就是片面追求规模,与大企业一争高下;设计师擅长的是设计,而缺乏的往往是雄厚的资金,准确的市场定位才能扬长避短。而年轻人喜欢有自我风格,与众不同,服装则是他们表现自我的重要方式。因此这个目标市场给了设计师广阔的创作空间。

3. 多元化的品牌策略

从1992年成立至今,Kitterick旗下已有七个品牌针对不同的目标市场,设计风格也各不相同。

Kitterick创立于1992年,设计较特别,注重细节,强调款式的与众不同,数量较少,以控制较高的质量,所以价钱相对比较贵。

K-2创立于1993年,是七个品牌中知名度最高、消费群最广的。它专为一些喜欢打扮的青少年而设计,颜色、款式选择多,色彩缤纷,设计活泼而有趣,紧贴潮流,价钱亦大众化。

Indu是1997年创立的男装品牌,服装款式介于正装与休闲装之间,以简洁醒目形象为主,有融入时尚的感觉,体现现代都市风格。

a. y. k和Z'By Kitterick是1998年推出的女装系列,前者是具有日本风格的少女品牌,青春时尚,简洁合体,颜色较鲜艳;后者更具女性化,适合上班一族穿着。

F. C. K创立于2000年夏季,为独立性强、自信的职业女性而设计,设计强调在传统中注入时尚元素。

为了给品牌塑造一个完整形象,Kitterick还推出自家的配饰品牌red's,提供与各个系列搭配的鞋、袜、手袋和饰物;家私摆设系列the lab则走怀旧路线,在今天渴求个人风格的文化人中大受欢迎。

由于每个品牌具有不同的风格,因此多元化品牌策略,可以满足不同风格的消费者,相对扩大了市场占有率。不过,由于几个品牌都以年轻人为目标市场,因此可能不同品牌的设计易出现重复或相似的现象,这就需要设计师之间的协调。

4. 鲜明的设计风格

四位设计师需要负责不同品牌的设计,又要保持每个品牌的特色,因此他们在设计上采用"品牌负责制",每人负责一个品牌的设计工作,甚至会有一人负责两个品牌,每个设计师配有2~3名助手。他们的最大优势,在于服装时刻紧贴世界潮流,重质不重量,陈列的服装几乎每隔1个星期到2个星期就会更换,换季期更短至1个月到2个月,每款产量在100件左右,最少不低于10件,时刻给顾客以新鲜感,又可防止他人抄袭。

Kitterick重在提升产品质量。现代年轻人不但追求款式,品质对他们来说亦越来越重要,所以Kitterick决定将大部分资源投放在提高质量上。

案例点评

Kitterick的案例,其实是一个大的整体战略上的多品牌扩展案例。

在当今市场环境下,主流商业店面已经成为兵家必争之地,占领了商业步行街、热点终端就等于占领了市场。单一品牌在同一商业街中能操作的店面数量必然有限,而多品牌则可以占领更多的制高点,给消费者更多的展示接触机会,同时把竞争对手排挤出去。而且在很多其他大型商业终端如商场、百货店等,采取多品牌战略,可以在激烈的服装市场竞争中取得更大的优势,降低主流品牌的风险,扩大经营规模。

参考文献

[1] [美]菲利普·科特勒. 营销管理——分析、计划、执行和控制 [M]. 梅汝和等译. 上海:人民出版社,2001.
[2] [美]菲利普·科特勒等. 科特勒市场营销案例 [M]. 4版. 俞利军译. 北京:华夏出版社,2000.
[3] [美]菲利普·科特勒等. 市场营销管理 [M]. 洪瑞云,梁绍明,陈振忠译. 北京:中国人民大学出版社,1999.
[4] 郭国庆. 市场营销学通论 [M]. 北京:中国人民大学出版社,2003.
[5] 尹庆民等. 服装市场营销 [M]. 北京:高等教育出版社,2003.
[6] 李玉珍等. 解读中国市场营销发展史 [J]. 河北师范大学学报,2004 (3).
[7] 黄丹. 中国服装工业发展综述 [J]. 株洲工学院学报,2001 (11).
[8] 李太淼. 营销经典 [M]. 郑州:河南人民出版社,2002.
[9] 张耀辉. 知识经营者 [M]. 北京:中国计划出版社,2003.
[10] 罗德礼. 服装市场营销 [M]. 北京:中国纺织出版社,2002.
[11] 赵平. 服装营销学 [M]. 北京:中国纺织出版社,2005.
[12] 陈伟民,温平则. 服饰营销学 [M]. 北京:中国轻工业出版社,2004.
[13] 宁俊. 陈桂玲服装企业管理教学案例 [M]. 北京:中国纺织出版社,2004.
[14] 韩燕. 品牌至上:提高形象的品牌经营 [M]. 北京:中国纺织出版社,2006.
[15] 蒋智威等. 服装营销:结构与工具 [M]. 上海:中国纺织大学出版社,2000.
[16] [美]伊恩·布雷著. 市场调查宝典:问卷设计 [M]. 胡零等译. 上海:上海交通大学出版社,2005.
[17] [美]罗宾·J.伯恩著. 市场调查宝典:技巧运用 [M]. 黄伟力译. 上海:上海交通大学出版社,2005.
[18] 谢邦昌著. 市场调查实战手册 [M]. 广州:广东经济出版社,2002.
[19] 李俊编. 服装商品企划学 [M]. 北京:中国纺织出版社,2005.
[20] 万艳敏等. 服装营销:战略·设计·运作 [M]. 上海:中国纺织大学出版社,2001.
[21] 杨以雄等. 服装市场营销 [M]. 上海:中国纺织大学出版社,1998.
[22] 宁俊等. 服装营销实务与案例分析 [M]. 北京:中国纺织出版社,2000.
[23] 余建春等编. 服装市场调查与预测 [M]. 北京:中国纺织出版社,2002.
[24] 尹庆民编. 服装市场营销 [M]. 北京:高等教育出版社,2003.
[25] 郎咸平等著. 模式:零售连锁业战略思维和发展模式 [M]. 北京:东方出版社,2006.
[26] 余明阳等著. 品牌学教程 [M]. 上海:复旦大学出版社,2005.
[27] 冯丽云等编. 品牌营销 [M]. 北京:经济管理出版社,2006.
[28] 屈云波编著. 营销方法 [M]. 北京:企业管理出版社,2005.
[29] 祝文欣等编. 店铺陈列 [M]. 北京:中国纺织出版社,2004.
[30] 杨大筠等编. 视觉营销 [M]. 北京:中国纺织出版社,2003.
[31] 刘晓刚等编. 品牌服装设计 [M]. 上海:中国纺织大学出版社,2004.

[32] [美] 阿克等著. 营销调研. 魏立原译 [M]. 北京：中国财政经济出版社，2004.
[33] 张纪文，钱安明. 服装市场营销 [M]. 合肥：合肥工业大学出版社，2009.
[34] 昆奇等. 市场营销管理 [M]. 北京：北京大学出版社，2004.
[35] 纪宝成. 市场营销学教程 [M]. 北京：中国人民大学出版社，2008.
[36] 科兰著. 营销渠道 [M]. 北京：中国人民大学出版社，2008.
[37] [美] 洛夫洛克等著. 服务营销 [M]. 第2版. 范秀成主译. 北京：中国人民大学出版社，2010.
[38] 程淑丽，王宏. 市场营销精细化管理（全案）[M]. 北京：人民邮电出版社，2008.
[39] 史光起. 颠覆——中国市场营销与管理规则 [M]. 北京：清华大学出版社，2010.
[40] 郭国庆. 市场营销学通论 [M]. 北京：中国人民大学出版社，2007.
[41] 倪杰等. 现代市场营销学 [M]. 北京：清华大学出版社，2009.
[42] 许以洪等. 市场营销学 [M]. 北京：机械工业出版社，2007.
[43] 尹庆民等. 服装市场营销 [M]. 北京：高等教育出版社，2013.
[44] 李雪枫等. 服装市场营销 [M]. 北京：中国传媒大学出版社，2011.
[45] [美] 菲利普·科特勒，凯文·莱恩·凯勒. 营销管理 [M]. 北京：中国人民大学出版社，2012.
[46] 杨以雄等. 服装市场营销 [M]. 上海：东华大学出版社，2015.
[47] [英] 穆尔著. 服装市场营销与推广 [M]. 张龙琳译. 中国纺织出版社，2015.
[48] 赵栋梁等. 低库存高盈利的销售路线图——服装生意这样做 [M]. 北京：中国人民大学出版社，2018.
[49] 傅师申. 纺织服装营销学 [M]. 北京：中国纺织出版社，2018.
[50] Virginia Grose. 时尚产业管理：服装营销 [M]. 北京：中国纺织出版社，2017.